职业教育市场营销专业精品教材

广告基础与实训

主　编　苏路丹　黄秀娜

副主编　蓝　军　何碧海

電子工業出版社

Publishing House of Electronics Industry

北京 • BEIJING

内 容 简 介

本书紧密结合职业院校学生特点，从广告实践过程中选取学习情景，以企业对广告职位能力的要求为导向，以广告理论为基础，在教学过程中以学生为主、教师为辅的宗旨编写而成。

本书共设置了九个项目，每个项目的实训部分既相互联系又分别独立。全书主线是从学生成立一个广告公司开始，到最终完成一份完整的广告策划方案，由此贯穿整个教学过程。重视对学生的仿真和实战训练，重点培养学生的动手能力和在实际工作中需要的职业能力及专业素质。

本书既可以作为职业院校市场营销专业、广告设计专业及商贸类其他专业的教材，也可作为相关专业人员自学和培训用书。

图书在版编目（CIP）数据

广告基础与实训 / 苏路丹，黄秀娜主编. —北京：电子工业出版社，2015.6
职业教育市场营销专业精品教材

ISBN 978-7-121-26234-0

Ⅰ. ①广… Ⅱ. ①苏… ②黄… Ⅲ. ①广告学—中等专业学校—教材 Ⅳ. ①F713.80

中国版本图书馆 CIP 数据核字（2015）第 120524 号

策划编辑：陈　虹
责任编辑：陈　虹
印　　刷：北京中新伟业印刷有限公司
装　　订：北京中新伟业印刷有限公司
出版发行：电子工业出版社
　　　　　北京市海淀区万寿路 173 信箱　邮编　100036
开　　本：787×1 092　1/16　印张：14.5　字数：371.2 千字
版　　次：2015 年 6 月第 1 版
印　　次：2017 年 8 月第 2 次印刷
定　　价：29.80 元

凡所购买电子工业出版社图书有缺损问题，请向购买书店调换。若书店售缺，请与本社发行部联系，联系及邮购电话：（010）88254888，88258888。

质量投诉请发邮件至 zlts@phei.com.cn，盗版侵权举报请发邮件至 dbqq@phei.com.cn。

本书咨询联系方式：chitty@phei.com.cn。

前　言

"广告基础与实训"是一门理论性和实用性都很强的学科，是商贸类专业的重要课程，对于培养商贸类专业人才来说是不可缺少的科目。学习本科课需要以扎实的广告理论知识和较强的实践操作能力作为基础，通过本课程的学习，学生不仅能够了解和掌握关于广告的理论知识，还能掌握广告策划各个环节的实践过程。

本书采用理论与实训一体化教学模式，以企业对广告职位能力要求为导向，以广告理论为基础，在教学过程中以学生为中心，采取项目式、情景式的实训教学方法。本书打破传统的广告学课程的章节界限，通过对教学思路和教学方法的修订，实现对学生的仿真和实战训练，强调教学过程的实践性、开放性和职业性，尽量做到学生校内学习与实际工作的一致性，提高学生的职业能力，解决理论与实践结合难的问题，构建"学习领域"、"学习情境"，形成围绕工作过程的新型教学项目。

本书根据新型教学项目内容共设置了九个项目，每个项目实施部分既相互联系又分别独立，全书贯穿的主线是按照一个广告任务的流程逐步推进，突出了职业特色和实践特色，重视对学生的仿真和实战训练，重点培养学生的动手能力和实际工作中需要的以下职业能力和素养：

（1）团队合作能力；

（2）信息收集整理能力；

（3）方案撰写能力；

（4）创新能力；

（5）自主思考能力；

（6）时间管理能力。

本书由河源理工学校苏路丹和黄秀娜担任主编。具体编写分工如下：苏路丹编写项目一、二、九，黄秀娜编写项目五、七、八，蓝军编写项目四、六，何碧海编写项目三。全书由苏路丹、黄秀娜负责统稿，苏路丹总纂并定稿。

由于编者水平有限，编写时间仓促，书中疏漏与不妥之处在所难免，敬请读者批评指正。

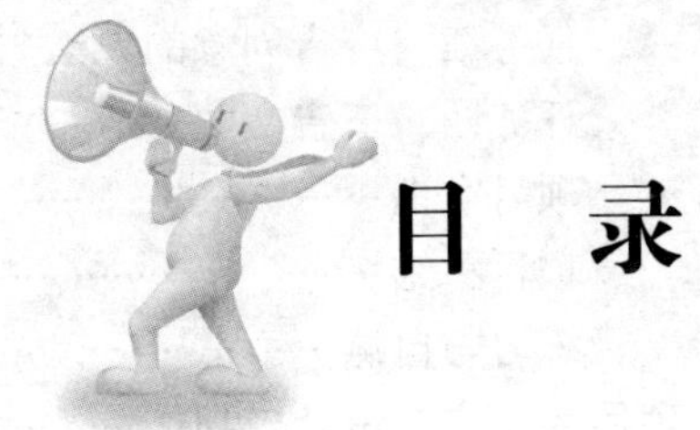

目 录

项目一

广告认知

知识目标

1. 了解广告的概念和特征，掌握广告的构成要素
2. 了解广告的作用
3. 掌握广告的分类

能力目标

1. 培养学生学习广告的兴趣，并激发较强的学习动机
2. 培养学生资料收集能力
3. 培养学生团队合作能力

学生小河对广告行业非常感兴趣，平时喜欢欣赏并收集一些优秀的广告。在得知这个学期要开设“广告基础与实训”这门课程后，小河开心地和班里几个兴趣相同的同学组成了一个学习小组，准备把这门课程学出点名堂来。如果有机会，还可以以团队的形式接洽广告项目。

学习广告，先从广告认知开始。小河团队需要了解广告的概念，明确广告由什么构成，平时看到的是什么类型的广告。

可口可乐广告

可口可乐位居“全球100个最具价值品牌”榜首，其产品系列占全球销售量的44%，占中国市场销售量的50%以上。可口可乐的前任老板伍德拉夫有一句名言：“可口可乐99.61%是碳酸、糖浆和水。如果不进行广告宣传，那还有谁会喝它呢？”

1886 年可口可乐营业额仅为 50 美元，广告费却为 46 美元；1901 年营业额为 12 万美元，广告费为 10 万美元，如今可口可乐每年的广告费已超过 6 亿美元。

据统计，1886 年可口可乐投入的广告费占比为 92%，1901 年为 83.3%，如此高的广告费投入可谓是惊人之举，可正是这个惊人之举使可口可乐这样一种 99.61%都是碳酸、糖浆和水的饮料，卖出了世界第一。广告，无疑是使一个产品成功并扩大市场占有率的法宝，可口可乐能畅销全世界，靠的就是大规模的广告宣传。

除了不惜血本的投入外，可口可乐的广告内容也是煞费苦心，紧跟时代与环境的变化而变化，下面就来欣赏几则可口可乐的创意广告。如图 1-1 所示是可口可乐的奥运主题广告。

图 1-1 可口可乐奥运主题广告

案例分析

广告在现代社会的商业竞争中具有重要的导航作用。在商业活动中引导观众的消费行为，可口可乐公司的广告是较为成功的一类。

看了可口可乐的广告你有什么感想？

任务一 认识广告

广告是商品经济的产物。随着经济的繁荣，科学技术的不断进步，广告已深入社会、经济、文化等各个领域，成为人们日常生活的重要组成部分，广告学作为一门独立学科，也越来越受到人们的重视。

一、广告的概念

知识链接

广告的历史定义

广告至今尚无统一的、明确的定义解释。随着经济的发展，其定义、内涵及外延也将不断变化。国内外对广告的定义有不同理解，下面是具有代表性的几则定义：

(1) 1890 年之前，西方社会较普遍认同的一种广告定义是：广告是有关商品或服务的新闻。

(2) 1894 年，美国现代广告之父 Albert Lasher 认为，广告是印刷形态的推销手段。这个定义含有在推销中劝服的意思。

(3) 1948 年，美国营销协会的定义委员会给出了一个有较大影响的广告定义，即广告是由可确认的广告主，对其观念、商品或服务所作之任何方式付款的非人员性的陈述与推广。

(4) 美国广告主协会对广告的定义是：广告是付费的大众传播，其最终目的为传递情报，改变人们对广告商品的态度，诱发其行动而使广告主得到利益。

(5) 《简明不列颠百科全书》对广告的定义是：广告是传播信息的易用方式，其目的在于推销商品、劳务，影响舆论，博得政治支持，推进一种试营业或引起刊登广告者所希望引起的其他反应。广告信息通过各种宣传工具，其中包括报纸、杂志、电视、广播、招贴海报及直邮等，传递给它想要吸引的观众或听众。广告不同于其他传递信息的形式，它必须由登广告者付给传播信息的媒体一定的报酬。

上述这些广告定义都是特定历史时期的产物，表达了对广告的不同角度的思考。但这些定义既有其合理性，也有其不足的一面，即基本上是从狭义广告的角度来说明，仅能反映出广告某一方面的属性，不能完整而科学地反映出广告的本质属性。

目前，广告界关于广告的定义有广义和狭义两种。

广义的广告，是指所有的广告活动，一切为了沟通信息、促进认知的广告形式都是广告，主要有商业广告与非商业广告。商业广告是指那些传递有关经济方面的信息、能够带来盈利的广告。非商业广告是指商业广告之外的一切广告，如政府部门、社会团体发布的公告、声明、启事，个人传递的广告信息等，这些广告不是以盈利为目的的。

狭义的广告，是指商业广告。表 1-1 列出了广告概念的类别和内容。

表 1-1　广告概念的类别和内容

广告概念的类别		内　　容
广义的广告	商业广告（经济广告）	各企业的有关广告
	非商业广告（非盈利性广告）	公益广告、政治广告、政府公告等
狭义的广告	特指商业广告（经济广告）	

本书主要介绍商业广告。狭义广告的定义为：广告是广告主为了推销其商品、劳务或观念，在付费的基础上，通过传播媒介向特定的对象进行的信息传播活动。这样的定义，说明了如下几个问题：

（1）广告是一项有计划、有目的的活动；

（2）广告活动的主体是广告主，而广告活动的对象是广大消费者；

（3）广告活动是通过公共媒介来进行的，而不是面对面地传播；

（4）广告活动的内容是经过选择的商品或劳务信息；

（5）广告活动的目的是促进商品或劳务的销售，并使广告主从中获取利益。

二、广告的特征

根据以上定义，广告具有以下几个特性。

1. 广告必须有明确的广告主

所谓广告主，就是广告的发布者。政府机关、社会团体、企业、个人，都可以成为广告信息的发布者，成为广告主。在商业广告中，广告主通常是企业。

明确广告主的意义有两个：

（1）广告主是广告的出资者，付出费用必须得到回报，只有明确了广告主，才可能有经济回报。如“穿猴王皮鞋，走金光大道”是六小龄童代言的皮鞋广告，知道了皮鞋的品牌，就知道了制造皮鞋的厂家，消费者买了猴王皮鞋，就等于企业得到了经济回报。如果是“穿皮鞋，走金光大道”，那么这个广告就是白做了，白花钱了，因为没有广告主。所以，在广告中，广告主的标识要鲜明、突出、简洁，易于广告接受者识别和记忆。

（2）能够明确广告责任。广告主对广告内容负有责任，对消费者的承诺必须兑现。明确了广告主，可以防止欺骗性广告的出现，一旦有了虚假的、误导的广告信息，就可追究广告主的责任。

2. 广告是付费传播

广告活动的整个过程，包括策划、制作、通过媒体传播、进行效果调查等，每一个环节，都需要付出一定的费用。但既然付出费用，广告主也就购买了对广告信息传播的控制权，有权决定广告的内容、表现方式、发布的时间和空间等。

3. 广告是一种非人际传播

广告主要通过报纸、杂志、广播、电视等大众传播媒介和其他媒体，向消费者传播商品信息，没有直接派人向顾客诉求，是一种非人际传播。

4. 广告具有特定的信息内容

广告传播的内容，不仅包括商品、劳务方面的信息，而且涉及形象、观念方面的内容。

广告内容要求真实、简洁、生动、具体、精彩，能够产生促销效果。同时，还要符合社会规范和道德规范，要受到一定的管理和约束。

5. 广告采用说服的方式

广告的最终目的是使目标消费者接受广告信息，影响购买行为，促进销售。在商品生产不发达时期，商品产量低，品种少，广告的主要形式是向消费者告知商品信息。在市场竞争时代，产品相当丰富，广告就变成了说服。

6. 广告传播对象具有选择性

广告活动并不是向所有的消费者进行宣传，而是有特定的目标公众。有了目标公众，就可以制定广告策略，有针对性地进行宣传。

知识链接

拉斯韦尔模式

美国政治学家拉斯韦尔在其1948年发表的《传播在社会中的结构与功能》一文中，最早以建立模式的方法对人类社会的传播活动进行了分析，这便是著名的“5W”模式，如图1-2所示。“5W”模式界定了传播学的研究范围和基本内容，影响极为深远。

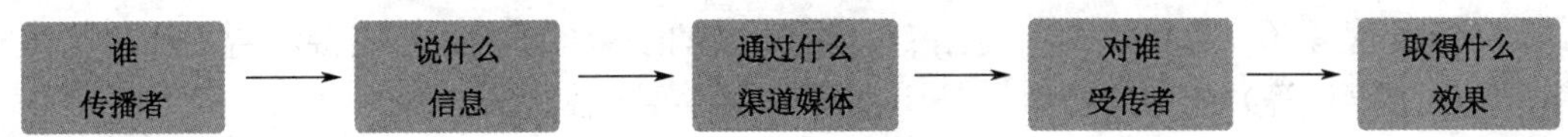

图1–2 “5W”模式

拉斯韦尔的“5W”模式是线性模式，即信息的流动是直线的、单向的。该模式把人类传播活动明确概括为由五个环节和要素构成的过程，是传播研究史上的一大创举，为后来研究大众传播过程的结构和特性提供了具体的出发点。而大众传播学的五个主要研究领域——“控制研究”、“内容分析”、“媒介研究”、“受众研究”和“效果分析”，也是由这一模式发展而来的。但它没能注意到反馈这个要素，忽视了传播的双向性。

三、广告的构成要素

以大众传播理论为出发点，信息传播过程中的广告构成要素主要包括：广告信源、广告信息、广告媒介、广告信宿等。它们之间的关系如图1-3所示。

1. 广告信源

在广告传播活动中，广告信源也就是广告信息的传播者，它主要指广告的制作者和经营者，如广告客户（广告主）、广告代理公司、广告制作公司、广告设计公司等。

广告的信源识别是个特殊的范畴。一方面，广告主是广告活动的发动者，对广告活动起主导作用。广告主根据自身的需要或其市场营销环境及自身实力来确定对广告的投资，是广告信息传播费用的实际支付者。另一方面，广告代理公司、制作公司、设计公司等是广告文本信息的编码者，要有较高的专业水平，其广告创意和广告文本的设计制作要能够准确体现广告主的意图，这是广告信息传播取得成功的前提。

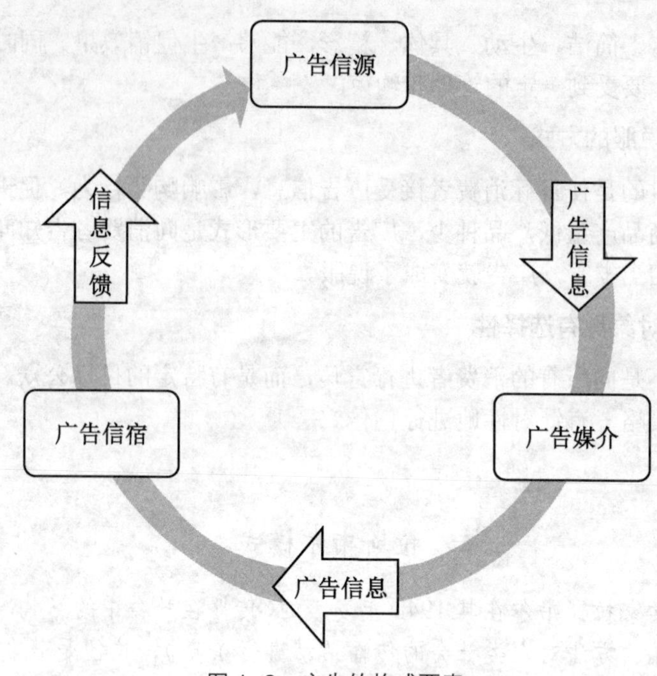

图 1–3 广告的构成要素

广告经营者（广告代理商）特指专门从事经营的广告公司，是连接广告主和广告发布者（如电子媒体等）的中间桥梁，是广告活动的重要主体之一。

2．广告信息

广告信息包括商品信息、劳务信息、观念信息等。

商品信息主要介绍产品的外观、质量、性能、产地、用途、价格及购买时间、地点等，这类广告的主要作用是使消费者能及时了解某种商品信息。

劳务信息包括各种形式的买卖或半商品形式的买卖的服务性活动的信息。例如文娱活动、旅游服务、理发、浴室、照相、饮食以及信息咨询服务等行业的经营项目。

观念信息是通过广告活动倡导某种意识，使消费者从态度上信任某一企业，在情感上偏爱某种品牌，从而树立一种有利于广告主的消费观念。

3．广告媒介

媒介又称媒体，属于典型的外来语，即英语 Media。媒体为 Media 意译，媒介为 Media 的音译，在应用中，两个词基本通用不加区分。其意为：“中间的”、“手段”或“工具”等。

所谓广告媒介就是指能够借以实现广告主与广告对象之间信息传播的物质工具。随着技术的日新月异，广告主有了更多选择，除了上述各种媒体之外，iPod、黑莓、互动电视、银行 ATM 自动取款机屏幕（主要用于银行自身企业和产品宣传）、数字信息亭、黄页广告、电话提示音广告等都可以列入考虑对象。

4．广告信宿

广告信宿即广告的目标受众，也就是广告信息所要到达的对象和目的地。正如美国消费行为学家威廉·威尔姆说的“受众是实际决定传播活动能否成功的人”，受众是广告信息传播活动取得成功的决定因素。只有当受众将广告信息译码成对他们有意义的信息时，传播才真正开始。

任务二　广告的作用

广告的作用集中表现为以下几个方面。

1. 传递信息，沟通产需

广告的最基本功能就是认识功能。通过广告，能帮助消费者认识和了解各种商品的商标、性能、用途、使用和保养方法、购买地点和购买方法、价格等内容，从而起到传递信息、沟通产需的作用。

俗话说，“货好还得宣传巧”。但在现实生活中，还有一些企业对广告的作用不十分明了，认为做广告花费大，得不偿失。因此，他们宁可天南海北、火车轮船、辛辛苦苦到处推销，也不愿做广告。实践证明，广告在传递经济信息方面，是最迅速、最节省、最有效的手段之一。好的产品借助于现代化科学手段的广告，其所发挥的作用比人力要高很多倍。

案例 1－1

美国的高露洁牙膏在进入日本这样一个大的目标市场时，并没有采取贸然进入、全面出击的策略，而是先在离日本本土最近的琉球群岛上开展了一连串的广告公关活动。

他们在琉球群岛上赠送样品，使琉球的每一个家庭都有免费的牙膏。因为是免费赠送的，所以琉球的居民不论喜欢与否，每天早上总是使用高露洁牙膏。

这种免费赠送活动，引起了当地报纸、电视的注目，把它当做新闻发表，甚至连日本本土的报纸、月刊也大加报道。

分析提示

高露洁公司在广告区域策略上就达到了这样的目的：以琉球作为桥头堡，使得全日本的人都知道了高露洁，以点带面，信息的传递效果明显。

课堂随笔

2. 激发需求，增加销售

一则好的广告，能起到诱导消费者的兴趣和感情，引起消费者购买该商品的欲望，直至促进消费者的购买行动。

案例 1-2

某烟草公司派了一名推销员去海湾旅游区推销该公司的“皇冠牌”香烟，但该地区香烟市场已被其他公司的牌子所占领，该推销员苦思无计，在偶然间受到了“禁止吸烟”牌子的启发，他就别出心裁地制作了多幅大型广告牌，广告牌上写上“禁止吸烟”的大字，并在其下方加上一行字：“‘皇冠牌’也不例外”。结果大大引起了游客的兴趣，竞相购买“皇冠牌”香烟，为公司打开了销路。

课堂随笔

3. 促进竞争，开拓市场

大规模的广告是企业的一项重要竞争策略。当一种新商品上市后，如果消费者不了解它的名称、用途、购买地点、购买方法，就很难打开销路，特别是在市场竞争激烈，产品更新换代大大加快的情况下，企业通过大规模的广告宣传，能使消费者对本企业的产品产生兴趣，这对于企业开拓市场是十分有利的。

提高商品的知名度是企业竞争的重要内容之一，而广告则是提高商品知名度不可缺少的武器。精明的企业家总是善于利用广告，提高企业和产品的“名声”，从而抬高“身价”，推动竞争，开拓市场。

案例 1-3

世界著名的利普顿茶叶公司为了使自己的产品迅速打进市场，在开业伊始别出心裁地举办了一次精彩的表演——他们买来几头小猪，用缎带给它们精心打扮，并插上“我要去利普顿市场”字样的小旗，然后赶着它们穿过闹市，引起众人的注意，达到了让商品家喻户晓的目的。

分析提示

做广告需要花重金，但若匠心独运，也能四两拨千斤，用最少的钱让广告做得有声有色。茶叶公司与猪，风马牛不相及，经公司公关人员策划、牵线搭桥，小猪成了促销功臣，企业也借此腾飞。

课堂随笔

4. 介绍知识，指导消费

现代化生产门类众多，新产品层出不穷，而越分散销售，人们就越难及时买到自己需要的东西，此时广告进行商品知识介绍，能起到指导消费的作用。

消费者购买有些产品以后，由于对其性能和结构不十分了解，因此在使用和保养方面往往会发生问题。通过广告对商品知识的介绍，也可以更好地指导消费者做好产品的维修和保养工作，从而延长产品的使用时间。

5. 丰富生活，陶冶情操

好的广告，实际上就是一件精美的艺术品，不仅真实、具体地向人们介绍了商品，而且让人们通过对作品形象的观摩、欣赏，引起丰富的生活联想，树立新的消费观念，增加精神上的享受，并在艺术的潜移默化之中，产生购买欲望。

良好的广告还可以帮助消费者树立正确的道德观、人生观，培养人们的精神文明，并且给消费者以科学技术方面的知识，陶冶人们的情操。

任务三　广告分类

由于分类的标准不同，导致广告的种类很多。广告分类的适当与否，直接关系到广告目标能否实现，能否取得最佳效益。广告可以按照不同的区分标准进行分类，如按性质、内容、诉求对象、诉求方式、传播范围、传播媒体等来划分。

一、按性质划分

按性质划分，可以将广告分为两大类：商业广告和非商业广告。

1. 商业广告

商业广告是以盈利为目的，以销售为导向，介绍商品的质量、功能、价格、品牌、生产厂家、销售地点、独到之处以及给人何种特殊的利益和服务等有关商品本身的一切信息。日常生活接触到的大多数广告都属于这一类。

2. 非商业广告

非商业广告是指不以盈利为目的，而是为实现某种宣传目的所做的广告，具有非盈利目的并通过一定的媒介发布的广告。主要包括公益广告、政治广告和个人广告。

（1）公益广告。公益广告也称为公共广告。一般来说，公益广告是指为维护社会公德，帮助改善和解决社会公共问题而开展的广告活动。这类广告的内容，主要是有关道德、教育、环境、健康、交通、公共服务等，涉及人们当前关心的社会问题，与社会公众利益密切相关。

公益广告的主要特征是：一不以盈利为目的，二为社会共同利益服务，体现了政府企业等组织所承担的社会责任。如图 1-4 所示为世界自然基金会（WWF）的系列公益广告。

在一些国家或地区，还出现了一种与公益广告相类似的倡议广告、意见广告、问题广告、抗议广告、争论广告等。

图 1-4　世界自然基金会公益广告

想一想　你对图 1-4 世界自然基金会（WWF）系列公益广告的理解是什么？

（2）政治广告。政治广告指以政治为目的的广告。例如，以广告形式发布的政府法令和政策，运用广告进行竞选等。政治广告在广告业发达的国家较多，随着我国广告活动的不断深化，政治广告也在逐渐开展起来。如图 1-5 所示。

（3）个人广告。个人广告指为满足个体单元的各种利益和目的，运用媒体发布的广告。如个人启事、声明、征婚、寻人、婚丧大事公告等，如图 1-6 所示。新中国成立前的报纸经常有个人广告，如某人结婚等。

图 1-5　政治广告

图 1-6　个人征婚广告

二、按内容划分

按内容划分，可以将广告分为三大类：商品广告、服务广告和公共关系广告。

1. 商品广告

商品广告是以促进有形产品的销售为目的，通过向目标受众介绍有关商品消息，突出商品的特征，以引起目标受众和潜在消费者的关注的广告。它力求产生直接和即时的广告效果，在目标受众的心目中留下美好的产品形象，从而提高产品的市场占有率。

商品广告是以介绍商品的名称、特征并进行销售说服等为主要内容的广告，大部分广告属于商品广告的范畴。

2. 服务广告

服务广告是以介绍服务产品的名称和特征为主要内容的广告，如介绍银行、保险、旅游、饭店、车辆出租、家电维修、房屋搬迁、通信等内容的广告。如图 1-7 所示。

3. 公共关系广告

公共关系广告（见图 1-8）是指通过一定的媒介，把与组织有关的信息有计划地传播给公众的广告。这类广告的目的是设法增进公众对组织的全面了解，提高组织的知名度和美誉度，从而赢得公众的信任和合作。公共关系广告是以建立商业信誉为目的的广告，它不直接介绍商品和宣传商品的优点，而是宣传企业的宗旨和信誉、企业的历史与成就、经营与管理情况等。实践证明，公共关系广告不仅有利于商品的销售，而且对企业提高自身的社会地位，为企业在社会实务中发挥其影响力，使企业能够快速发展等都很有好处。

图 1–7　服务广告

1–8　公共关系广告

三、按诉求对象划分

按广告诉求对象的不同，可以分为三类：消费者广告、工业用户广告和商业批发广告。不同的主体对象所处的地位不同，其购买目的、购买习惯和消费方式等也有所不同。广告活动必须根据不同的对象实施不同的诉求。

1．消费者广告

广告的诉求对象是一般消费者，广告主多是生产和销售日常生活用品的企业和零售业。在整个广告活动中，这类广告占绝大部分。

2．工业用户广告

工业用户广告（见图 1-9）也叫产业广告，这一类广告由生产与经营原材料、机器设备及零配件、办公用品等的生产部门和批发部门发布，诉求对象是消费这些产品的企业、机关、团体等。它的目标对象往往是比较特殊的消费群体，可能是某一方面、某一领域的专业人员，或是有一定影响力的意见领袖。

3．商业批发广告

商业批发广告（见图 1-10）主要以小商店和批发商为诉求对象，主要针对流通行业。一般由生产企业向批发业和零售业发布。广告诉求的对象，一般是与这些行业有关的采购进货的决策人员，他们是流通领域中的守门人。

图 1–9　工业用户广告

图 1–10　商业批发广告

四、按诉求方式划分

按广告的诉求方式来分类，可分为感性诉求广告与理性诉求广告两大类。

1. 感性诉求广告

这类广告采用感性诉求的方式，使消费者对广告商品产生良好的态度和感情，进而采取购买行动。化妆品、家用电器等商品，或针对妇女、儿童的商品多采用这类广告，如图 1-11 所示。

就像老妈做的小棉袄　就像舍友端上的热牛奶　就像他送的热水袋

图 1–11　感性诉求广告

2. 理性诉求广告

采取理性的说服方法，通过向消费者说明购买某种商品将会带来什么好处，让消费者用理智来权衡利弊、做出判断，并采取购买行动。高档耐用的商品针对文化层次较高的目标消费者，往往采用这类广告形式，如图 1-12 所示。

五、按传播范围划分

图 1–12　理性诉求广告

根据广告市场的情况，以及广告传播区域的范围、大小等的不同，可划分为以下四类。

（1）国际性广告，即面对国际地域的广告。这种国际性广告，多由跨国型的企业作为广告主，传播范围针对某国家或地区。

（2）全国性广告，广告面对全国范围进行传播。这类广告适用于销售和服务遍及全国的企业，产品一般通用性强、销售量大、使用范围广。主要选择覆盖全国的媒体，如《人民日报》、《经济日报》、中央人民广播电台、中央电视台等。

（3）区域性广告，以特定地区为传播目标的广告。这类广告的诉求对象限定在某个地区，比如华北地区、西南地区，或者某个省（区）市，如山东省、北京市。媒体应选择地区性媒体，如区域性报纸和电视台等。

（4）地方性广告。地方性广告即针对当地发布的广告。多数由地方企业或商业零售业投放的广告，如超级市场、零售店、电影院等。广告往往选用覆盖地、市、县级以下的各类媒体。

六、按传播媒体划分

按广告的传播媒体划分总体上来说，可以分为大众媒体广告和小众媒体广告。

（1）大众媒体广告。大众媒体广告又可分为电子媒介广告和印刷媒介广告。电子媒介广告又称视听广告，有电视广告、广播广告、互联网广告等。印刷媒介广告主要有报纸广告和杂志广告。电影广告也是一种大众传播媒体广告。

（2）小众媒体广告。小众媒体广告主要有三类：户外广告、直接广告和销售现场广告（POP 广告）。另外还有促销广告（SP 广告）、交通广告等。

随着现代通信技术的发展，卫星电视、卫星广播、有线电视和互联网等已成为传播广告信息的新的载体形式，发展势头良好。在广告传播和未来社会中，还会有新的媒体不断涌现。

项目实训

一、实训环境

（1）以小组讨论形式设计的课室；

（2）每组 3 台计算机设备；

（3）每组 3 张 A4 纸、一盒彩笔。

二、实训内容

【任务 1】组建团队。6 人左右为一组。填写完下表后，上台进行展示并简单介绍。

团队名称	团队成员		团队口号	团队标识
	队长	队员		

【任务 2】团队合作游戏。

迷失丛林

你是一名飞行员，但在飞越非洲丛林上空时，你驾驶的飞机突然失事，这时你们必须跳伞。有 14 样物品与你们一起落在非洲丛林中，如下面的工作表所示，这时你们必须为生存做出一些决定。

在 14 样物品中，先以个人形式将 14 样物品按重要顺序排列出来，把答案写在第一栏。当大家都完成之后，开始进行讨论，以团队形式将 14 样物品重新按重要顺序再排列，把答案写在工作表的第二栏，讨论时间为 20 分钟。

当团队完成之后，教师把专家意见表发给每个团队，团队成员把专家意见写入第三栏。用第三栏减第一栏，取绝对值得出第四栏，用第三栏减第二栏得出第五栏，把第四栏累加起来得出个人得分，第五栏累计起来得出小组得分。

迷失丛林工作表

序号	物 品 清 单	1. 个人顺序	2. 小组顺序	3. 专家排列	4. 个人与专家比较（3-1）	5. 小组与专家比较（3-2）
1	药箱					
2	手提收音机					
3	打火机					
4	三支高尔夫球杆					
5	七个大的绿色垃圾袋					
6	指南针					
7	蜡烛					
8	手枪					
9	一瓶驱虫剂					
10	大砍刀					
11	蛇咬药箱					
12	一盒轻便食物					
13	一张防水毛毯					
14	一个热水瓶					
合计						

教师把每个小组的分数情况记录在白板上（格式如下表所示），用于分析。

迷失丛林记分牌

团队	团队个人得分						平均分	团队得分
	成员 1	成员 2	成员 3	成员 4	成员 5	成员 6		
1								
2								
3								
4								
5								
6								

教师在分析时主要掌握两个关键的地方：

(1) 找出团队得分低于平均分的小组进行分析，说明团队工作的效果（1+1 大于 2）；

(2) 找出个人得分最接近团队得分的小组及个人，说明该个人的意见对小组的影响力。

最后，进行相关讨论：

(1) 你对团队工作方法是否有更进一步的认识?

(2) 你的小组是否有意见独断的现象？为什么？

(3) 你所在的小组是以什么方法达成共识的?

【任务 3】按照广告的分类分别收集优秀广告，上台展示并进行简单的评析。

团队任务

团队分工	广告分类	内容
团队 1	按广告性质分	盈利广告、非盈利广告
团队 2	按广告内容分	商品、服务、公共关系
团队 3	按广告诉求对象分	消费者、工业用户、商品批发
团队 4	按广告诉求方式分	感性、理性
团队 5	按广告传播范围分	国际、全国、区域、地方
团队 6	按广告传播媒体分	大众媒体、小众媒体、新媒体

三、实训要求

（1）以团队为单位完成，共同提交收集结果。

（2）成员之间要团结互助，发挥团队协作效力。

（3）由队长组织和监控过程，老师提供咨询服务，但不参与工作。

（4）团队展示除了收集的优秀广告外，还包括团队合作过程描述：

① 选择了什么样的收集方式？

② 团队成员之间的分工情况。

③ 完成过程中的其他相关记录等。

四、实训步骤

（1）根据【任务 1】组建团队，讨论团队名称、口号、标识等。

（2）上台介绍团队情况。

（3）根据【任务 2】参加团队合作游戏，增进团队认识及合作精神。

（4）根据【任务 3】进行团队讨论，制定工作计划，可参考以下工作计划表。

工作计划表

任务	负责人	完成时间	完成情况	存在问题及解决方案

（5）把收集的优秀广告制作成 PPT 或者以视频形式保存。

（6）上台进行展示和简评。

五、实训评估

（1）评价应考虑到学生在各个阶段的表现，而不仅仅由最后的成绩决定。

（2）在评估时，可以分组对不同的部分进行演示，以节约时间。

（3）可通过询问学生在出现问题时是如何解决的，来评价学生。

（4）在实施过程中，教师帮助越少，得分越高。

（5）填写如下评价表：

《广告基础与实训》评价表　项目一

1. 学生自评表					
班级		学生姓名		标准分值	得分
资讯、计划与决策					
是否查询了相关资料				10	
是否了解或掌握与任务相关的知识点				10	
实施					
积极参与团队任务				10	
能够提出有用意见				10	
能够完成所承担的任务				10	
正确完成实施过程中的分工和配合				10	
检查与评估					
是否能认真描述困难、错误和修改内容				10	
对自己的工作评价				10	
是否检验了实施结果并进行总结改进				10	
能否在规定的时间内完成任务				10	
合计				100	

2. 团队评价表（由队长完成）			
小组名称			
项目		标准分值	得分
分工是否合理（最大限度地调动成员积极性）		25	
小组是否团结		25	
方案是否有效		25	
知识运用是否合理		25	
合计		100	

3. 教师评价表			
项目		标准分值	得分
团队合作精神		30	
实训过程表现		30	
成果展示		40	
合计		100	
总分	总分=学生自评得分×20%+团队评价得分×30%+教师评价得分×50%		

项目小结

小河团队通过本项目的学习，对广告的基础知识有了一定的认知。

掌握了广告是广告主为了推销其商品、劳务或观念，在付费的基础上，通过传播媒介向特定的对象进行的信息传播活动。

了解了广告的特征以及广告是由广告信源、广告信息、广告媒介、广告信宿四个要素构成的。广告的作用主要有传递信息，沟通产需；激发需求，增加销售；促进竞争，开拓市场；介绍知识，指导消费；丰富生活，陶冶情操。

掌握了广告可以按照不同的区分标准进行分类，如按广告的性质、内容、诉求对象、诉求方式、传播范围、传播媒体等。

练习与自测

一、不定项选择题

1．现代广告的概念是从（　　）的角度概括出来的。

A．广义广告　　B．狭义广告　　C．商业广告　　D．市场营销

2．狭义的广告是指（　　）。

A．商业广告　　B．公益广告　　C．政治广告　　D．个人广告

3．商业广告主要包括（　　）。

A．产品广告　　B．服务广告　　C．企业形象广告　　D．企业公共广告

4．按照诉求方式，可把广告划分为（　　）等。

A．感知诉求广告　　B．感性诉求广告　　C．理性诉求广告　　D．心理诉求广告

二、简答题

1．广告的特征是什么？

2．广告的作用有哪些？

三、案例分析

根据下列案例分析广告的作用，以及百事可乐广告的成功之处。

百事可乐广告

百事可乐作为世界饮料业两大巨头之一，100 多年来与可口可乐上演了一场蔚为壮观的“两乐之战”。在“两乐之战”的前期，即 20 世纪 80 年代之前，百事可乐一直惨淡经营，由于其竞争手法不够高明，尤其是广告的竞争不得力，所以被可口可乐远远甩在后头。然而经历了与可口可乐无数次交锋之后，百事可乐终于明确了自己的定位，以“新生代的可乐”形象对可口可乐实施了侧翼攻击，从年轻人身上赢得了广大的市场。如今，饮料市场份额的战略格局正在悄悄地发生着变化。

百事可乐的定位是具有其战略眼光的。因为百事可乐配方、色泽、味道都与可口可乐相似，绝大多数消费者根本喝不出二者的区别，所以百事在质量上根本无法胜出，百事选择的挑战方式是在消费者定位上实施差异化。百事可乐摒弃了不分男女老少“全面覆盖”

的策略，而是从年轻人入手，对可口实施了侧翼攻击。通过广告，百事力图树立其“年轻、活泼、时代”的形象，而暗示可口可乐的“老迈、落伍、过时”。

百事可乐完成了自己的定位后，开始研究年轻人的特点。精心调查后发现，年轻人中最流行的东西是酷，而酷表达出来就是独特、新潮、有内涵、有风格创意的意思。百事抓住了年轻人喜欢酷的心理特征，开始推出了一系列以年轻人认为最酷明星为形象代言人的广告。

在美国本土，1994 年百事可乐以 500 万美元聘请了流行乐坛巨星迈克尔·杰克逊做广告。此举被誉为有史以来最大手笔的广告运动。杰克逊果然不辱使命。当他踏着如梦似狂的舞步，唱着百事广告主题曲出现在屏幕上时，年轻消费者的心无不为之震撼。

在中国大陆，百事继邀请张国荣和刘德华做其代言人之后，又力邀郭富城、王菲、珍妮·杰克逊和瑞奇·马丁四大歌星做它的形象代表。两位中国歌星自然不同凡响，郭富城的劲歌劲舞，王菲的冷酷气质，迷倒了全国无数年轻消费者。在全国各地百事销售点上，我们无法逃避的就是郭富城那执著、坚定、热情的渴望眼神。不过，因为两位外国歌星在中国的知名度并不高，虽造成了资源的浪费，但百事可乐年轻、活力四射的形象却已深入人心。在上海电台一次 6000 人调查中，年轻人说出了自己认为最酷的东西。他们认为，最酷的男歌手是郭富城，最酷的女歌手是王菲，最酷的饮料是百事可乐，最酷的广告是百事可乐郭富城超长版。而现在年轻人最酷的行为就是喝百事可乐了。

1997 年北京饮料市场百事与可口占有率为 1∶10，到 1999 年升至 1∶2.5，其中绝大部分贡献就是由年轻人做的。

百事可乐广告语也是颇具特色的。它以“新一代的选择”、“渴望无限”做自己的广告语。百事认为，年轻人对所有事物都有所追求，如音乐、运动，于是其提出了“渴望无限”的广告语。百事提倡年轻人做出“新一代的选择”，那就是喝百事可乐。百事这两句富有活力的广告语很快赢得了年轻人的认可。配合百事的广告语，百事广告内容一般是音乐、运动，如上述的迈克尔·杰克逊、郭富城都是劲歌劲舞。百事还善打足球牌，利用大部分青少年喜欢足球的特点，特意推出了百事足球明星。可谓充满洞察力。

项目二

广告公司

知识目标

1．了解广告公司的功能和原则、广告公司的分类
2．熟悉广告公司的工作流程
3．熟悉广告公司的开办流程

能力目标

1．对社会中较成功的广告公司多留心，勤观察，养成勤于观察思考的习惯
2．培养、锻炼与组织成员之间的沟通、协作能力

小河团队经过收集评析广告后，对广告有了基本的认知。面对激烈的就业竞争，团队成员萌生了在毕业后创办一个广告公司的想法，正好相关机构对学生创业也有一定的支持力度。但是，团队成员对广告公司的运作情况以及如何开办广告公司都不大了解，该怎么办呢？

导入案例

大三学子创办广告公司

正当大学生们被自己的就业问题弄得焦头烂额之时，四川师范大学成都学院的几位在校大学生却自己当起了“老板”。他们一手创办的四川博蕴广告有限责任公司顺利入驻郫县大学生创业园，业务规模进一步扩大到郫县境内20多所高校。因业务需要，该公司高调宣布易址，而他们精彩的创业故事在成都高校中早已被传为佳话……

2008年1月，四川师范大学成都学院经济与管理系2007级市场营销本科（1）班学生李寿星决定在校创业，与人文社会科学系2007级广告班的学生王刚、江铮、胡孟杰、李波、祝长虹等一批满怀激情的同学迈出了第一步，组建了博蕴团队。他们集思广益，一步一个脚印，从最初简单的项目创意到现在的项目试点成功，终于注册成立了四川博蕴广告有限责任公司。

据介绍，该公司以餐桌广告为主要经营项目，项目源于该公司开发的一项以多功能餐桌用盒（专利号：ZL200820141552.4）为载体的新型广告传播媒介，即利用消费者在餐厅就餐时从点菜到等待上菜的这段空闲时间里进行广告宣传，其宣传载体是他们创意设计的多功能餐桌用盒的两个封面广告和存放于盒内的一本杂志，杂志的内容既包括广告信息，也包括大量能吸引消费者阅读的非广告内容。各合作餐厅拥有该产品除杂志插槽外的其他容器的全部使用权。该产品将纸巾盒、牙签盒、菜单展示牌、烟灰缸、杂志存放盒等器具的功能融于一体。对于餐厅而言，一方面扩大了餐厅的桌面使用空间，使桌面更简洁美观，另一方面存放于此多功能餐桌用盒内供就餐者免费阅读的杂志，可以轻松打发消费者等菜的这段无聊时间，减轻顾客对餐厅上菜速度慢的抱怨，提高了顾客对餐厅服务质量的满意度。

对于博蕴公司而言，此项多功能餐桌用盒的两个盒身广告和存放于该盒内的杂志的广告费用是公司的主要利润来源。由于便捷，这种多功能餐桌用盒目前已在郫县团结镇60多家中高档餐厅得到了广泛使用。该项目运作至今经济效益良好，前两期业务就收回了全部成本并略有盈余。（信息来源于四川新闻网）

案例分析

当前，想要自主创业的人并不少，大学毕业生在这方面的意识也越来越明显，他们不再依赖家长、学校，而是主动发现、寻找机遇。

想一想

1. 你会选择自主创业吗？
2. 你认为创办广告公司需要什么条件？

任务一　认识广告公司

一、广告公司的功能和原则

1. 广告公司的定义

广告公司，又可称为广告代理公司，是社会中专门从事广告经营的企业。广告公司是广告活动中最重要的主体。

2. 广告公司的功能

（1）代理广告客户策划广告。广告公司以广告代理为工作核心，其最本质的功能是代理广告客户策划广告。具体包括为广告客户进行有关商品的市场调查和研究分析工作，为企业发展确立市场目标和广告目标，为代理客户制订广告计划和进行媒体选择。广告公司从自己的专业领域出发，为广告客户提供广告主题和实现广告主题的广告创意、构思和策划。

（2）为广告客户制作广告。制作广告是指广告公司将创造性构思和创意转换成具体外在表现的广告产品的活动。广告公司选择最具表现力、影响力和感染力的手法，客观、真实、具有美感和艺术性地去表现创造性广告思想的广告形式，是制作广告的根本要求。

（3）为广告客户发布广告。发布广告是指广告公司在策划和制作出广告作品之后，通过广告媒介的合理选择和应用，将广告信息及时地、迅速地传递给广大社会公众。发布广告时，广告公司要为客户利益着想，注意选择最具表现和传播效果又能最低投入的媒介，将广告信息传递到最多的潜在购买者，从而引导社会公众对于广告客户信息的认可、接受，以产生购买行为。

（4）为广告客户反馈广告信息、评估广告效果。广告公司在代理客户发布广告之后，要对于所发布的广告进行市场调查和研究，对于广告效果进行科学的测定和评估，及时向广告客户反馈有关市场的销售信息及相关的变动信息。

（5）为客户提供咨询服务。广告公司要为广告客户的产品计划、产品设计、市场定位、营销策略、广告活动和公共关系等方面提供全方位的综合信息，为客户提供各方面的咨询服务，从而实现企业资源的合理流向与最佳配置，推动经营企业的发展。

（6）影响广告业水平。对于广告行业来讲，广告公司是广告业中最重要的主体之一。广告公司的活动发展会影响到广告行业的整体水平和发展状况。在与客户和媒介合作时，广告公司又对广告市场的容量、分配、流向、趋势等具有一定的调节功能。

3. 广告公司的经营原则

（1）依法经营原则。依法经营是广告公司生存的前提，或者说是广告公司的生命，这是任何一个广告公司在从事广告经营活动时所必须坚持的第一位的原则。

广告活动是以法律为前提的活动，同时又是法律规定的活动。依法经营包括两个方面的意思：一是广告公司要符合广告管理法律、法规，尤其是要遵守《广告法》以及相关的管理法规。《广告法》作为广告领域的根本大法、最高之法，规范了广告主、广告经营者和广告发布者之间的行为和准则，既是对广告公司的限制，又是对广告公司的保证，即广告公司存在和活动的合法性。广告公司的权利、义务和责任在法律、法规中的明确规定，使广告公司在广告活动中有法可依。二是广告公司的活动要符合国家的相关法律规范，如《民法》、《反不正当竞争法》、《消费者权益保护法》等。

（2）人才经营原则。广告公司经营活动的开展是以高素质、高能力的广告专业人才为保证的。广告公司是属于知识型、智能型、技术型的企业法人组织。广告公司的工作不属于简单操作或重复操作性工作，而是具有独立性、创新性、技能性的独特工作，它完全是依靠广告公司中人员的智能与创造来维持其存在和不断发展的。“广告公司的财富随员工下班而消失”正是道出了广告公司与其他公司的显著性差异。

（3）优势经营原则。优势经营是指广告公司根据自己的具体情况而确立自己的发展战略，形成自己的经营特色。优势经营的本质就是广告公司的经营定位。

广告公司要根据自己的具体情况，选择经营优势，发展经营特色，推动公司获得较大的经济效益和社会效益。

（4）非业务冲突原则。广告公司只能为某一类产品的一个客户服务，以防止形成“业务冲突”的出现。一般情况下，广告公司应该十分珍惜与代理客户之间所形成的信任关系，不应该再接受与该企业有着直接竞争关系的广告业务。

知识链接

1973 年，美国广告公司协会发表了一份题为《关于业务冲突理想的政策》的指导性文件。文件建议：“广告公司与广告客户界定业务冲突，最好以各个产品类型为基本界线，而不以整条产品线为划分准绳。

美国一个软饮料制造商的一条界线是：被任何人饮用的任何其他品种或其他品牌的饮料都和他营销的饮料有冲突。根据这一界定，承担啤酒、矿泉水甚至咳嗽糖浆广告业务的广告公司都不能成为他的代理。

在国际上，除日本之外（1992 年 1 月之前，电通广告公司同时拥有丰田轿车和日产轿车的广告代理，而后，日产转为博报堂代理），美英等国广告公司在经营过程中大都避免出现“业务冲突”现象。在我国广告公司迅速发展时，只有逐渐与国外经营惯例、原则相适应，才能与国际广告经营接轨。

二、广告公司的分类

广告市场中存在着广告客户、广告公司和广告媒体这三个主体。而在以广告代理制为基础的广告经营机制中，广告公司处于广告市场的主导地位，它是实施广告代理制的中心环节。在我国《广告法》中，广告公司是指受委托提供广告设计、制作、代理的经济组织。作为市场参与者，广告公司在现代营销中起到了不可替代的作用。广告公司一般分为全面服务型广告公司、有限服务型广告公司、广告代理商及内部广告公司。

1. 全面服务型广告公司

全面服务型广告公司一般在总经理或总裁以下至少设有四个大部（见图 2-1），分别由数位副总经理负责，同时在各部设立总监，可以另择定人员担任，也可以由副总经理担任。

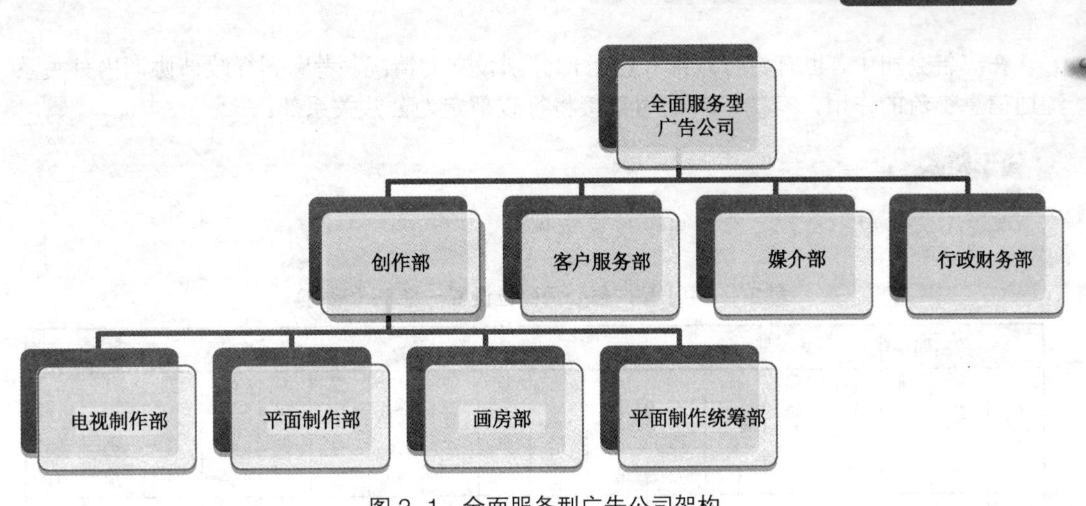

图 2-1 全面服务型广告公司架构

（1）创作部。

创作部的主要工作是负责构思广告及执行广告创作。重心人物是行政创作总监，一般来说，这个职位在每家广告公司中只有一人。不过，近年已开始出现 Co-Executive Creative Director，即由两人分工处理不同的客户或联合处理相同的客户。行政创作总监的工作，主要是负责创作部的行政工作、订立创作路线、控制作品水准等。

行政创作总监之下，会视人手而分为若干组，每组由一位或两位创作总监或副创作总监负责带领，其中一位是文案出身，另一位则是美术出身。但也有不少创作总监是身兼两职的。创作总监的工作除了构思广告外，也负责指导及培训下属的工作。

创作总监下会有不同的小组，每小组由一位文案及一位美术指导组成。基本上，两人是会共同构思广告的，但文字修饰方面由文案主理，美术润饰方面则由美术指导主理。由于美术指导的执行工作一般都较繁杂，所以大都有一位助理美术指导协助执行方面的工作。有经验的文案及美术指导将会晋升为高级文案及高级美术指导。不过，工作性质与以前只是大同小异。

创作部还包括电视制作、平面制作、画房及平面制作统筹四个小部门。电视制作部设有监制，主要负责电视广告的统筹，实际广告拍摄的工作则由广告制作公司负责，香港的广告公司均不自行拍摄电视广告。平面制作部设有平面制作经理，主要负责跟进平面广告的印制工作。画房部设有绘图员、电脑绘图员、正稿员等职位，负责不同的平面广告制作。平面制作统筹部则负责统筹平面制作事宜。

（2）客户服务部。

客户服务部的主要工作是与客户联络及制订创作指引。重心人物是客户主管，以下职位按不同客户划分为不同的客户总监、副客户总监、客户经理及客户助理。

（3）媒介部。

媒介部的主要工作是为客户建议合适的广告媒体（如电视、报纸、杂志、海报、直销等），并为客户与媒体争取最合理的收费。重心人物是媒介主管，下设媒介主任及媒介策划等不同职位。

（4）行政财务部。

行政财务部是广告公司行政管理和资金管理部门，负责广告公司的资金、财会、人事和科室的管理及协调工作。

在广告公司中，也有将行政部和财务部分别设立的情况。考虑到行政部协调内外关系、沟通信息交流的作用，有的广告公司直接将行政部定为公共关系部。

知识链接

表 2-1 为某中小型广告公司岗位设置示例。

表 2-1　中小型广告公司岗位设置一览表（示例）

行政部			策划部				创意设计部					媒介部				客户部	
总经理	副总经理	前台	策划总监	品牌专员	行销专员	调研专员	设计总监	艺术指导	设计师	设计员	电脑技师	媒体总监	媒体企划	媒体购买	工程督导	客户经理	客户执行
1人	2人	1人	1人	2人	2人	2人	1人	2人	4人	4人	1人	1人	1人	1人	1人	1人	4人

表 2-2 为某广告公司部分岗位描述示例。

表 2-2　广告公司部分岗位描述（示例）

岗位名称	所属部门	工作细项
行政人事助理	行政财务部	① 负责人员招聘解聘 ② 劳动合同、社会保险办理 ③ 日常考勤管理 ④ 后勤管理与服务 ⑤ 影视器材管理 ⑥ 员工工资核算 ⑦ 上级领导安排的其他工作
策划文案	策划部	① 负责具体业务执行进度的跟踪 ② 负责所有策划方案执行的跟踪督导 ③ 负责对与公司业务、客户（资料）等相关市场的分析研究 ④ 参与公司内部各项业务、策划、创意会 ⑤ 参加客户的业务、策划与创意提案会 ⑥ 负责公司内部及与客户召开的各策划会议的（文字）记录 ⑦ 负责广告创意策略以及广告主题概念创作 ⑧ 负责本部门的文件管理、对本部门的书籍、图片、资料归类管理，以防泄密 ⑨ 上级领导安排的其他工作
创意文案	策划部	① 具体业务策略执行进度的跟踪 ② 根据策略方案的总体指引，进行具体的广告文案的创意撰写 ③ 参与内部各项业务的策划、创意会 ④ 参加重要客户的业务讨论、策划与创意提案会 ⑤ 负责公司内部及与客户召开的各创意会议的（文字）记录 ⑥ 负责文案以及公司内部各类其他文稿的审稿修改等 ⑦ 上级领导安排的其他工作

续表

岗位名称	所属部门	工作细项
设计助理	设计部	① 协助设计师、设计总监完成创意设计方案 ② 完成设计师、设计总监布置的各项工作任务 ③ 参与各项业务内部创意、设计讨论会，并做与设计相关的会议记录 ④ 收集并整理优秀设计作品信息 ⑤ 上级领导安排的其他工作
媒介策划	媒介部	① 研究重要的媒介策略的采用 ② 负责具体的媒介策略制定 ③ 负责具体的媒介计划和媒介定位工作 ④ 执行已经制定的媒介策略和负责指定的客户业务 ⑤ 负责与媒介部门和客户的日常沟通工作 ⑥ 上级领导安排的其他工作
客户助理	客户部	① 负责与客户的业务联络、送稿复审确认和审核制作的校样稿 ② 在出席客户会议时，负责会议记录，并提交会议纪要 ③ 对内通过创意简报的形式向策划部、设计部、制作部、媒介部传达客户需求信息 ④ 研究客户服务、广告制作、媒介等多方面知识 ⑤ 上级领导安排的其他工作

2. 有限服务型广告公司

有限服务型广告公司又常常被称作部分服务型广告公司或广告服务零售公司。中小型广告公司大都属于此类广告公司，这类广告公司不具有全方位开展代理工作的能力，一般只承担单项的广告工作，或者某些具有特殊性要求的广告，如巨型广告、路牌广告、霓虹灯广告、灯箱广告、气球广告、飞艇广告、空中烟雾广告等。

3. 广告代理商

广告代理商，又叫广告经纪人或中间商。其主要业务是在广告客户、广告公司和广告媒介之间起到桥梁沟通作用。

4. 内部广告公司

广告客户为了节省经费，在广告活动中掌握更多的主动权，也有在企业内部自办广告公司的。公司根据需要直接向媒介购买时间、版面并得到佣金，同时还可以为企业提供各类广告服务。

案例 2-1

挑选广告机构：内部还是外部

最近，加拿大财产及灾害保险业经历了历史上最糟糕的两年。加拿大最大的保险公司之一——协邦保险（Co-operators）的管理层厌倦了与广告公司打交道。这些广告公司似乎根本不了解协邦保险公司或整个保险行业存在的问题。于是，协邦公司成立了一个内部营销团队，任务是重振公司的知名品牌，把品牌认知与特定的属性联系起来。该团队通过内部研究和数据挖掘描绘了公司顾客的特征，并聘请了一名顶尖创意总监帮助创作新广告。结果就产生了名为“Heritage”的电视广告。这个广告及配套宣传材料的焦点是一个农场主协会，协会成员信赖一个有同情心、友善、喜欢分享、正直诚实的加拿大保险公司。广告及整个传播活动非常成功。

但是，由内部人员负责广告创作也有缺点：一是公司可能变得因循守旧，意识不到其他促销或广告机会；二是内部团队可能不具备足够的专业知识来完成所有必要的职能。结果可能变成削减广告成本，而不是利用广告公司的知识和专长。在全球市场中，公司内部成员缺乏对国外目标市场的语言、习惯和购买行为的必要了解，所以必须有所选择。

管理层应该考虑：公司规模、可以投入媒体的资金量、客观性、产品的复杂程度和创造力等因果。下面来具体分析。

从公司规模上看，小客户对广告公司通常没有吸引力，因为没有多大收益。从投入媒体的资金来看，小客户对广告公司而言似乎不经济，因为更多的资金必须花在制作广告而不是购买媒体时间或广告位上。在这方面，有一个“75—15—10”经验法则，即75%的资金用于购买媒体时间或广告位，15%的资金用于支付广告公司进行创意，10%用于广告的实际制作。但对于小客户来说，资金分配比率更可能是“25—40—35”，即75%的资金用于广告创意和制作上，只有25%的资金用于购买媒体。因此，除非75%的广告预算可用于购买媒体，否则明智的做法可能就是由公司内部团队或小广告公司负责所有的广告活动。

与内部团队相比，广告公司更可能客观公正。内部创意人员很难不偏不倚，不受组织内其他人的影响。组织内的其他人可能并不完全理解广告艺术层面。外部创意人员就不会面临这些影响和压力。

复杂产品的广告则是不同的情况，因为外部广告公司的人一开始可能难于理解这一复杂的产品。让他们尽快熟悉情况，往往要花费相当多的时间和资金。因此，对于一些复杂的产品来说，任用内部团队可能会更好；而一些通用的或更标准化的产品更适合聘用外部广告公司。

最后一个要考虑的因素是创造力。广告公司声称他们能提供更好的创意，许多时候的确如此。但是，内部团队也可以只在广告设计阶段聘用兼职创意人员。因此问题就变成了是把整个项目外包出去，还是只使用广告公司的创意人员及其他专家。

如果最终决定选用外部广告公司，那么为了利用广告和传播计划扩大受众，公司就得投入大量资源。

（资料来源：（美）Kenneth E.Clow. 广告、促销与整合营销传播. 冷元红译. 北京：清华大学出版社，2008. ）

分析提示

广告计划的第一步是确定选用内部广告团队还是外部广告公司。有的公司是由内部人员开发整合营销传播计划和广告计划，部分原因是内部人员更能理解公司的使命和营销信息。这些公司的管理者相信，他们可以通过某些职能外包和聘请少量营销专家及广告专家，开发出有效的广告计划。撰写文案和拍摄、录制、编辑广告，以及安排、买卖媒体时间（电视和广播）和广告位（杂志、报纸、广告牌）等工作可以外包出去，而其他工作则由内部完成。

课堂随笔

想一想

1. 企业实施广告使用内部广告团队与使用外部广告公司有什么区别？
2. 广告主应该如何挑选广告代理机构？
3. 挑选广告公司有哪些步骤？应该遵循什么标准？

三、广告公司的工作流程

广告公司的工作流程如图 2-2 所示。

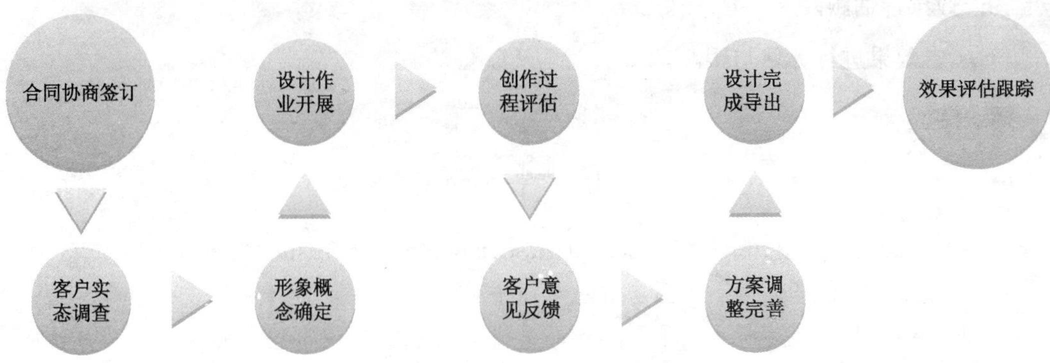

图 2-2 广告公司的工作流程

1. 合同协商签订

客户提出需求，双方协商一致，签订合同。

2. 客户实态调查

客户部开始搜集产品资料、竞争对手资料、行业资料等。同时，媒介部通过购买，搜集竞争对手的广告投放情况（投放地区、金额、媒体种类），以及竞争对手的广告表现。有需要的话，还可能委托市场调查公司，进行定量和定性的市场调查。

3. 形象概念确定

客户经理、客户总监、策划总监、策划经理进行几次会议，讨论各自的看法和思路，当大家就某一策略思路达成共识后，再由客户经理和策划经理整理细化，并形成文字。

4. 设计作业开展

客户经理和策划经理开始讨论策划方案的框架和细节，两人合作或者指定其中一人完成整个提案的撰写。同时，向媒介部讲述策略思路，由媒介部完成媒介方案，并填写创意简报。经客户总监和创意总监签字后，召开创意简报会议。

5. 创作过程评估

创意部开始工作。文案和美术指导开始提出创意概念，总监负责把关。

6. 客户意见反馈

创意部有了比较满意的方案后，会向客户部进行一次非正式的提案，一般这种提案会有多次，双方达成共识后，开始正式作创意表现。

7. 方案调整完善

客户经理根据进度，制定内部提案时间，到时进行内部正式提案，不断完善提案，一般会进行一到两次。内部提案通过，跟企业约定时间，进行正式提案（一般是总监提）。提案通过，根据方案开始执行；不通过，一切重新来或者被客户解约；基本通过，做部分修改后，再进行第二次提案。

8．设计完成导出

根据方案进行设计实施。

9．效果评估跟踪

对广告效果进行评估与跟踪。

知识链接

4A 广告公司

4A 一词源于美国，即 The American Association of Advertising Agencies 的缩写，中文为“美国广告代理协会”。因名称里有四个单词是以 A 字母开头的，故简称为 4A。后来世界各地都以此为标准，取其从事广告业、符合资格、有组织的核心规则，再把美国的国家称谓改为各自国家或地区的称谓，形成了地区性的 4A 广告公司。该组织最主要的协议就是关于客户媒体费用的收取约定（17.65%），以避免恶意竞争。此后，各广告公司都将精力集中在非凡的创意和高超的客户服务中，从而创造出一个接一个的美妙的广告创意。因此，4A 也成为众多广告公司争相希望加入的组织。

美国广告代理协会是 20 世纪初由美国各大著名广告公司协商成立的组织，成员包括：Ogilvy & Mather（奥美）、J.WalterThompson（智威汤逊，JWT）、McCann（麦肯）、Leo Burnett（李奥贝纳）、BBDO（天联）等著名广告公司。

从 20 世纪 70 年代末到 20 世纪 90 年代初，4A 成员们渐渐进入到华人世界，从中国台湾、香港到中国大陆。由于当时内地尚未允许外商独资广告公司存在，所以 4A 公司往往与内地公司合资成立合资广告公司，如盛世长城（Saatchi & Saatchi 与长城）、智威汤逊中乔（J.WalterThompson 与中乔）等。

20 世纪 80 年代末 90 年代初，改革开放初期随着跨国公司纷纷进入中国内地，国际广告公司也纷至沓来。当时，内地的广告业尚未发展，4A 公司凭借着国际客户的声誉以及大胆而精妙的创意、精彩的导演和精湛的拍摄树立了其在中国内地广告界的名声，在国内广告界 4A 公司渐渐被了解，并成为国际品牌广告代理公司的代名词。

4A 协会对成员公司有很严格的标准，所有的 4A 广告公司均为规模较大的综合性跨国广告代理公司。

4A 广告公司内部规划很细致，根据不同的服务客户分成几个组，最上面的被称为“老板”的是 CD，即创意总监，下面有美术指导（艺术总监）、文案、设计师（也叫完稿，具有设计能力）。创意总监一般为国外或中国港台资深广告人，大多为文案出身，年薪 500 万～600 万元，也有 1000 多万元的。美术指导多为内地高水平的设计师，有一定的创意能力，月薪 8000～10000 元，文案即创意和写作的高手，月薪 8000～10000 元，设计师月薪 7000～8000 元。

表 2-3 为 2013 年中国 4A 广告公司排名。

表 2-3 2013 年中国 4A 广告公司排名

排　位	公　司	排　位	公　司
1	世界广告（北京）有限公司	11	盛世长城（Saatchi & Saatchi）
2	Wieden+Kennedy	12	威汉营销传播（WE Marketing）
3	恒美（DDB）	13	AKQA
4	阳狮广告（Pulicis）	14	新网迈（NIM Digital）
5	广东省广告股份有限公司	15	麦肯・光明（McCann）
6	腾迈（TBWA）	16	旭日因赛（NEWSUN）
7	睿狮（lowe）	17	知世・安索帕（isobar）
8	智威汤逊（JWT）	18	葛瑞（GREY）
9	百比赫（BBH）	19	奥美广告（Ogilvy & Mather）
10	睿域（Razorfish）	20	李奥贝纳（Leo Burnett）

（资料来源：2013（第六届）大中华区 4A 广告公司 100 强排行榜）

任务二　注册广告公司

根据新修订的《公司法》和国务院的《注册资本登记制度改革方案》规定，公司资本登记由实缴制改为认缴制，创业者在开办公司时不需要实际缴付出资，开公司的注册资本将不再受限，而且不需要登记在营业执照上，同时，也不需要验资，不需要出具验资报告即可开公司，大大简化了开公司的基本流程与费用。

以下介绍在新《公司法》下认缴制有限公司的注册流程。

一、广告公司经营范围

1. 广告相关经营范围

设计、制作、发布、代理各类广告，文化传播，图文设计制作，企业营销策划，企业形象策划，商务咨询，企业管理咨询，展览展示服务，会务服务，礼仪服务，投资咨询等。

2. 可选经营范围

计算机软硬件开发及销售，电子产品、工艺礼品、办公用品等的销售，建筑设计、建筑装饰工程等。

二、广告公司注册流程

1. 公司名称核准

需携带全体股东的身份证原件或复印件到当地工商局核定公司名称，或者到当地工商局网上进行名称查重（见图 2-3）及申请公司名称核准；通过后领取“企业名称预先核准通知书”。

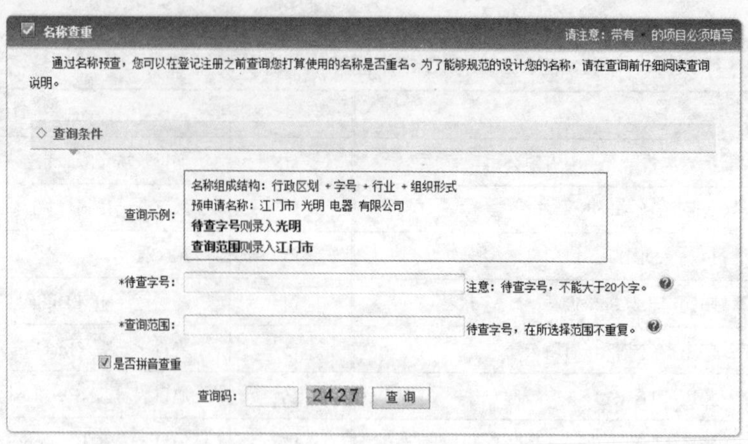

图 2-3 名称查重

公司取名注意事项为：

（1）广告公司组成格式：“行政区划＋字号＋行业特点＋组织形式”或者“字号+行政区域＋行业特点＋组织形式”。

（2）依据《中华人民共和国公司法》、《中华人民共和国中外合资经营企业法》、《中华人民共和国中外合作经营企业法》、《中华人民共和国外资企业法》申请登记的企业名称，其组织形式为有限公司（有限责任公司）或者股份有限公司；依据其他法律、法规申请登记的企业名称，组织形式不得申请为“有限公司（有限责任公司）”或“股份有限公司”，非公司制企业可以申请用“厂”、“店”、“部”、“中心”等作为企业名称的组织形式。

（3）企业名称中的字号应当由两个以上汉字组成，行政区划不得用作字号，但县以上行政区划地名具有其他含义的除外。企业名称可以使用自然人投资人的姓名作字号。

2．租房

在写字楼内租一间办公室，自有厂房或者办公室也可以（如在居民楼里注册，则需要居委会相关证明）。租房后要签订租房合同，并让房东提供房产证的复印件。

3．编写《公司章程》

确定好注册资本、公司名称、经营范围、法人代表，在章程的最后要由所有股东签名。

4．营业执照

到工商局窗口办理，领取营业执照（网上公司设立时预约的窗口），需要携带以下资料：

（1）房产证复印件；

（2）股东会决议；

（3）股东、法人身份证；

（4）房屋租赁合同；

（5）公司章程；

（6）公司设立登记表；

（7）企业名称预先核准通知书。

5. 刻章

凭营业执照，到公安局指定的刻章社刻公章、财务章、法人章。后面步骤中，均需用到公章或财务章。

6. 企业组织机构代码证

凭营业执照到技术监督局办理组织机构代码证。

7. 办理税务登记证

凭营业执照、公章、财务章、组织机构代码证去税务局办理税务登记证。

以下业务也在税务局办理。

（1）办理税种登记：按公司的情况，确定公司的性质（贸易型税率4%、生产型6%、服务型5%等），提供相关材料填妥相关表格后呈税务专员。

（2）办理所得税核定：通常所得税为核定征收方式，提供相关资料后填妥相关表格后呈税务专员。

（3）办理印花税业务：按公司的规模，提供相关资料后填妥表格购买相关印花税票。

（4）办理纳税人认定：按公司的注册情况，提供相关资料后填妥表格后呈税务专员。

（5）办理办税员认定：提供相关资料后填妥表格后呈税务专员，为公司人员办理办税员证件。

（6）办理发票认购手续：根据公司所需的发票种类，提供相关资料后填妥表格后呈税务专员申请发票。

8. 开基本户

凭营业执照、组织机构代码证，税务登记证、法人身份证等资料到银行开立基本账号。

知识链接

新《公司法》实行后的常见问题

1. 实行注册资本认缴制，不再验资，公司注册资本是否可以想认缴多少就认缴多少？

新《公司法》对注册资本认缴额度、缴付时间没有做出具体规定，由公司自主决定。但公司股东（发起人）的出资义务没有发生变化。股东要按照自主约定的期限向公司缴付出资，股东未按约定实际缴付出资的，要根据法律和公司章程承担民事责任。如果股东没有按约定缴付出资，已按时缴足出资的股东或者公司本身都可以追究该股东的责任。如果公司发生债务纠纷或依法解散清算，没有缴足出资的股东应先缴足出资。实行注册资本认缴登记制并没有改变公司股东以其认缴的出资额承担责任的规定，也没有改变承担责任的形式。所以说认缴多少是和自身承担的缴付义务成正比的，应量力而行，切忌随意申报。

2. 公司注册资本能否为“零”？

不能。因为注册资本是公司制企业章程规定的全体股东或发起人认缴的出资额或认购的股本总额，注册资本为“零”表示没有股东或发起人认缴或认购。但注册资本的缴付期限没有限制，因此理论上可以“零首付”。

3. 是否可以“一元钱办公司”？

新《公司法》取消了最低限额，自主约定注册资本总额，不再设置“门槛”，也就是说理论上可以“一元钱办公司”，但并不是开办公司就没有条件了，办公司还是要有场地和人员，维持公司的基本运营也需要必要的资本，所以完全不花钱办公司实际上是不可能的。现在社会上说的“一元钱办公司”只是一个形象的比喻。注册资本的规模是公司实力的体现。如果公司注册资本数额很小，开展经营活动时其经营能力也可能会受到质疑。

4. 以下27类公司仍需实行注册资本实缴登记

① 采取募集方式设立的股份有限公司；② 商业银行；③ 外资银行；④ 金融资产管理公司；⑤ 信托公司；⑥ 财务公司；⑦ 金融租赁公司；⑧ 汽车金融公司；⑨ 消费金融公司；⑩ 货币经纪公司；⑪ 村镇银行；⑫ 贷款公司；⑬ 农村信用合作联社；⑭ 农村资金互助社；⑮ 证券公司；⑯ 期货公司；⑰ 基金管理公司；⑱ 保险公司；⑲ 保险专业代理机构、保险经纪人；⑳ 外资保险公司；㉑ 直销企业；㉒ 对外劳务合作企业；㉓ 融资性担保公司；㉔ 劳务派遣企业；㉕ 典当行；㉖ 保险资产管理公司；㉗ 小额贷款公司。

另外，需要前置审批的公司，前置审批部门需要注册资金实际到位的，需按审批部门的要求进行验资，如设立有限责任的旅行社。

（资料来源：http://blog.sina.com.cn/s/blog_54c09bb00101rnag.html）

项目实训

一、实训环境

（1）以小组讨论形式设计的课室；

（2）每组3台计算机设备；

（3）每组1张海报纸、一盒彩笔。

二、实训内容

【任务1】访问当地工商局官网，了解当地注册广告公司的流程并制作流程图，可参考以下流程图。

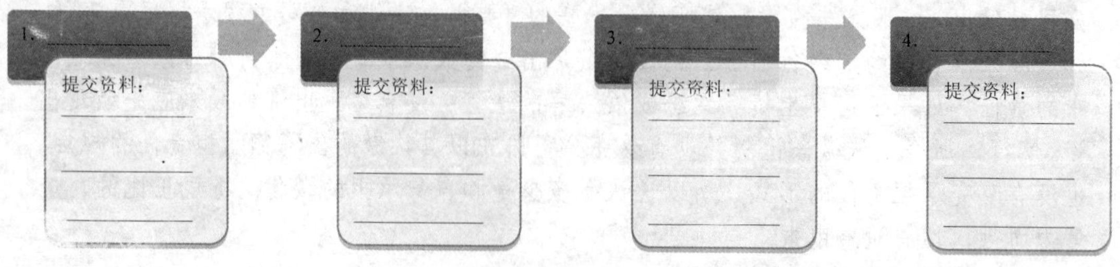

流程图

【任务2】模拟注册广告公司。

（1）填写《企业名称预先核准申请书》及《出资比例表》。

企业名称预先核准申请书

申请企业名称	
备选企业名称 （请选用不同的字号）	1. 2. 3.
经营范围	
注册资本（金）	（万元）
企业类型	
住所所在地	
指定代表或者委托代理人	
指定代表或委托代理人的权限： 1. 同意□　不同意□　核对登记材料中的复印件并签署核对意见； 2. 同意□　不同意□　修改有关表格的填写错误； 3. 同意□　不同意□　领取《企业名称预先核准通知书》	
指定或者委托的有效期限	自　　年　月　日至　　年　月　日

注：① 手工填写表格和签字请使用黑色或蓝黑色钢笔、毛笔或签字笔，请勿使用圆珠笔。

② 指定代表或者委托代理人的权限需选择“同意”或者“不同意”，请在□中打✓。

③ 指定代表或者委托代理人可以是自然人，也可以是其他组织；指定代表或者委托代理人是其他组织的，应当另行提交其他组织证书复印件及其指派具体经办人的文件、具体经办人的身份证件。

出资比例表

投资人姓名或名称	证照号码	投资额（万元）	投资比例（%）	签字或盖章
填表日期	年　月　日			
指定代表或者委托代理人、具体经办人信息	签　　字： 固定电话： 移动电话：			
（指定代表或委托代理人、具体经办人身份证明复印件粘贴处）				

注：① 投资人在本页表格内填写不下的可以附纸填写。

② 投资人应对第（1）、（2）两页的信息进行确认后，在本页盖章或签字。自然人投资人由本人签字，非自然人投资人加盖公章。

（2）访问当地网上企业登记注册业务系统，对所取公司名称进行查重。如广东省网上登记注册系统（网址：http://wsnj.gdgs.gov.cn/aicnet/main.jsp）。

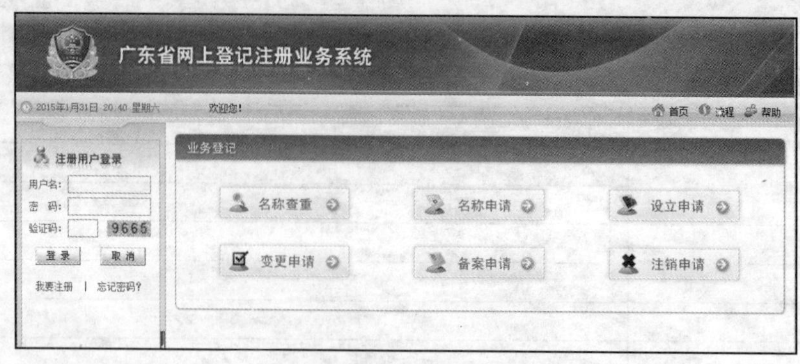

广东省网上登记注册业务系统

（3）把讨论的成果及收集的资料制作成精美海报并上台进行展示。

三、实训要求

（1）以团队为单位完成，共同提交讨论结果。
（2）成员之间要团结互助，发挥团队协作效力。
（3）由队长组织和监控过程，老师提供咨询服务，但不参与工作。
（4）团队展示除了完成指定任务外，还包括团队合作过程描述：
① 选择了什么样的工作方式？
② 团队成员之间的分工情况。
③ 完成过程中的其他相关记录等。

四、实训步骤

（1）根据【任务1】访问当地工商局官网，制作注册广告公司流程图。
（2）根据【任务2】进行团队讨论，制定工作计划，可参考以下工作计划表。

工作计划表

任　务	负责人	完成时间	完成情况	存在问题及解决方案

（3）把讨论成果制作成精美海报。
（4）上台进行展示。

五、实训评估

（1）评价应考虑到学生在各个阶段的表现，而不仅仅由最后的成绩决定。
（2）在评估时，可以分组对不同的部分进行演示，以节约时间。
（3）可通过询问学生在出现问题时是如何解决的，来评价学生。
（4）在实施过程中，教师帮助越少，得分越高。
（5）填写如下评价表。

《广告基础与实训》评价表　项目二

1. 学生自评表					
班级		学生姓名		标准分值	得分
资讯、计划与决策					
是否查询了相关资料				10	
是否了解或掌握与任务相关的知识点				10	
实施					
积极参与团队任务				10	
能够提出有用意见				10	
能够完成所承担的任务				10	
正确完成实施过程中的分工和配合				10	
检查与评估					
是否能认真描述困难、错误和修改内容				10	
对自己的工作评价				10	
是否检验了实施结果并进行总结改进				10	
能否在规定的时间内完成任务				10	
合计				100	

2. 团队评价表（由队长完成）			
小组名称			
项目		标准分值	得分
分工是否合理（最大限度地调动成员积极性）		25	
小组是否团结		25	
方案是否有效		25	
知识运用是否合理		25	
合计		100	

3. 教师评价表			
项目		标准分值	得分
团队合作精神		30	
实训过程表现		30	
成果展示		40	
合计		100	
总分	总分=学生自评得分×20%+团队评价得分×30%+教师评价得分×50%		

项目小结

小河团队通过本项目的学习，开办了河马广告公司（模拟），了解了广告公司的功能与原则、广告公司的分类、广告公司的工作流程。熟悉了广告公司的注册流程以及注意事项。广告公司是应市场需求而产生的，广告公司应该以广告主的需要进行设计、创作广告，并根据需要调整组织结构。

练习与自测

一、不定项选择题

1. 广告公司又称为（　　）。

A．广告主公司　　B．广告媒体公司

C．广告制作公司　　D．广告代理公司

2. 广告公司的分类主要有（　　）。

A．全面性广告公司　　B．有限服务型广告公司

C．广告代理公司　　D．内部广告公司

3. 广告公司的功能有（　　）。

A．广告制作　　B．广告发布

C．广告效果反馈信息　　D．广告策划

二、案例分析

在4A广告公司实习

1．态度决定一切

第一天来到公司，先看了留在计算机硬盘里的文件和资料，是我的前任实习生留下的，发现了几份她做的翻译和创意构思。

没过多久，小组长F就给了我一份南非导演的电视画面处理意见要我翻译校对，很长，看上去也很复杂，需要耐下心来仔细翻译。也许是第一天实习，有点紧张也有点心急，校对好了之后没有好好检查一遍就给了F。不一会儿，问她是否还有其他事情可以帮忙，她和我说刚才的文件还有问题，要我再仔细看一下。

我静下心来重新仔细看了原来的译文，也把自己不确定的内容用铅笔勾出，准备等会儿好好请教别人。耐心检查，果然发现了好几处没有发现的错误。不知不觉弄了将近一个半小时，直到自己确认再也没有其他问题。接到的第一个任务才终于告一段落。从这天开始，我知道作为文案千万不能心急，要仔细耐心，还需要严谨认真。往往一个细小的文字错误，就可能造成很大的代价。

2．识车ABC·小栏目里有大学问

今天又接到了一个新任务：识车ABC小栏目。这是一个每天群发给组内所有成员的邮件，主要介绍的是汽车方面的小知识。因为我们服务的客户是汽车，而大家对于汽车的了解并没有达到完全专业的角度，有时难免有一些盲区需要解答。所以我要做的就是用浅显

简单的语言给大家介绍一些普及性的汽车知识。本来对于汽车了解也有限的我，现在不但要收集资料，还要负责消化讲解一些技术含量较高的内容。对我来说，这是一个不小的挑战。但同时，它也是让我最快熟悉环境、了解客户的最佳途径。

这几天，大家都在做一部新车的广告，小组长 F 拿了一张纸，划了几个具有特色的技术用语给我，让我上网或者查阅报刊后给大家详细解答一下。具体制作这个小栏目的是我，负责人则是另一位文案 E，有什么问题我也可以向她请教。

我选择了其中一个比较“扭矩、功率、马力”三者关系的题目来作为第一次主题。大家平时工作都很繁忙，“识车 ABC”这个栏目的副标题是“每天一点轻松记”。把复杂的汽车术语用浅显有趣的方式告诉大家，让大家在工作之余既能学到东西，又感觉轻松有趣是它的目的。

E 给我看了几份我的前任制作的邮件，并说如果我有更好的意见或者方法，可以自己设计规划。为了让它看上去更轻松有趣，我决定改变过去单纯介绍汽车知识的方式，用两个人物对话的方式取而代之，一位是代表专业知识的“D 博士”——D 本来就是 DOCTOR 的首字母，他象征着权威和专业；另一位是对汽车一窍不通的小姑娘 Ivy，是我的英文名字，代表像我这样对汽车知之甚少的菜鸟们。把我自己的英文名字放在其中，我想可以在邮件里稍微介绍一下自己，也可以让大家对我这个新人有所了解。

正式动手上网查了资料才发现，理清“扭矩、功率、马力”这三者的关系并不是一件简单的事情。我尝试着先理清其中两者，但是这个过程中又牵涉进了更多的概念。本来预定一页纸的容量，共花了差不多两页半纸才讲清楚。我给 E 看了之后，她向我提了建议，说可以把搜集到的资料重新整理，做成一个专题，分成几期来完成。这样既能保证概念清晰，又能保持连续性。根据她的提议，我制定出了第一周“识车 ABC”的计划。

3．你会看 BRIEF（工作简报）吗

“识车 ABC”栏目走上了正轨，每天除了在上面花费时间外，就是看一些汽车杂志或者上网浏览相关内容。这个时候，我非常希望能够参与一些公司的具体业务。每天早上早早来到公司的我，渐渐发现，还有一个人比我更早到。他就是我们 TEAM 的文案 D。

一天早上，我看见小组长 F 桌子上放着一张 PPT 做成的文字的 BRIEF，就试探着问了一下是否可以拿去复印并且帮忙想一些东西。D 说可以，我便拿来在自己位子上研究起来。这份 BRIEF 的主要意思是，新车需要上市，需要创意部门根据三个方向构思相关的创意内容。

我在脑子里想了一会儿，大致想了 5 个创意，有平面，也有电视广告片（TVC）。自己整理了一下，就打印出来给 F 看了。她因为有事情做，就让我把这些给组内的一名美术指导 T 看。T 和我说了几个广告中特别忌讳的地方，如不能出现竞争品牌产品、别人用过的元素需要慎用、广告创意必须和产品本身的风格相一致等。

我回到自己位子后反复思考他的话，此时文案 D 跑来问我能否把我想的东西给他看看。我说好。过了一会儿他笑着说：“你想的东西有自己的想法，但是不会看 BRIEF。”我很诧异，问他怎么叫不会看。他说，如果我仔细看了 BRIEF 之后就会发现，这次需要想的创意是平面稿，不需要 TVC，但是我想的里面却有 4 个都是 TVC 的创意，只有一个是平面的，最重要的 BRIEF 标题没有看清楚。我恍然大悟。

慢慢地，我掌握了 BRIEF 中肯定会出现，也是需要关注的几个关键点：背景、创意要求、目的、定位、TONE&MANNER（风格）、利益与支持、要求、形式、时间安排等。重要的 BRIEF 会用打印纸写清楚具体要求，小的 BRIEF 有时候就是一张手写的单子。

这是我第一次对什么是BRIEF 有了完整的认识，也是真正进入广告公司运作的第一步。

4．广告标题长什么样

之前对广告的印象，除了各种媒体上的广告，就是市面上买到的戛纳的获奖集锦，但是细究起来还是所知甚少。

有一次，文案 D 给我看了一份 BRIEF：客户产品需要应用到一个特殊的群体——警察。我们的任务就是为此想一句广告标题。"是广告标题 HEADLINE，而不是广告语 SLOGAN。"D 特地和我补充了一句。我不知道这两者有什么区别，在学校里的时候，广告学的老师也没有说过。想了半天，还是大着胆子问了一句："广告语和广告标题有什么区别？"D 很吃惊："你要是问小组长这个问题就要死了。简单来说，广告语是一个品牌或者产品的类似身份标志的话，而广告标题针对的是具体的活动。例如，'给你一颗奔腾的芯'就是 Intel 的广告语，而我们这个具体活动需要的就是一句广告标题。回头自己去看些广告的基本参考书吧。"虽然对两者区别还是模棱两可，抱着试试看的态度，我还是开始着手眼前的这份 BRIEF 来。

偷偷瞄了一眼 D 写的东西，发现很多都是两个四字，中间加了一个逗号的形式，读上去很有气势。我也照着这样写了几个，拿给 D 看了之后他说："能不能想想其他的形式，也不一定就要这种格式。最好的文案应该都是朗朗上口又很简单的。"我突然想起很多香港的电视剧或者电影都是以警察这类人群作为主角的，这些影视剧的名字应该可以拿来参考一下。

自己一共整理了大概十几句交给了 D。D 肯定了其中提出新方向的文案，但是觉得有些词语似乎还需要推敲，现在还有些粗糙。我问他能否看一下他写的文案，他很大方地给了我。我发现其中有一句读上去感觉最好，虽然也是两个四字中间隔了逗号的结构，但是看上去不生硬，又给人感觉英气十足、不造作。我和他说觉得这句最好。他笑了笑说："我也觉得，准备拿它作为首选和客户提案了。你再自己想想吧，就当练手。"说完 D 走了。后来听说提案很顺利，客户对那句话也很满意。

5．革命靠自觉，实习靠主动

来了差不多一个多星期，因为坐在办公室最边远的角落，和组内的其他人都隔着板，参与的东西又不多，总感觉和大家的沟通还不够。为了更快地和周围的同事认识，也为了参与更多的公司的工作，我决定主动出击去介绍自己。但是，我一个小小的实习生，凭什么让大家认识我呢？我绞尽脑汁，终于想到一个办法。"识车 ABC"的栏目一直在进行。一次，文案 E 曾经和我提起，可以问问大家对这个栏目有什么要求，需要知道什么确切的知识等。我决定利用这个机会推销自己，顺便给这个小栏目设计一张平面广告。

在一开始接触汽车之前，我自己总觉得其中的学问很深，涉及的专业术语也多，很多地方看了不明白。我想，其他人应该也有类似的感觉。于是，我上网找了一张鬼魂的图片，在下面又加上这么几行字："汽车不是鬼魂，它虽然没血没肉，但是由切实可见的零件构成。有还不了解的汽车小知识吗？每日发到你邮箱的小栏目'识车 ABC'将为你解答。"

之后，在页眉和页脚处又分别写上征询意见表和我的联系方式，打印出来，复印了几份，从办公室的一角出发，向小组内的其他人走去。我把征询表交给他们的时候，大家都很客气地收了下来。给我的感觉是，他们平时并不是很在意这个小栏目。我在心里暗自琢磨，也许是“群发邮件”这个形式的关系：邮件虽然方便接受，但是并不方便查找，如果内容与现在大家手头的工作没有直接关系，没过几天就很容易被人遗忘了。也许以后，我还要想一个让大家查找更加方便的形式，也许网络会是个不错的主意。一边想着，一边已经把手头的征询表发完了。我和他们说，三天之后我会来回收这份表，他们可以把自己的意见写在空白处。

刚走回到自己的位子上，就过来一个人。他笑着问我：“你是新来的实习生吗？”我点点头。他继续说：“我觉得你的态度很好，也很认真。我是隔壁组的小组长，以前也是文案，不过明天要离开这家公司了。”小组长主动来和我说话，让我有些喜出望外，就询问了他的名字。一问才知道，原来他还是朋友的朋友，世界真小。“以后有机会多联系。”他笑着和我打了招呼。后来和朋友说起这件事情，他说：“广告圈子很小的，天涯何处不相逢呢。”想想也觉得有道理。不管怎么说，我的这次自我推销，好像还是起到一点作用的。

6．广告语长什么样

终于有机会写一下广告语了。

这几天在收集同类产品的广告文案，包括广告语、广告标题、内文等。熟读唐诗三百首，不会写诗也会吟，我也想通过这个办法慢慢掌握文案学习的方法。这次的任务是，为新产品写一条富有气势，又结合产品特点的广告语。在吃午饭之前，我把想到的5条给D看。他说不够，让我再想，并且补充说：“你最好多想些新的方向。”在下午六点之前，我把自己想的成果给了D。他和我一条条分析：“这条和其他广告的一句话太像了；这条没有自己的概念，不知道说什么，也没有突出产品特点；这条太拗口，不够白；这条太长，广告语最长不能超过十字……”一共近三十句话，被他称为符合基本规范的大概只有两句。其实我自己心里知道，一句是我自己想的，另外一句还是“改装”了别人的成果。心里有些闷，也有些不服气，觉得广告文案这个东西似乎是公说公有理，婆说婆有理的。于是便提出是不是给小组长F看一下。“好啊，”他大方地说，“你再打印一张，放在她桌子上吧。”我照做了。第二天，小组长F拿着我写的东西来和我一句句分析。突然发现，和昨天D说的是一样的。F在纸旁写了三个英文单词：

SIMPLE（简单）、UNIQUE（独特）、SELLING POINT（有卖点）。她说这是衡量好文案的标准。我看着这三个简单的英文．知道要完全做到也不是件容易的事情，自己在文案方面真的还需要好好修炼。

7．初探命名

对SLOGAN和HEADLINE有了大致的认识之后，再重新看杂志报纸上的平面广告，感觉就一目了然很多。在平时也更加注意摘录自己看到的一些好的广告文案。一开始是汽车的文案，搜集了有20多页的A4纸，中英文都有。碰到英文的文案，还自己尝试着把它翻译成中文。后来，开始搜集《ARCHIVE》等广告杂志上的好文案，类别也从汽车扩大到了方方面面。每天把这些资料翻出来看一下，一来避免自己以后想出来的文案和这些撞车，二来也希望借此提升自己的文案写作能力。没过几天，又有一份新的BRIEF来了，是一个关于命名的任务。原来的产品有了升级版，需要想一个新的英文命名，既要延续过去的风格，又要突出新车型的变化。

D 让我一起参与，但我不知道该从哪里入手。先打开金山词霸，想了几个与之相关的中文字，然后查找对应的英文，再用英文词典查看具体意思，避免有负面含义。这样想了 15 个左右的英文命名，交给 D，他说我想的东西还缺乏品质感，缺少尊贵的感觉，而这恰恰是我们的品牌风格。我有些糊涂，因为 BRIEF 上写着，除了延续尊贵感觉之外，还需要进取感。这其中的尺度究竟该如何把握呢？我看了他想的 20 个左右的命名，其中很多涉及了古希腊的英雄名字或者圣经上的人名，还有一些是抽象名词。但是，当时的我没有做一件很重要的事，就是追问他这些英语单词是怎么想到的。

（资料来源：作者 gaoge3000，http://bbs.cn.yahoo.com/message/read_-_220.html）

分析提示

本案例有助于读者对广告公司增加感性认识。从文中能看出广告公司的一些内部工作流程，体会到对于广告公司来说，除了一些必要的办公设备之外，最大的财产就是员工的创意。认识到广告公司属于知识智能密集型行业，它的产品就是与广告主的商品相结合的宣传文案及表达方式的总和。

结合上述案例，请讨论：

1. 你认为广告人和艺术家有区别吗？如果有，主要区别在哪里？
2. 请归纳文中提到的广告公司的业务内容。
3. 你认为广告公司最重要的部分是什么？为什么？

项目三

广告调查与分析

知识目标

1．了解广告环境的概念和作用
2．了解广告调查的概念、特点、作用
3．掌握广告调查的内容、原则、程序和广告市场调查方法

能力目标

1．培养学生细致的工作态度、严密的思维能力，全面考虑问题的大局观念
2．培养学生敏锐的观察能力；持之以恒的精神和坚强的意志
3．培养学生团队合作能力和协调能力

小河团队通过上一阶段的学习，顺利地成立了河马广告公司（模拟），校外的企业听说河马广告公司（模拟）的相关情况，非常支持学生的这种创业精神，并给予支持。因此委托河马广告公司为他们的产品做一份详细的产品市场调查。

接到校外企业广告市场调查任务后，小河团队要开展广告调查工作，首先应该了解企业的发展历史，了解企业所处的市场环境，明确公司员工职责，利用灵活多变的广告调查方法，对与企业经济活动有关的资料进行收集、整理、分析和评估，最后为企业开展经济活动和以后投放广告活动提供重要的参考依据。

导入案例

耐克押宝刘翔

耐克（Nike）是一家美国体育用品生产商，主要经营运动鞋、运动服装、体育用品。通过体育赛事与体育明星联合做广告是耐克一贯采用的广告手段。

据国际网络分析，耐克已意识到刘翔可能是改变亚洲田径历史的第一人。于是在2002年雅典奥运会之前就与刘翔达成广告协议。2004 年 8 月 24 日预赛的前一天，刘翔广告开始在全国播放，从 8 月 27 日起，耐克全部换上了刘翔广告。

古月敏，一位来自马来西亚的华裔，她是智威汤逊公司（JWT）的客户总监，负责这家 4A 广告公司里一支为耐克服务的工作团队。8 月 28 日凌晨，当刘翔身穿耐克体育服越过最后一道栏时，以 12 秒 91 的成绩打破了奥运会纪录并平了世界纪录（见图 3-1），她的客户耐克笑了。守在电视机前的古月敏抛开淑女风范，在那一刻“只顾尖叫”。她只记得自己当时一个劲儿地拨客户电话，最后发现，对方也正拼命拨电话给她：大家要第一时间分享惊喜。

8 月 29 日，耐克请相关公司对中国北京、上海、广州三大城市 1500 个消费者样本做市场调研，结果显示，体育类品牌中，被调查者对刘翔的这则广告印象最深。不少人称羡耐克此番押宝成功。

图 3-1　刘翔冲刺成功

案例分析

众多的体育用品经常利用体育赛事和体育明星来做广告，从而扩大产品的知名度，引领消费时尚。耐克公司在这一方面就做得比较成功。

想一想

1. 为什么耐克公司愿意与刘翔合作？
2. 为什么耐克公司会选择奥运会期间通过刘翔参加奥运会体育赛事来做广告？

任务一 认识广告环境

广告市场调查与分析在很大程度上决定了广告效果的好与坏。因而，广告市场调查与分析在广告活动中就显得尤为重要。

一、广告环境的概念

1. 狭义的广告环境

狭义广告环境是指由传播体制、传播媒介、广告产业、广告主、广告对象及竞争品牌等因素构成的广告传播环境。

2. 广义的广告环境

广义的广告环境是指由经济、科技、文化、政治、法律等因素构成的广告的一般社会环境。具体内容如下：

（1）经济环境。经济环境包括经济制度、经济发展阶段和购买力状况等内容。广告是社会和经济发展的晴雨表，实际上就是反映了广告与经济环境的关系。

（2）科学技术环境。新技术的应用影响了人们的消费方式和购买习惯。因此，对于广告策划来说，研究分析科技环境，也是十分重要的。

（3）社会文化环境。社会文化环境是指市场营销和广告传播与社会文化的关系。市场营销成功与否，广告能否取得理想传播效果，最终还是由人们的需求决定的。广告要有针对性地向目标消费者进行诉求，必须研究文化、社会阶层、参照群体、社会运动等因素。

（4）政治法规环境。政治法规环境包括国家的法律、方针、政策、重大政治活动等内容。政治法规环境的变化常常给企业带来灾难或生机，这是制定新产品策略、市场营销策略和进行广告决策的依据。

二、广告环境的作用

无论是广告的外部环境还是内部环境，都对广告起着促进、调整、制约的作用。具体内容如下。

1. 促进作用

为广告主体、广告本体，以及广告对客体的作用的发展变化提供有利条件。

2. 调整作用

环境的变化促使广告主体、广告本体，以及广告对客体的作用发生趋向于适应环境的变化。

3. 制约作用

为广告主体、广告本体、广告对客体的作用提供有限的发展条件或者削减其有利条件，使它们在有限的空间中生存和发展。

任务二 认识广告调查

一、广告调查概述

广告调查，一般称为广告调研，是指企业或组织为了有效地开展广告活动，采用科学的方法，按照一定的程序和步骤，有计划、有目的、有系统地搜集、分析与广告活动有关的消费者信息、产品和企业信息，以及广告效果信息等相关的调查活动。

二、广告调查的作用

广告市场调查不仅是企业生产经营的依据，同时也是国家及相关经济部门进行咨询和决策的前提条件。广告市场调查具体作用如下所述。

1. 为企业经营管理发挥参谋作用

企业的新产品如何进入市场，企业如何树立并保持品牌形象，需要以市场调查为基础制定广告投放策略。

案例 3-1

金龙鱼食用油品牌形象

在中国，嘉里粮油旗下的“金龙鱼”食用油，10 年来一直以绝对优势稳居小包装食用油行业第一品牌地位。

当初，金龙鱼在引进国外已经很普及的色拉油时，发现虽然有市场，但不完全被国人接受。原因是色拉油虽然精炼程度很高，但没有太多的油香，不符合中国人的饮食习惯。后来，经过市场调查，金龙鱼研制出将花生油、菜籽油与色拉油混合的产品，使色拉油的纯净卫生与中国人的需求相结合，该产品的创新终于赢得了中国市场。

分析提示

正是经过市场调查研制出将花生油、菜籽油与色拉油混合的产品，符合中国人的饮食习惯，“金龙鱼”食用油广告才真正树立了其品牌形象。

课堂随笔

2. 为广告策划提供依据

对广告活动进行策划是现代广告的一个基本要求。广告策划讲求“运筹帷幄，决胜千里”，广告策划所要解决的问题包括确定广告目标、广告对象、广告计划、广告策略等。而问题的解决是建立在对市场各种信息分析的基础之上的，广告调研的任务之一就是为广告策划提供所需的资料。

3. 为广告创意和设计提供依据

广告创意就是精心思考，以艺术化的手法塑造一个意象，来表现广告主题的过程。创意不是随便地胡编乱造，而是在掌握了充分的资料和素材的基础上的科学思维，是建立在对产品、消费者、市场状况深入了解的基础上的一种目的性、功能性很强的思维活动，这种活动离不开广告调研工作的支持。

案例 3-2

农夫山泉创意广告

当年，娃哈哈、乐百氏及其他众多的饮用水品牌大战已是硝烟四起，刚刚问世的农夫山泉显得势单力薄，另外，农夫山泉只从千岛湖取水，运输成本高昂。

农夫山泉在这个时候切入市场，并在短短几年内抵抗住了众多国内外品牌的冲击，稳居行业三甲，其成功之处正是农夫山泉经过市场调查，实施差异化营销之路。一句“农夫山泉有点甜”的广告语深入人心，为农夫山泉以后的发展打下了坚实的基础。

分析提示

农夫山泉经过市场调查，实施差异化营销之路，利用千岛湖大做文章为其广告创意和设计提供了充分依据。

课堂随笔

4. 为制定广告策略提供导向

开展广告活动必须讲求策略，策略即方法，策略对不对直接关系广告活动的成败。广告策略主要解决广告主题的确定、品牌形象、广告定位，而这些问题的解决要求广告策略的制定者必须掌握市场信息，熟悉市场环境，广告调研可为他们提供所需的资料。

5. 为帮助企业发现市场空缺和市场机会

市场竞争环境下的企业，必须不断地寻找新的利润增长点，广告投放就是很好的方法。因此，企业需要通过市场调查了解消费者现实需求与理想需求之间的差距，了解市场动态，发现市场空缺，准确把握市场机会。

案例 3-3

采乐成功之路

采乐“出山”之际，国内去屑洗发水市场已相当成熟，从产品的诉求点来看，似乎已无缝隙可钻。

而西安杨森生产的“采乐”去头屑特效药，上市之初便顺利切入市场，销售量节节上升，成为一枝独秀。“采乐”的突破口便是治病。它的成功主要来自于广告产品创意，把洗发水当药来卖，同时，基于别出心裁的广告“各大药店均有销售”也是功不可没。

去头屑特效药，在药品行业里找不到强大的竞争对手，在洗发水的领域里更如入无人之境！采乐找到了一个极好的市场空白地带，并以独特产品品质成功地占领了市场。

课堂随笔

分析提示

采乐正是以独特的产品功能性诉求，有力地抓住了目标消费者的心理需求，使消费者要解决头屑问题时，就想起了“采乐”。

三、广告调查的特点

1. 目标明确

广告的投放活动，都有其特定针对的企业和产品。因此，开展每一项广告调查，都必须有目的性，即是为实现一定的目标服务的。根据广告活动的要求，决定需要搜集掌握什么样的信息资料，也就明确提出了广告调查的目的。

2. 操作性强

广告调查具有很强的操作性，借助市场调查的方法、手段和工具，综合运用广告知识、哲学、社会学、心理学、统计学、逻辑学、经济学和市场学等多种学科知识，才能获取系统、科学、可靠的信息资料。

3. 科学性

广告调查对市场状况进行分析和判断，不能凭借个人经验或主观猜测，而应采用现代科学技术手段，经过一系列严密的程序，在科学分析论证的基础上得出结论。

4. 具有积累性

每一次或每一项调查结果，一方面是为特定的目的服务，另一方面也是为将来的调查活动积累资料，这既能节约开支，也是加强现代科学管理的需要。广告调查要注意资料的积累和建设，建立资料档案或者资料库。

5. 保密性强

通过调查活动得到的资料，只能为特定的对象服务，不能随意泄露。这既涉及市场竞争的机密问题，也是行业自律问题。

四、广告调查的原则

广告调查通过收集、分类、筛选资料，为企业广告活动提供依据。在调查中必须遵循以下原则。

1. 实事求是原则

实事求是原则，也就是要坚持调查的客观性，力求避免主观臆测。广告调查是为了准确了解市场情况及消费者情况，在调查过程中注重从客观实际出发，不回避、不掩盖事实，切忌主观性、随意性以保证调查结果的可信度。

2. 系统性原则

广告调研应坚持系统的观点，把影响广告策划的各种因素视为一个有机整体，注重研究各个因素之间的内在联系，从各因素的联系和相互制约中把握市场需求的变化趋势及其运动规律。同时，广告调研还应将某种产品或某个局部市场的情况当做市场总体的一个子系统，将其与市场总体的调查按照一定的层次联系起来，形成一个完整有序的广告调研体系。

3. 时效性原则

时效性是由市场调查的性质决定的。广告调查的时效性表现为及时捕捉和抓住市场上任何有用的情报、信息，及时分析、及时反馈，为企业在经营过程中适时地制定和调整策略创造条件。

4. 经济性原则

广告调研是一项经济活动，必须考虑经济效益，要尽可能地以最少的投入取得最大效益，以最少的费用支出完成调查任务。

5. 准确性原则

广告市场调查工作由于要把收集到的资料、情报和信息进行筛选、整理，再经过调查人员的分析后得出调查结论，供企业决策之用。因此，广告市场调查收集到的资料，必须体现准确性原则，对调查资料的分析必须尊重客观实际。

任务三　广告调查的内容

广告市场调查是编制广告计划的依据。具体包括广告市场分析、广告企业实力分析、广告产品及品牌分析、广告产品市场竞争状况分析、消费者分析、广告媒介调查，以及广告效果调查。

一、广告市场分析

广告市场分析是对广告活动所处的总体环境的分析。广告市场环境对市场活动有着直接的影响，涉及面很广。广告市场分析是以一定的地区为对象，具体内容有以下两个。

1. 市场环境调查

市场环境包括广告企业所在地地理位置、气候、人口、地方文化特点等自然地理和人文地理环境状况，所在地经济发展水平、经济总量规模、产业结构等经济环境状况以及行政法律环境状况。通过对上述因素的调查分析，为细分市场提供依据。表 3-1 为市场环境调查因素。

表 3-1　市场环境调查因素

地 理 位 置	政 治 环 境
气候	法律环境
人口	公司所在地产业结构
地方文化特点	公司所在地经济发展情况

2. 广告主的 SWOT 分析

知识链接

SWOT 分析

SWOT 分析法又称为态势分析法，它是由旧金山大学的管理学教授于 20 世纪 80 年代初提出来的，SWOT 的四个字母分别代表：优势（Strength）、劣势（Weakness）、机会（Opportunity）、威胁（Threat）。

所谓广告主的 SWOT 分析，就是将与广告主密切相关的各种主要内部优势、劣势、机会和威胁等，通过调查列举出来，并依照矩阵形式排列，然后采用系统分析的方法，把各种因素相互匹配起来加以分析，从而得出一系列相应的结论，为设计广告提供决策依据。如图 3-2 所示。

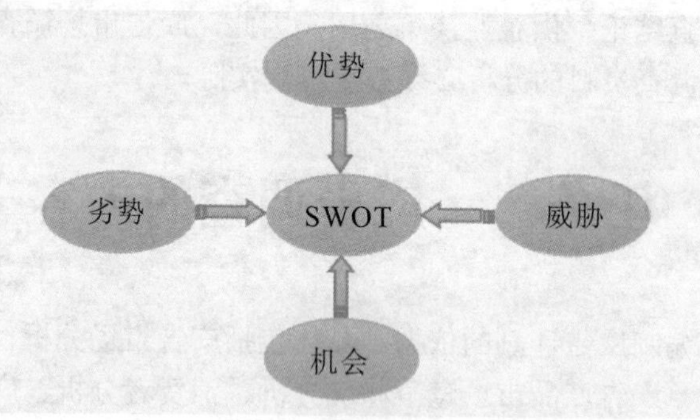

图 3–2　SWOT 分析法

根据上面对广告主的 SWOT 内涵阐述，可以看出一个相对完整广告主的 SWOT 分析应该有如下几个步骤：

（1）调查分析 S、W、O、T 等四方面的要素，并确定这几个方面的最终问题。

（2）构造 SWOT 矩阵。在此过程中，将那些对公司发展有直接的、重要的、大量的、迫切的、久远的影响因素优先排列出来，而将那些间接的、次要的、少许的、不急的、短暂的影响因素排列在后面。

（3）制定对策。根据 SWOT 的不同组合关系，可以为公司或项目发展制定出 SW、SO、WO、WT、TO、TS 等不同侧重的发展战略和执行方案。如表 3-2 所示。

表 3-2　SWOT 四要素及要素组合分析

SWOT 四要素		广告主的 SWOT 要素组合分析方案					
优势（S）	Strength	SW 组合	SO 组合	WO 组合	WT 组合	TO 组合	TS 组合
劣势（W）	Weakness						
机会（O）	Opportunity						
威胁（T）	Threat						

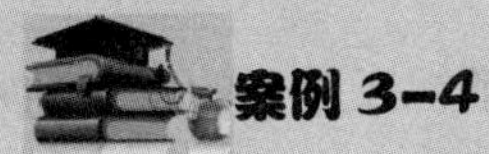
案例 3-4

竞争中的必胜客

必胜客倡导“为客疯狂”、“顾客是我们的唯一”的理念，营造“欢乐休闲”、“轻松亲切而又值得依赖”的餐饮氛围和文化，并将这种餐饮文化转化到企业内部，形成一套具有企业特色的企业文化。让员工接受并认同这种企业文化，使员工不经意间影响着顾客，在品位与品尝之间产生完美的结合。必胜客还为中国的消费者和中式餐饮业带来了另一种全新的、不同于肯德基快餐式的服务，它的特色在于：通过顾客进门，在“必胜客欢乐餐厅”不仅可享用新鲜烹制的比萨、品质上乘的特色食品，还可获得与他人共同分享的愉悦。

但是，随着原料价格的上涨，生产成本也随之上涨。使得必胜客产品在价格上偏高，导致一部分顾客流失；尤其自2010年的“饮料门”之后，必胜客品牌信誉度的下降又导致了一部分顾客流失，以至于当时所占市场份额不大。

此外，它还有强大的竞争对手——肯德基。肯德基大规模开店，并已经进入三线城市，选址通常在当地的大百货超市或人流量大的地区。全球有1万多家店铺。肯德基的品种越来越丰富，而且很多产品都按中国人的口味来做，一直致力于开发适合中国人口味的产品，产品更新换代速度较快，新产品随广告同步上市。

针对这种情况，必胜客对企业形象进行了二度定位，拟扩大消费群，目标明确指向年轻人、白领和家庭，其消费形式也以朋友聚会、家庭聚餐、情侣约会为主。尤其引人注目的是，调整后的部分地区在产品价格上也给消费者带来了新惊喜：各类产品降幅达到15%。重新给顾客带来“欢乐价格”。终于逐渐增加了市场份额。

分析提示

必胜客正是因为找到企业自身的SWOT因素，进行二度定位才取得成功。

课堂随笔

想一想 能否找出必胜客的SWOT因素。

二、广告企业实力分析

1. 企业实力分析优点

对于广告公司，对委托其代理广告业务的广告主的企业实力进行分析，是很有必要的。这有两方面的优点。

（1）可以避免因广告主企业在信誉、经营等方面的问题而使自己蒙受损失。

（2）可以为广告策划、广告创意、制定广告决策提供依据，从而有效地实施广告策略，强化广告诉求。

2. 企业实力调查内容

广告主企业实力调查分析是对广告主企业发展历史、企业经营状况和企业在同行中的地位、企业的发展规划等情况进行调查分析。具体内容包括以下三点。

（1）了解企业发展历史。

了解企业历史需主要了解广告主的企业是老企业还是新企业，了解所服务的企业独特的文化、理念、习惯，了解企业的历史、现状及期望，了解企业在历史上有过什么成绩，其社会地位和社会声誉如何等相关情况。

（2）了解企业的经营状况及其在同行中的地位。

对企业经营情况进行分析，首先要分析企业提供的内部资料和外部资料；其次是分析企业的业绩如何，工作机构和工作制度是否健全，工作秩序是否良好有序，企业的市场分布区域，流通渠道是否畅通，以及公关业务开展情况等。

了解企业在同行中的地位主要是了解同行如何评价企业，企业在同行中有没有较高的声誉和威望，同行对企业的认可度如何。

（3）了解企业的发展规划。

企业发展规划是企业发展计划的路线和原则、灵魂与纲领。企业发展规划指导企业发展计划，企业发展计划落实企业发展规划。了解企业发展规划就是要知道企业有什么样的发展计划和发展目标。

三、广告产品及品牌分析

广告产品可分为有形产品和无形产品，无形产品也叫企业品牌。广告产品调查是指对预定的广告产品的调查，以了解其是否适销、是否符合市场的要求和消费者的习惯，为企业的营销战略和广告策划提供参考。广告产品调查具体内容包括以下四点。

1. 广告产品特征

广告产品特征是产品自身构造所形成的特色，一般指产品的外形、质量、功能、商标和包装等，它能反映产品对顾客的吸引力。广告产品特征是影响消费者认知、情感和行为的主要刺激物。这些特征是凭借消费者自身具有的价值观、信仰和过去的经验来评价的。

2. 广告产品生命周期

产品生命周期是指一种新产品从开始进入市场到被市场淘汰的整个过程。广告产品的生命周期可分为四个阶段：导入期、成长期、成熟期、衰退期，如图 3-3 所示。

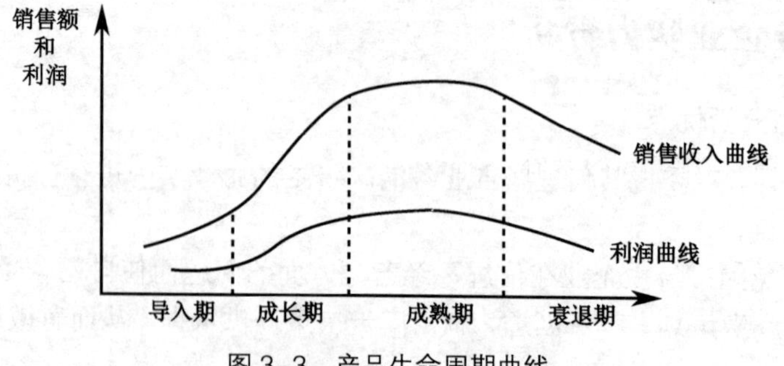

图 3–3　产品生命周期曲线

广告产品处于不同阶段时，其生产工艺水平、消费需求特点、市场竞争情况均不同，因而所要采取的广告策略也不同。广告产品生命周期各阶段的营销策略如表 3-3 所示。

表 3-3 产品生命周期各阶段的营销策略

导入期的主要营销策略	① 高价高促销策略；② 高价低促销策略；③ 低价高促销策；④ 低价低促销策略
成长期的主要营销策略	① 提高产品质量；② 开拓新市场；③ 树立产品形象；④ 增强销售渠道功效；⑤ 选择适当时机降低价格
成熟期的主要营销策略	① 产品改良策略；② 市场改良策略；③ 营销组合改良
衰退期的主要营销策略	① 收缩策略；② 持续策略；③ 撤退策略

案例 3-5

可口可乐在不同产品生命周期采取的策略

1985 年 4 月 23 日，可口可乐董事长罗伯托·戈伊祖艾塔做出了一项重大决定。在经历了 99 年的风风雨雨之后，为了适应消费者对甜味更加偏好的变化，可口可乐公司决定放弃原来的配方，推出一种名为“新可口可乐”的产品。

这项决定有其背景。面对 20 世纪 70 年代以来百事可乐公司的咄咄逼人的竞争，可口可乐公司却一直踌躇不前。其市场地位日渐缩小。更使可口可乐感到烦恼和灰心的是它的广告支出费用比百事可乐多出数亿美元。它拥有两倍于百事可乐的自动售货机、更多的货架以及更具竞争力的价格，却仍失去了自己的市场份额。因此，公司开始将注意力转移到调查研究产品本身的问题上来。

调查资料日益明显地表明，味道是导致可口可乐衰落的唯一重要因素。也许原来的配方该被淘汰了。所以公司开发了新口味的可乐，并通过无标记测试证实新口味的可口可乐胜过了百事可乐。公司高层管理反复考虑后一致同意改变可口可乐味道，并把旧的可乐淘汰掉。然而，人们却纷纷指责可口可乐作为美国的一个象征和一个老朋友，突然之间就背叛了他们。在公众的压力下，公司最终还是在“传统可口可乐”的商标下，恢复老可乐的生产，同时公司保留新口味的可乐，并称之为“新可口可乐”。至此，可口可乐又重新奠定了其饮料市场的老大地位。

课堂随笔

分析提示

产品处在不同的生命周期应采取不同的发展策略，可口可乐正是顺应了这一发展规律从而重新奠定了其饮料市场的老大地位。

想一想 1. 根据产品生命周期理论，分析可口可乐公司的两种可乐所处的生命周期性。

2. 你认为可口可乐公司应采取什么样的产品生命周期决策？

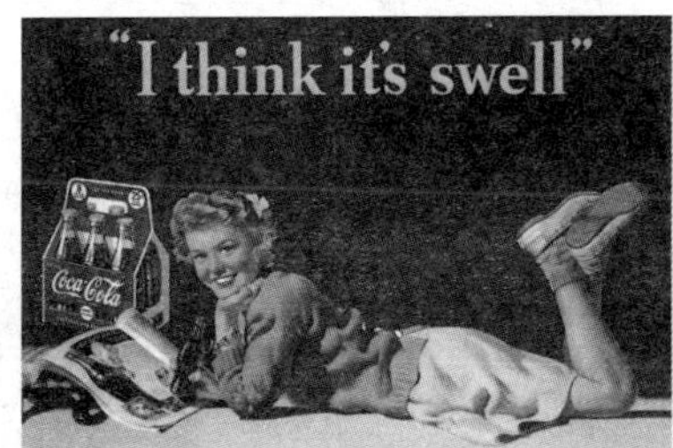

3. 广告产品定位

广告产品定位是指在广告中，通过突出产品符合消费者心理需求的鲜明特点，确立广告商品在顾客或消费者心目中的形象和地位，促使消费者树立选购该商品的稳固形象的策略，是产品定位策略在广告中的具体运用。

广告产品定位策略包括广告产品实体定位策略和广告产品观念定位策略，如表3-4所示。

表3-4 广告产品定位策略

广告产品实体定位策略	① 功效定位策略；② 品质定位策略；③ 市场定位策略
广告产品观念定位策略	① 逆向定位策略；② 是非定位策略

（1）广告产品实体定位策略。实体定位策略即在广告中突出宣传商品新价值、新功能、新用途能给消费者带来新的利益，使消费者对该产品产生深刻印象的一种宣传方法。广告产品实体定位策略主要有：

① 功效定位策略。即在广告中突出产品的特殊功能，使该商品在同类产品中有明显的区别和优势，以增强选择性要求。如药物牙膏，有的突出防治牙疼，有的突出防治牙周炎，有的突出防治牙龈出血。

② 品质定位策略。即在广告中突出商品的良好品质，在性能、定型、用途等方面与同类产品相近时，突出强调产品廉价的特点。如宣传丁基橡胶自行车内胎的功能时，强调打气一次，保持三个月的优良品质。

③ 市场定位策略。即把产品宣传的对象定在最有利的目标市场上。

案例3-6

益生堂三蛇胆胶囊市场定位

益生堂三蛇胆胶囊为除痘保健品。它在1997年保健品市场泛滥、普遍销售低潮的环境下脱颖而出，成为华南市场保健品的新星，当时年销售额近亿元。

这是一个小预算、大手笔的经典广告。其成功之处在于：通过市场调查以准确的市场定位推出了广告“战痘的青春”系列，结合巧妙的“投料曝光”、“投保1000万元”公关活动，使益生堂迅速崛起。正因为益生堂广告准确的市场定位为其长久发展奠定了基础。

分析提示

益生堂公司正是经过市场调查，做到了准确的市场定位，推出系列广告及公关活动为公司长久发展奠定了基础。

课堂随笔

（2）广告产品观念定位策略。突出商品的新意义、改变消费者的习惯心理、树立新的商品观念的广告策略。广告产品观念定位策略主要包括以下内容：

① 逆向定位策略。即借助于有名气的竞争对手的声誉来引起消费者对自己的关注、同情和支持，以便在市场竞争中占有一席之地的广告产品定位策略。

② 是非定位策略。即从观念上人为地把商品市场加以区分的定位策略。最有名的例子

是美国的七喜汽水。他们在广告宣传中运用是非定位策略，把饮料分为可乐型和非可乐型饮料两大类，从而突破可口可乐和百事可乐垄断饮料市场的局面，使企业获得空前成功。

4. 广告产品形象

想一想

1. 当第一眼看到图 3-4 的产品形象广告时，你有什么样的感觉？
2. 你对产品形象是怎么理解的？

图 3–4　产品形象广告

广告产品形象是为实现企业的总体形象目标的细化，以广告产品设计为核心而展开的系统形象设计。广告产品内在的品质形象与广告产品外在的视觉形象形成统一产品形象。广告产品形象具体内容如下：

（1）广告产品的视觉形象。广告产品的视觉形象包括广告产品造型、广告产品风格、广告产品 PI 系统、广告产品包装、产品广告等。如图 3-5 所示。

（2）广告产品的品质形象。广告产品的品质形象包括产品规划、产品设计、产品生产、产品管理、产品销售、产品使用、产品服务等。如图 3-6 所示。

（3）广告产品的社会形象。广告产品的社会形象包括广告产品社会认知、广告产品社会评价、广告产品社会效益，以及广告产品社会地位等内容。如图 3-7 所示。

图 3–5　视觉形象广告示例

图 3–6　品质形象广告示例

图 3–7　社会形象广告示例

四、广告产品市场竞争状况分析

广告产品市场竞争状况分析的目的在于有效地开展广告竞争，知己知彼，避免广告内容及表现形式的雷同，避免一些不必要的广告开支，从而确定广告客户的广告宣传规模、广告使用媒体及其广告定位策略。广告产品市场竞争状况分析具体内容如下：

（1）广告产品的供求历史和发展现状。

（2）广告产品的市场占有率与其他品牌同类产品的市场占有率。

（3）广告产品的市场潜力与其他同类产品的市场潜力。

（4）广告产品的销售渠道与竞争产品的销售渠道。

（5）广告产品的销售策略、促销手段、广告策略与竞争产品的销售策略、促销手段和广告策略。

案例 3-7

脑灵通产品市场竞争状况分析

脑灵通为广州轻工研究所研发的健脑保健品，脑灵通广告的成功之处在于其大胆走出常规的健脑益智产品的做法，而走细分市场之路，避开当时强劲的对手（脑轻松），集中火力攻打考生市场，与对手打贴身战，巧妙地夺取了市场份额。

脑灵通广告策划分三个阶段在考生中进行推广。首先以“30天提高记忆商数18.52”为利益承诺点，并借此推出“脑灵通成龙工程”，一举打响脑灵通的知名度。其次，加强产品与考生、考生家长之间的沟通，使产品具有亲和性，使消费者与购买者对产品产生好感。最后，以证言式、新闻式广告出击，给考生信心，为考生加油！

分析提示

脑灵通正是通过分析当时市场竞争状况，意识到不能走与强劲的对手（脑轻松）同样的营销市场，通过走细分市场之路集中开发考生市场，巧妙地夺取了市场份额。

课堂随笔

五、消费者分析

消费者分析，是对消费者的消费行为进行的调查分析。具体内容包括以下四点。

1. 消费者的总体消费态势分析

消费者的总体消费态势是指现有的与本产品有关的消费时尚，消费者消费本产品所属的产品类型的特性。

2. 现有消费者分析

（1）现有消费群体的构成：现有消费者的总量、性别、年龄、职业、收入、受教育程度及分布。

- 性别与年龄：不同年龄的人对广告的要求不同，女性更易接受情感型广告，而男性则更喜欢粗犷的或渲染民族气魄类的广告形式。
- 职业：脑力劳动者更喜欢理性诉求的广告形式，体力劳动者更喜欢直白、袒露和幽默搞笑的广告。
- 受教育程度与收入：受教育程度高的人相对收入也会高。主要找出收入较高，能成为潜在消费者的地区。

（2）现有消费者的消费行为：购买的动机、购买的时间、购买的频率、购买的数量及购买的地点。

（3）现有消费者的态度：消费者对商品印象怎样、评价如何，对本品牌有无忠诚度，对竞争者的产品有无忠诚度。具体包括：对本品牌的认知程度、偏好程度、购买的比率；对本品牌的未满足的需求，对本产品最满意的因素，对本产品最不满意的因素。

3. 潜在消费者分析

（1）潜在消费者的构成：潜在消费者的总量、性别、年龄、职业、收入、受教育程度及分布。对潜在消费者构成的分析与现有消费群体构成的分析大体相同。

（2）潜在消费者现在的购买行为：现在购买哪些品牌的产品，对现在购买品牌的态度如何，有无可能改变计划购买别的品牌。

（3）潜在消费者被本品牌吸引的可能性：对本品牌的态度如何，其需求的满足程度如何。具体调查包括：

① 购买方式调查。购买方式是指消费的风俗习惯、生活方式，不同类型的消费者的性别、年龄、职业、收入水平、购买力以及对产品商标和广告的态度与认识都有不同。

② 购买决策调查。购买决策调查的内容，包括由谁决策商品的购买、何时购买、在何处购买等。广告活动通过调查，了解了谁对商品购买有决定性影响，可以将其确定为广告的主要对象。而了解了购买的时间，则可以把握广告的发布时机；了解了购买地和购买决定地，则可以为选择合适的媒介提供依据。

4. 影响购买行为的因素

（1）经济因素。个人的收入和家庭收入是各不相同的。因此，个人或家庭的收支状况，商品价格和商品的使用价值，就成为影响购买的一个重要因素。

（2）社会因素。不同的文化程度、不同的社会阶层和社会地位、具有不同社会关系的人，在审美价值和对商品的欲求上是各不相同的，其消费方式也有差别。

（3）心理因素。影响消费需要的心理因素主要有需求层次、生活经验、人生态度、信仰和自我形象等。一般而言，消费者的消费需求多是感情型的，理智需求处于次要地位。

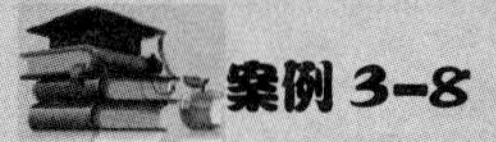

案例 3-8

力士美容香皂——自信的选择

香皂是每个家庭都普遍使用的一种传统的洗涤用品，它不同于洗衣皂，香皂是针对于人体皮肤，如洗手、洗脸和洗澡。目前我国香皂的年产销量在 20 万吨以上，它仍然占据沐浴市场的主流地位。

近年来，随着人们生活水平的提高，逐渐追求高质量的香皂。不仅要求其具有洁肤的功能，而且要具有美容、杀菌等功能。人们购买香皂时，也更青睐那些令人愉快、留香持久、具有奶油感的泡沫香皂。力士美容香皂正好可以满足人们的这一需求。相比一些低功能的香皂，无论是从最早进入中国市场的“先入为主”还是从诞生之日起就拥有“高贵”、“奢侈”，力士都具有得天独厚的优势。

力士相信美丽不只是属于少数人的奢侈品，而是一种生活态度，是一种不断进取、追求美丽的精神。力士不满足于仅仅成为消费者心目中的美容护肤首选品牌，它更努力成为引领中国女性走向美丽、走向自信的标志性品牌。

分析提示

“力士”品牌的成功之处在于它不只是属于少数人的奢侈品，更是产品理念与消费者生活态度的结合，是一种生活态度，是一种不断进取、追求美丽的精神。

课堂随笔

六、广告媒介调查

广告媒介调查是指对广告信息借以传播的物质、技术手段的性能、效果等所做的调查。广告媒介调查具体内容如下：

（1）媒介概况调查。包括目标区域范围内拥有的媒介种类和数量。

（2）各类媒介的具体情况。包括主要的、有广告利用价值的各种媒介的具体资料。例如报纸发行量、发行范围、发行方式、广告规格等资料。

（3）媒介市场的竞争状况。主要是各类媒体的市场竞争状况。

（4）受众调查。包括目标市场的受众总量与结构、接触媒介的习惯、接受信息的心理与行为特征等。

七、广告效果调查

广告效果调查是对广告所产生的影响和变化的调查，包括广告的销售效果、传播效果和社会效果等方面的内容。广告效果调查必须以严格的定量化指标为结果和表现形式，所有的定性内容都必须基于严格的量化参数。广告效果调查具体内容包括以下两点。

1. 定量化指标

定量化指标是可以准确数量定义、精确衡量并能设定绩效目标的考核指标。广告定量化调查指标具体内容如下：

（1）广告知名度。

① 第一提及知名度。

② 提示前知名度。

③ 提示后知名度。

（2）广告内容回忆。

① 观众看到的、听众听到的广告内容。

② 广告传达的关于品牌的信息、生产厂家、使用者类型、广告口号（若广告中有口号）。

③ 观（听）众喜欢广告哪些方面内容，不喜欢广告哪些方面内容。

（3）出示广告后对广告的认知和评价。

① 广告认知度。

② 品牌认知度。

③ 提示广告名称。

④ 对广告的评价。

2. 定性化指标

定性化指标的内容将会帮助我们更好地理解定量研究的结果，并对消费者心目中品牌形象的变化产生敏锐的洞察。广告定性化调查指标具体内容如下：

（1）对广告的第一印象。

（2）广告使用者的形象如何。

（3）广告是否独特（有没有类似的广告）。

（4）广告传达的主要内容，尤其是品牌方面的信息。

（5）相比其他同类品牌的广告是否有竞争性。

（6）广告的总体评价，广告中最吸引人的地方在哪里。

（7）广告传达的信息是否与消费者有关，消费者是否相信该广告内容的真实性，有没有怀疑的地方。

（8）消费者是否有购买意向。

任务四　广告调查的程序

1. 确定调查目标

实施广告调查，首先就要确定调查的目标。这需要进行认真的分析研究，弄清楚需要调查和解决的问题，明确要搜集的资料，尽量把调查的范围缩小，选出企业最需要解决的问题。然后确定调查的内容，如市场规模、消费者需求状况、目标市场特点等。

2. 制定调查方案

广告调查方案包括广告调查的目的和要求、广告调查的内容、广告调查所采取的方法、调查进度的安排、广告调查人员分工、广告调查费用的预算和调查注意事项等方面。

3. 展开实地调查

实地调查是按照广告调查方案的要求，由调查人员直接向被访问者搜集第一手资料的调查活动。进行实地调查时，应及时审核调查结果，减少非统计性偏差至最低，以增加抽样调查精准度。进行此项工作时，通常以小组讨论方式进行，必须以头脑风暴法或充分讨论方式进行，以求实际效果。

4. 整理分析资料

调查活动结束后，要对收集获取的有关资料进行整理分析。整理和分析资料的过程，也是对资料进行研究的过程。

整理的工作主要有：① 核实，即对搜集来的资料进行核实，消除不准确的成分；② 分类，即将经过核实的资料进行归类，制成各种统计图表。

分析的工作主要有：① 数据处理，即计算出各类资料数据的平均数、标准差和百分率；② 制作图表，反映各类资料之间的相互关系；③ 运用统计技术，整理分析资料。

5. 编写调查报告

调查报告是广告调查活动的成果体现，也是分析企业广告机会、进行广告决策的依据。调查报告包括三个部分：① 序言。简要说明调查的目的和方法以及调查结果；② 主体。详细分析调查资料，得出相关结论，提出建议；③ 附录。主要有分析方法说明、统计图表和公式及参考数据等。

任务五　市场调查的方法

一、文献调查法

文献调查法也称历史文献法，是通过搜集各种文献资料，摘取与调查课题有关的信息的方法。文献调查法是间接进行调查的方法，获得的资料叫做第二手资料。在广告调查中，文献调查法获取资料的途径有以下几个方面：

（1）国家统计局和各级地方统计部门定期发布的统计公报、定期出版的各类统计年鉴。这些都是权威性的综合性资料文献。

（2）各种经济信息部门、各行业协会和联合会提供的定期或不定期信息公报。这类文献或数据定向性较强，是市场调查中文献的重要来源。

（3）国内外有关报刊、杂志、电视等大众传播媒介。这些传播媒介提供种类繁多、形式多样的直接或间接的市场信息，它们是文献调查中主要的查找对象。

（4）各种国际组织、外国驻华使馆、国外商会等提供的定期或不定期统计公告或交流信息。

（5）国内外各种博览会、交易会、展销订货会等营销性会议，以及专业性、学术性会议上所发放的文件和资料。

（6）工商企业内部资料，如销售记录、进货单、各种统计报表、财务报表等。

（7）各级政府部门公布的有关市场的政策法规，以及执法部门有关经济案例。

（8）研究机构、高等院校发表的学术论文和调查报告等。

二、实地调查法

实地调查法是应用客观的态度和科学的方法，对某种社会现象，在确定的范围内进行实地考察，并收集大量资料加以统计分析，从而探讨社会现象的一种调查方法。实地调查法具体内容如下：

（1）观察。观察是由调查人员观察并记录被调查者或调查现场的情况的一种收集资料的方法。调查人员除了做人工记录外，还可以通过录音、录像、照相、自动监测仪等调查机器来做记录。这种方法能够获得比较客观的第一手资料。观察的方法可有直接观察、实地测定和行为记录等。观察要在自然状态下进行，不要人为地干预。

（2）询问。询问法是以面谈或问卷的方式向被调查者提出询问，以获得所需资料的调查方法，是广告调查中最常用的方法。通过对与所需情报相关人的意见和态度的调查来收集资料，比较准确可靠。其包括邮寄调查、电话调查、留置问卷调查等。

（3）实验。这种方法主要是通过小规模的试验，来了解广告受众的意见，通过实验对比来获取有关资料。方式有市场反应实验、广告信息实验和媒体效果实验等。测定广告效果也常采用这种方法。

三、抽样调查法

抽样调查法就是运用科学统计方法，从事物总体中抽取少量单位作为样本进行调查观察，然后根据样本来推算总体，并能够经过修正和处理，有效地控制抽样误差。抽样调查法具体内容主要有以下两点。

1. 非随机（非概率）抽样

非随机抽样是根据主观判断，有意选择样本，抽样效果往往取决于抽样者的经验和判断。调查结果不能代表总体，多用于特例的研究。

2. 随机抽样

随机抽样是最常用的一种方法。随机抽样技术主要有以下几种：

（1）简单随机抽样。从调查总体中完全按照随机原则抽取样本。总体中的每一个体都有被抽作样本的机会。比较适用于规模较小，个体差别不是太大的调查。其又有直接抽样法和等距抽样法等。

（2）分层随机抽样。分层随机抽样也称分类随机抽样。是把被调查对象的总体按照特性进行分组（类），然后在每一层随机抽取个体样本，可依据收入、职业、性别、年龄、家庭人口、受教育程度等要素进行分层。

（3）分群随机抽样。分群随机抽样是把被调查对象分成若干个群体，再从各个群体中随机地抽取样本，抽取的样本单位是一群，对群体样本内的每一个体都要进行普查，分群抽样要求各群体之间具有相同性，每一群体内部的个体具有差异性。

（4）多级随机抽样。多级随机抽样也称为多阶段随机调查。先对调查总体进行抽样，再对抽中的样本进行抽样。如进行全国调查，先抽出几个省市，再从抽中的省市中抽出县（区）、乡、镇、村（街道、居委会），最后抽到家户。

四、问卷调查法

1. 问卷调查的概念

问卷调查法也称“书面调查法”，或称“填表法”。用书面形式间接收集研究材料的一种调查手段。通过向调查者发出简明扼要的征询单（表），请示填写对有关问题的意见和建议来间接获得材料和信息的一种方法。

2. 问卷的种类

问卷调查，按照问卷填答者的不同，可分为自填式问卷调查和代填式问卷调查。其中，自填式问卷调查按照问卷传递方式的不同，可分为报刊问卷调查、邮政问卷调查和送发问卷调查；代填式问卷调查按照与被调查者交谈方式的不同，可分为访问问卷调查和电话问卷调查。上述几种问卷调查方法的利弊，如表 3-5 所示。

表 3-5 不同问卷调查方法的利弊

项 目	自填式问卷调查			代填式问卷调查	
	报刊问卷	邮政问卷	送发问卷	访问问卷	电话问卷
调查范围	很广	较广	窄	较窄	可广可窄
调查对象	难以控制和选择，代表性差	有一定的控制和选择，但回复问卷的代表性难以估计	可控制和选择，但过于集中	可控制和选择，代表性较强	可控制和选择，代表性较强
影响回答的因素	无法了解、控制和判断	难以了解、控制和判断	有一定的了解、控制和判断	便于了解、控制和判断	不容易了解、控制和判断
回复率	很低	较低	高	高	较高
回答质量	较高	较高	较低	不稳定	很不稳定
投入人力	较少	较少	较少	多	较多
调查费用	较低	较高	较低	高	较高
调查时间	较长	较长	短	较短	较短

3. 问卷设计的基本结构

大多数调查是以问卷的形式进行的。调查能否获得真实的结果，与问卷的设计有很大的关系。一份完整的问卷一般由四个部分组成：标题、问卷说明信（或填表说明）、问卷内容和结束语。

（1）标题的设计。标题一般由调查的对象和内容再加上“调查问卷”组成。如“中国公众广告意识调查问卷”、“北京市居民消费意识调查问卷”等。

（2）说明信的设计。说明信包括填表说明与问卷说明，主要说明调查的目的、意义，如何填答问卷，交代清楚怎样回收问卷，以及写明对保障填答人匿名权利的承诺和致谢词等。

（3）内容的设计。问卷内容是调查问卷的主要部分。问卷内容包括调查对象的基本情况，与调查主题有关的事实，以及调查对象对有关事实的态度等。

（4）问卷的结束语。问卷的结束语主要表示对被调查者合作的感谢，记录调查人员姓名、调查时间、调查地点等。结束语要简短明了，有的问卷也可以省略。

4. 问卷问题及答案设计

问卷问题从形式上分为开放式问题与封闭式问题两种。

（1）开放式问题由于不需列出答案，故其形式很简单。在设计时，只需要提出问题，然后在问题下留出一块空白即可。唯一需要考虑的是留出多大空白才比较合适。在设计开放式问题时，要根据问题的内容、样本的文化程度、研究的目的等综合考虑。

（2）封闭式问题包括问题及答案两部分，其形式主要有：

① 填空式。即在问题后面画一短横线，让回答者填写。填空式一般只用于对回答者来说既容易回答又容易填写的问题，通常只需填写数字。例如：您的年龄多大？______岁；您有几个孩子？______个。

② 是否式。即问题的答案只有是和不是（或其他肯定形式和否定形式）两种。回答者根据自己的情况选择其一。例如：您是学校的团员吗？是□　　否□

③ 多项选择式。即给出的答案至少在两个以上，回答者根据自己的情况进行选择。这也是问卷中采用最多的一种问题形式。而其答案的具体表达方式又有多种不同类型。例如：您最喜欢看哪一类的电视节目？（请在合适答案后的括号里打“√”）

A．新闻类节目（　　）　　B．电视剧（　　）

C．体育类节目（　　）　　D．广告节目（　　）

④ 表格式。即将同一类型的若干个问题集中在一起，构成一个表格的表达方式。如表3-6所示，某药物牙膏具有防治牙疼、防治牙周炎、防治牙龈出血的作用，其实就是该药物牙膏的功效。

表3-6　药物牙膏的功效

功　效		
防治牙疼	防治牙周炎	防治牙根出血

5. 广告市场调查问卷示例

亲爱的同学：

您好！我是××学校2013级市场营销专业的学生，正在做关于网络广告的效果测定调查，此次发放问卷的目的是想要了解您对各种网络营销方式的看法。在此郑重承诺，此次问卷不涉及任何商业利益，仅作学习研究之用，绝不向第三人（方）透漏任何相关信息，希望您配合完成此次调查。谢谢合作！^-^（温馨提示：请直接在选项后打勾）

（1）您的性别：

A．男　　B．女

（2）您使用互联网大概多少年：

A．少于 1 年　　B．1～3 年　　C．3～5 年　　D．5 年以上

（3）您上网的频率：

A．每天一次　　B．每 2～3 天一次　　C．每星期一次　　D．每月一次或更少

（4）您每天上网的时间约：

A．1 小时以下　　B．1～2 小时　　C．3～5 小时　　D．6 小时以上

（5）您在网上主要获取哪方面的信息（可多选）：

A．新闻　　B．计算机软硬件信息

C．休闲娱乐信息　　D．电子书籍

E．金融证券信息　　F．求职招聘信息

G．商贸信息　　H．其他

（6）您希望网络能更多地提供哪些方面的信息（可多选）：

A．书刊类　　B．电脑的相关产品

C．照相器材　　D．通信类

E．音像器材及制品　　F．生活、家居类

G．服装　　H．其他

（7）您对于网络广告：

A．非常关注　　B．关注　　C．偶尔注意　　D．不在意

（8）网页上您通常会注意到哪种广告形式（可多选）：

A．浮动广告　　B．弹出广告　　C．捆绑广告　　D．视频、Flash 广告

E．页面侧栏横栏广告　　F．邮件式（信函）网络广告

G．其他

（9）何种方式更会引起您对广告的注意（可多选）：

A．纯动画广告　　B．纯文字广告

C．音响为主的广告　　D．动态文字+动态音像

E．静态文字+动态音像　　F．动态文字+静态图像

G．静态文字+静态图像

（10）您是否经常点击网页上的链接图标或链接站点：

A．经常　　B．有时　　C．偶尔　　D．从来不

（11）网页上哪一类的广告会吸引您点击（可多选）：

A．公益性活动　　B．新闻信息　　C．商业公司　　D．商品信息

E．有奖促销活动　　F．学术活动　　G．娱乐活动　　H．其他

（12）您认为网络广告与网民之间的关系是怎样的：

A．非常密切，网络广告会占用我的网络资源

B．无所谓，他发他的广告我上我的网

C．不知道，这有关系么

（13）您一个月的收入（来源：工作收入/学生生活费）。

A．400 元以下　B．401～600 元　C．601～1500 元　D．1500 元以上

（14）请写下您对网络广告发展的几点建议。

我认为：____

____。

非常感谢您对本次广告市场调查问卷工作的支持与配合。祝您及家人身体健康、阖家欢乐！

五、网络调查法

网络调查法是通过互联网、计算机通信和数字交互式媒体，发布调查问卷来收集、记录、整理、分析信息的调查方法。常用的网络调查方法主要有：

（1）站点法。站点法即将问卷放在网络站点上，由访问者自愿填写、提交问卷，经调查者统计分析后再在网上公布结果的调查方法。

（2）E-mail 问卷法。被调查者收到问卷后，填写问卷，单击“提交”按钮，问卷答案则自动发送到指定的邮箱。

（3）网上讨论法。网上讨论法可通过多种途径实现，如 BBS（电子公告牌系统）、Newsgroup（新闻组）、IRC（网络实时交谈）、Network Conference（网络会议）、QQ、微信等交互工具，实际上是互联网集体访谈法。

（4）网上测验法。网上测验法是指测验者在互联网上利用网站或 E-mail 等途径，向网民或受测者发出有测验内容的问卷或信件，请网民或受测者做出回答后反馈给测验者，测验者对反馈信息进行统计分析，并做出结论的测验方法。

（5）网上观察法。网上观察法就是观察者进入聊天室观察正在聊天的情况，或利用网络技术对网站接受访问的情况以及网民的网上行为、言论，按事先设计的观察项目、要求做记录、观察或自动监测，然后进行定量分析研究，并得出结论的调查方法。

项目实训

一、实训环境

（1）以小组分工讨论形式设计的课室；

（2）每组 3 台计算机设备；

（3）每位组员一张 A4 纸、一支圆珠笔。

二、实训内容

【任务】开展广告市场调查。

（1）按照校外企业的要求，每小组选择一类相关产品（可乐、洗发水、咖啡、方便面、牙膏、奶茶）等，准备市场调查活动。

（2）通过讨论、分析、确定市场调查主题、调查方法、调查范围，开展市场调查活

动，完成下表广告市场调查内容，撰写市场调查报告，上台对本次市场调查进行解读和点评。

广告市场调查内容

市场调查主题			
企业产品名称		所在小组	
所处地理位置			
企业发展规模			
市场调查方法			
市场调查范围			
广告市场调查项目	广告市场调查子项目		
产品市场分析	1. 产品市场环境分析		
	2. 产品 SWOT 分析		
企业实力分析	1. 企业发展历史及发展规划分析		
	2. 企业经营状况分析		
产品及品牌分析	1. 产品特征分析		
	2. 产品生命周期分析		
	3. 产品品牌形象分析		
	4. 产品定位分析		
产品市场竞争状况分析	1. 企业在同行中的地位分析		
	2. 企业竞争对手分析		
	3. 与竞争对手目标市场策略分析		
消费者分析	1. 消费者总体消费态势分析		
	2. 现有消费者分析		
	3. 潜在消费者分析		
	4. 影响消费者购买的因素分析		
产品广告媒体调查	1. 媒介概况调查分析		
	2. 各类媒介具体情况分析		
	3. 媒介市场竞争状况分析		
	4. 受众调查分析		
产品广告效果调查	1. 对广告效果定量化分析		
	2. 对广告效果定性化分析		

三、实训要求

（1）以团队为单位完成，共同提交收集结果。

（2）成员之间要团结互助，发挥团队协作效力。

（3）由队长组织和监控过程，老师提供咨询服务，但不参与工作。

（4）团队展示除了广告市场调查报告外，还包括团队合作过程描述：

① 选择了什么样的调查方式？

② 团队成员之间的分工情况。

③ 哪些人完成了哪些调查？

④ 完成过程中的其他相关记录等。

四、实训步骤

（1）根据【任务 1】进行团队讨论，制定工作计划，可参考以下工作计划表。

市场调查工作进度和时间安排表

任　务	负 责 人	完 成 时 间	完 成 情 况	存在问题及解决方案

（2）将市场调查过程及报告以 Word 文档的形式或者以 PPT 的形式保存并上交。

（3）上台进行展示及简评。

五、实训评估

（1）教师对学生设计的广告市场调查方案、调查方式、问卷设计及调查报告的撰写进行客观的评价，应考虑到学生在各个阶段的表现，而不仅仅由最后的成绩决定。

（2）在评估时，可以分组对不同的部分进行演示，以节约时间。

（3）可通过询问学生在出现问题时是如何解决的，来评价学生。

（4）在实施过程中，教师帮助越少，得分越高。

（5）填写如下评价表。

《广告基础与实训》评价表　项目三

1. 学生自评表					
班级		学生姓名		标准分值	得　分
资讯、计划与决策					
是否查询了相关资料				10	
是否了解或掌握了与任务相关的知识点				10	
实　施					
积极参与团队任务				10	
能够提出有用意见				10	
能够完成所承担的任务				10	
正确完成实施过程中的分工和配合				10	
检查与评估					
是否能认真描述困难、错误和修改内容				10	
对自己的工作评价				10	
是否检验了实施结果并进行总结改进				10	
能否在规定的时间内完成任务				10	
合计				100	

续表

2. 团队评价表（由队长完成）		
小组名称		
项　目	标准分值	得　分
分工是否合理（最大限度地调动成员积极性）	25	
小组是否团结	25	
方案是否有效	25	
知识运用是否合理	25	
合计	100	
3. 教师评价表		
项　目	标准分值	得　分
团队合作精神	30	
实训过程表现	30	
成果展示	40	
合计	100	
总分	总分=学生自评得分×20%+团队评价得分×30%+教师评价得分×50%	

项目小结

小河团队通过本项目的学习和实践，了解了广告市场调查概述，对广告市场环境有了一定的了解。掌握了广告环境有两个层次的含义：一是狭义广告环境；二是广义广告环境。

理解了广告市场调查是指企业或组织为了有效地开展广告活动，采用科学的方法，按照一定的程序和步骤，有计划、有目的、有系统地搜集、分析与广告活动有关的消费者信息、传播媒体信息、产品和企业信息，以及广告效果信息等相关的调查活动。

了解了广告市场调查的作用、特点、调查的原则，了解了市场调查的具体内容包括广告市场分析、广告企业实力分析、广告产品及品牌分析、广告产品市场竞争状况分析、消费者分析、广告媒介调查，以及广告效果调查。

掌握了广告市场调查的程序：

（1）确定调查目标；

（2）制定调查方案；

（3）展开实地调查；

（4）整理分析资料；

（5）编写调查报告。

练习与自测

一、不定项选择题

1. 广义的广告环境不包括（　　）。

A. 政治法律环境　B. 经济环境　　C. 文化环境　　D. 企业组织环境

2．一份问卷调查设计包括（　　）。

A．标题　　B．问卷说明信　　C．问卷内容　　D．结束语

3．在广告市场分析工作中，广告主的SWOT分析指的是（　　）。

A．优势　　B．劣势　　C．机会　　D．威胁

4．无论是广告的外环境还是内环境，都对广告起着影响作用，这些作用包括（　　）。

A．促进作用　　B．调整作用　　C．制约作用　　D．不起作用

5．产品生命周期是指一种新产品从开始进入市场到被市场淘汰的整个过程。广告产品的生命周期一样可分为（　　）。

A．导入期　　B．成长期　　C．成熟期　　D．衰退期

二、简答题

1．广告市场调查的作用是什么？

2．广告调查都有什么具体内容？

3．广告市场调查的程序是什么？

三、案例分析

请结合案例分析，根据案例内容，分析脑白金是如何进行市场定位的？分析脑白金广告的成功之处。

脑白金广告的成功之道

脑白金，这一保健产品现在在中国已家喻户晓，无人不知，不管是喜欢它的还是不喜欢它的，人们的头脑中都有脑白金的身影。从老人到小孩，一句“今年过年不收礼，收礼只收脑白金”让全国掀起了一股“脑白金热”。从脑白金上市到今天，其知名度及影响力无处不在。在整个保健品市场低迷的大环境下，脑白金却如一股强势旋风席卷整个中华大地，创造了几十个亿的销售奇迹。

但是，脑白金广告连续多年都是消费者最讨厌的广告，因为无论哪个频道，只要一打开电视都会看到这个广告，所以很多人都很厌烦。不错，脑白金广告确实很烂，从美学的角度考虑，脑白金广告是很粗俗的东西，没有任何美感；从文化角度考虑，浅显直白，没有什么可圈可点；从制作角度考虑，与宝洁、强生等一些知名企业的广告相比，更是粗制滥造。可就是这样一则令人生厌、粗制滥造的广告却让中国十几亿人记住了。脑白金的问世让保健品行业再次掀起春风。

脑白金产品在广告实施前，对产品进行了准确的市场定位，采用了以礼品、家庭、企业、机关为核心诉求点的策略。作为孝敬父母的时尚礼品、送脑白金有面子，保健品市场至少有7.5亿中老年人，交际活跃的中年人、50岁以上的退休老年人，最保守的数字也有1.5亿。提出了核心诉求点“加深睡眠、改善肠胃”，因为脑白金广告早已把消费者的心理摸得非常透，他们通过分析，认为以下几点是在进行广告宣传时最能吸引住目标人群的关键点：

(1) 中国老百姓对“神秘性事物”辨别不清时，极易信任“科学”、“权威”、“专家”的言论。

(2) 中国人重“孝”道，而“孝敬爸妈”一般也以送营养保健品为主。

(3) 在民间，逢年过节主客双方互送礼品，实质上送的还是“面子”。

(4) 目前事业处于上升阶段、消费能力强劲的中青年人群，社会应酬多，“送礼”需求最为旺盛。

(5) 年轻人社会压力大，老年人肠胃不好是中国人普遍存在的问题，中老年人都有加深睡眠、改进肠胃的需要。

(6) 脑白金广告采用的是USP策略，即开始时将“送礼”概念的强势灌输，后来采用“功效”特点集中展开诉求。

脑白金从上市开始到现在，陆续采用了以下广告语，有些广告语甚至连三岁孩子都能够背得上来，可见其深入人心的程度。

保健品广告语：“脑白金加深睡眠、改善肠胃”；“有效才是硬道理”；“脑白金，请广大市民作证”。

礼品广告语：“今年孝敬咱爸妈、送礼还送脑白金”；“今年过节不收礼，收礼还收脑白金”。

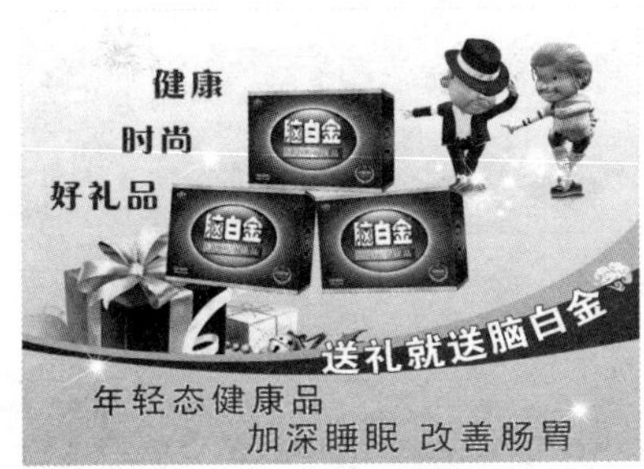

项目四

广告战略与广告策略

知识目标

1. 了解广告战略与广告策略的含义
2. 熟悉广告战略的内容
3. 熟悉广告策略的内容
4. 掌握广告战略的设计

能力目标

1. 培养学生制定广告目标市场策略、广告定位策略和广告实施策略实际能力
2. 激发学生的学习兴趣
3. 培养学生团队合作能力和协调能力

校外企业收到河马广告公司（模拟）的调查报告后，均给予了高度的评价，认为该团队很有潜力。因此继续给予机会进行锻炼，委托他们进行广告战略与广告策略的制定，由此来引导其往专业广告公司的方向发展。小河团队得知后很激动，对自己充满了信心。但是广告战略与策略包括哪些内容？应该如何设计才合理呢？

创立于 1993 年的喜之郎集团有限公司，以 40 万元起家，进入果冻产业，以其专业的果冻布丁企业形象和凌厉的广告攻势，成为行业领导者。从 1998 年开始，喜之郎便逐渐垄断市场。在高峰时期，喜之郎曾占有 70%的市场份额。目前其生产规模和销售量均已跃居全球第一，年销售额已达 15 亿元以上。

初创的喜之郎避开了果冻市场的启蒙时期，选择了在市场的高速成长期进入，搭上了便车。众所周知，果冻的技术含量很低，其行业进入门槛也低。果冻行业处于“混战的战国时代”，当时的金娃、喜之郎、SAA 东鹏、深宝等品牌难分高下。在竞争激烈的果冻市场如何才能树立行业权威地位？喜之郎提出了“果冻布丁喜之郎”的口号，喜之郎率先在中央台投放巨额广告，不断强化这一概念，在产品和行业之间建立起一对一的联想。喜之郎每年仅在广告上的投入就近 1 亿元，近 90%的预算全都投放在电视媒体上，平面媒体上几乎见不到喜之郎的广告，公关促销活动也少之又少。一直以来，儿童都是果冻的消费主力。因此一开始，喜之郎的广告画面就是用儿童作形象代言人。我们可能至今都还记得那个“嗞”地一声把水灵灵的果冻吸进嘴里的胖乎乎的小男孩形象，那些男孩、女孩们一起练习芭蕾与柔道的场面。在“芭蕾篇”和“柔道篇”中，喜之郎的卡通形象和男孩、女孩们一起练习芭蕾与柔道，不仅表现了孩子们的童趣，也体现了喜之郎所代表的儿童健康、快乐的形象。喜之郎那个戴着棒球帽的卡通形象，无疑就是儿童的代表。在广告中，喜之郎采取了“让卡通活起来”的策略，以儿童喜闻乐见的形式，吸引儿童的关注。凭借这些秘密武器，喜之郎一路高歌，攻城掠地，俨然成为行业领袖。正如大多数快速成长的民营企业一样，喜之郎集团有限公司也不可避免地走上了多元化发展道路。目前除了喜之郎外，还有水晶之恋、美智子、美能多等品牌。喜之郎在儿童市场站稳之后，又推出了“喜之郎 Cici”，实际上是将喜之郎由儿童品牌扩张到了成人品牌。喜之郎请那英做广告，也是希望借此打开成人市场。如图 4-1 所示是喜之郎广告截图。

图 4–1　喜之郎广告

案例分析

喜之郎集团恰逢其时地进入市场，专业化的儿童果冻形象，亲情化的品牌传播策略是其成功的关键。在其成长的过程中，特别是在 20 世纪 90 年代中高速成长的 4 年里，使用了 3 个系列的广告——童趣系列、家庭系列、节日系列来进行品牌塑造，并且在 CCTV 等强势媒介大量投放，在消费者心目中留下了深刻的印象和不可取代的位置。喜之郎不同系列的不同广告片使用了相同的广告语——果冻布丁喜之郎，将果冻布丁和喜之郎画上了等号，使人们在无意识之中接受了喜之郎就是果冻布丁、果冻布丁就是喜之郎的概念。

想一想 请分析“喜之郎”广告的战略目标设计。

任务一 广告战略

广告战略策划是广告策划的最高决策行为，引导活动的目标和方向，制约广告活动的手段和方法，关系到企业广告活动的成败，进而影响到企业经营的成败。广告战略是具有全局性、长远性、方向性、抗衡性和指导性的谋划。

一、广告战略的含义

1. 广告战略的含义

所谓“战略”，是指那些重大的、带有全局性的谋划。广告战略是企业从全局出发制定的广告活动的总方针和总体部署。它是企业针对市场千变万化的形势而在广告活动中采取的长期对策，是一个时期内企业广告活动的指导思想和总体构思，带有全局性的决策，是为实现总体目标或根本利益而制定的行动纲领。

2. 广告战略的特点

（1）总体性。广告战略作为广告活动的整体规划与设计，它不具体研究每一步骤，而是研究总的思想与方针，具有总体性。

（2）系统性。广告战略是一个系统工程。在确定广告战略时，要考虑到各方面的情况，进行系统性规划，形成系统结构，产生最大的系统效应。

（3）目标性。广告战略的目标性主要体现在两方面：一是广告战略必须为企业的营销目标服务；二是广告战略必须有自己的战略目标。目标性是广告战略的重要特性之一。

二、广告战略的内容

广告战略要服从企业经营管理战略和营销战略。一般来说，一个好的广告战略应包含以下四个基本方面。

1. 广告战略目标

广告战略目标是指广告所要达到的预期目的，即通过广告活动要得到什么结果。广告战略目标决定了广告设计如何发展，是广告策划过程的重要步骤之一，广告活动的其他基本要素都要基于广告战略目标来展开。广告战略目标规定了广告活动的总体任务，决定着广告活动的行动发展方向。企业通过确立广告目标，对活动提出具体要求，从而实现企业的营销目标。

2. 资源部署分配

凡是战略都应有相应的资源部署方案。广告战略要阐明如何部署企业广告获得的资源分配，认真研究广告活动在企业长期经营中所涉及的人力、物力、财力资源的部署，并考虑其发展变化。

3. 广告竞争态势

广告战略应该说明由本身战略目标范围和资源部署情况所决定的可能带来的有利或不利竞争状况以及企业所采取的竞争态度。

4. 最佳协同作用

在规定的战略目标范围内，要使资源部署和竞争态势达到最佳的协调，发挥最佳的协同作用。决定广告战略内容的时候，应该充分考虑到企业经营发展过程中环境和条件的变化，注意避免战略内容过于细节化而毫无弹性。广告战略内容是全局性、长远性、方向性、抗衡性和指导性的谋划。任何僵硬、琐碎的规定只会给广告活动和广告策划带来束缚和禁锢。

三、广告战略设计

广告战略针对的是庞大复杂的市场，企业要根据不同时期市场的变化来采用相应的营销战略和广告战略。广告战略的选择和设计，可以从不同角度进行。

1. 从市场角度设计广告战略

（1）面向总体市场的战略。面向总体市场的战略是指以整体市场为目标市场，仅推出一种产品，使用一种市场广告的战略，关键是在较大的市场中占有较大的份额，面向总体市场的战略需与无差别营销战略相配合。采用面向总体市场的战略，广告活动就要充分考虑如何迎合大众需要的口味。首先，广告的语言、形象等必须要大众化；其次，广告必须在大众可以接受的媒体上传播；最后，广告还必须能够配合无差别营销活动，如保持长期稳定的广告形象、广告口号、劝说重点等，以便给消费者留下连续性、统一性的印象，让消费者长期接受这一产品。

案例 4-1

汽车专卖市场一直比较混乱，深圳丰田提出了中国第一个完整的5S丰田服务概念店。为经营进出口汽车数年的公司提出了前瞻性的服务新概念。它集整车销售、零配件供应、维修保养、二手车交易、系统信息反馈于一体，不纯粹从简单的服务上入手，更从人性化、文化价值深入，立志将深圳丰田5S服务概念店办成丰田汽车在中国以服务为战略的样板店。这种高瞻远瞩的服务概念和市场观念受到了日本丰田公司和客户的高度评价。

分析提示

深圳丰田提供面向整体市场，给消费者带来连续性、统一性的服务，这种高瞻远瞩的服务概念和市场观念受到日本丰田公司和客户的高度评价。

课堂随笔

（2）面向细分市场的战略。面向细分市场的战略是指将广告力量集中对准细分市场中的特定市场，争取在较小的细分市场中占有较大的份额，面向细分市场的战略也需与差异化营销战略配合。这种营销战略将市场进行细分，找出企业产品可以进行推销的若干细分市场，并向不同细分市场推销不同产品。

为配合差异化营销战略，广告战略决策也需要适应生产和销售的多元化需求。所以，面对细分市场的广告战略要求广告活动是多元化的，以便迎合各种类型的消费者，以多种劝说方式推销多元化的产品。

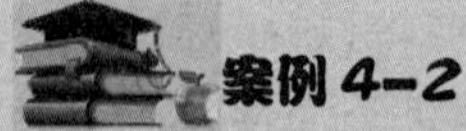

案例 4-2

戴比尔斯钻石——钻石恒久远，一颗永流传

"钻石恒久远，一颗永流传"可以说是丰富内涵和优美语句的结合体，不仅形象生动地表达出了该品牌钻石的优秀质量，承诺了钻石的价值，达到了促人选购的营销目的，而且也从另一个层面把爱情的价值提升到足够的高度，使人们很容易把钻石与爱情联系起来，暗示了顾客买钻石的意义，就是希望地久天长，委婉地表达了这一层含义，从感性角度使顾客产生美好的印象。

分析提示

市场细分合理，营销针对性强，让人将钻石与爱情紧密联系起来，形成市场的专一化。

课堂随笔

（3）市场渗透广告战略。市场渗透广告战略是指企业瞄准竞争对手的同类产品在市场上已有的地位，通过广告渗透及营销扩散战略，将自己的产品打入同类产品所占有的市场。

（4）市场开发广告战略。市场开发广告战略是指企业在原有的市场基础上，巩固其产品的原有市场占有率，同时将未改变的原有产品打入新市场的战略。其实质是向市场的广度进军，包括地区性的空间概念和产品的实体概念。通过市场开发、开辟新的市场，使产品进入新的销售渠道。

案例 4-3

仲景六味地黄丸——药材好，药才好

仲景六味的广告卖点"药材好、药才好"，用尽中文韵味！体现产品特点，揭示普遍真理。在林林总总的补益类药品市场中，仲景牌六味地黄丸能够技压群雄，与以"药材才，药才好"的制药理念不无关联。随着人们对药品安全和疗效要求的提高，天然、安全的植物药正备受青睐。只有有力地保障仲景牌六味地黄丸的地道和正宗，实现"药材好，药才好"的制药理念，才可以得到消费者及市场的认可和赞誉。

分析提示

产品宣传对比竞争对手有独到之处，广告符合人们对补益类药品市场的需求。

课堂随笔

2. 从内容角度设计广告战略

（1）企业广告战略。企业广告战略是指以提高企业知名度，树立企业形象，宣传企业信誉为主要内容的广告战略。其重点不是直接宣传产品，而是通过对企业的规模、业绩、历史、实力、精神等特点的介绍来宣传企业，提高企业的知名度和美誉度。如图 4-2 所示。

图 4-2 上海电气企业广告

（2）产品广告战略。产品广告战略是指以推销产品为目的，向消费者提供产品信息，劝说消费者购买其产品的广告战略，其包括统一品牌的战略、强调产品差别的战略以及将产品组合成系列来进行宣传的系列广告战略。

3. 从空间范围角度设计广告战略

（1）特定区域广告战略。特定区域广告战略是指以某一国家、地区或区域作为目标市场的广告战略。它根据特定地区情况，对广告活动做统筹规划。广告宣传可以根据不同地区的不同特点，制定不同广告战略。如给某电视机做广告在经济发达地区，可宣传其功能齐全、款式新颖，而在经济欠发达地区，则突出其物美价廉、经久耐用。

案例 4-4

德芙巧克力——牛奶香浓，丝般的感受

之所以够得上经典，在于“丝般感受”的心理体验，能够将巧克力细腻滑润的感觉用丝绸来形容，意境够高远，想象够丰富。充分利用联想，把语言的力量发挥到极致，带给消费者全新的丝般感觉的新境界，渲染出的美妙感受引你进入一个牛奶巧克力的纯粹世界。

分析提示

德芙巧克力系列广告充分利用联想，把语言的力量发挥到极致，带给消费者全新的丝般感觉的新境界，将产品的特点表现得淋漓尽致。

课堂随笔

（2）全球广告战略。全球广告战略是指以国际市场作为目标市场的广告战略。它以世界市场为目标，对广告活动进行世界范围的全局性统筹谋划。

4. 从进攻性角度设计广告

（1）进攻战略。进攻战略是指针对竞争对手的弱点，以竞争对手或市场某一目标作为出发点，通过广告宣传，在广告的覆盖面、促销力、信任度及产品的公众知晓率、市场占有率等方面超过主要竞争对手，赢得同类市场的制高点的广告战略。

案例 4-5

德国豪华轿车制造商宝马公司将以电影短片拍成的“宝马”车广告搬上网络，这个名为“雇用”的系列短片讲述了一位驾驶着宝马的保镖是如何受人雇用、出生入死完成使命的，在夜色的掩护下，银灰色的宝马不仅把追踪的车辆甩得无影无踪，还越发衬托出主角的英姿，短片与分解的广告俨然是一部“缩水”版的“007”电影。这个短片在电视、电影院里也做宣传，但仅有 30 秒钟。

分析提示

宝马广告凸显的是宝马的性能优势，凭借强烈的视觉冲击赢得同类市场的制高点。

课堂随笔

（2）防守战略。防守战略是指在广告活动中以防御对手为主的广告战略，旨在维护自己的市场地位，运用不间断的广告来维持产品知名度和市场占有率。

任务二　广告策略

一、广告策略的含义

广告策略是企业在广告活动中为取得更好的广告效果而运用的手段和方法，也就是说，企业要将产品或服务所具有的购买者利益，通过有效方法、手段及步骤，传达给目标市场，以达到企业销售的目的。

二、广告策略的内容

广告策略的内容重点是解决“3W1H”的问题，首先是 Who，就是界定广告诉求对象是谁，它源自企业的目标市场策略；其次是 What，就是要向目标受众传递什么信息，主要决定于产品的定位；再次是 How（怎么说），是指怎样将产品或服务的信息传递给目标受众，主要取决于广告的表现策略与媒介策略；最后是 When，主要是指广告的时间策略。本节主要讲授广告目标市场策略、广告定位策略、广告诉求策划、广告媒体策划、广告表现策划及广告实施策略。

1. 广告目标市场策略

广告目标市场策略是指企业为自己的产品或服务选定一定的范围和目标，从而满足这

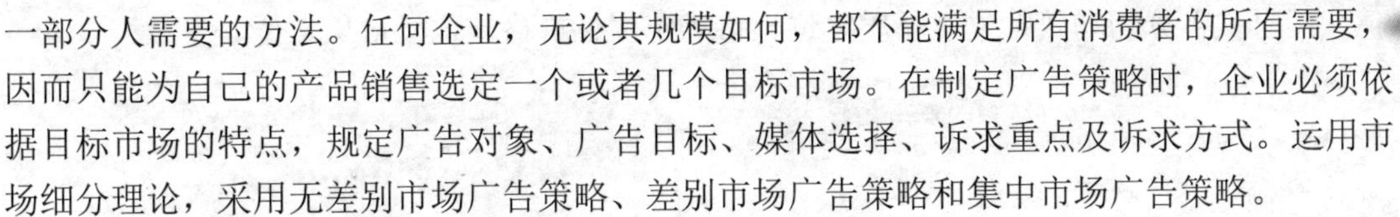

一部分人需要的方法。任何企业，无论其规模如何，都不能满足所有消费者的所有需要，因而只能为自己的产品销售选定一个或者几个目标市场。在制定广告策略时，企业必须依据目标市场的特点，规定广告对象、广告目标、媒体选择、诉求重点及诉求方式。运用市场细分理论，采用无差别市场广告策略、差别市场广告策略和集中市场广告策略。

（1）无差别市场广告策略。

无差别市场广告策略是一种常用的广告策略，指企业在一定时期内面对整个市场运用各种媒介搭配组合，做同一个主题内容的广告宣传策略。这种策略一般适用于消费者需求差异不大的产品，或在产品引入期与成长初期、产品供不应求、市场上没有竞争对手或者竞争不激烈时。

（2）差别市场广告策略。差别市场广告策略是指企业在一定时期内，针对目标市场的不同特点，运用不同的媒介组合，做不同主题的广告策略。一般来说，消费者需求差异较大的产品、处于成长后期及成熟期的产品、遇到同行竞争激烈的产品可采用此广告策略。

案例 4-6

在可口可乐公司遇到百事可乐公司的挑战后，软饮料市场竞争日趋激烈，不得不推行差别市场广告策略。现在无论是可口可乐公司还是百事可乐公司，每年都会依据中国文化特点来制作一些适合中国市场的电视广告，特别是在中国传统新年来临之际，可口可乐公司更是依据中国的“春节回家过年”，“全家团圆”的文化特点制作有针对性的电视广告，使得可口可乐品牌深入千家万户，为亿万中国人所接受。

分析提示

入乡随俗、充分尊重地区文化的广告设计能够暖人心，采用差异化策略更能够获得消费者的青睐。

课堂随笔

（3）集中市场广告策略。集中市场广告策略是指企业在细分市场的基础上，将广告主题以统一的内容与形式集中在一个或者几个细分市场上展开宣传的策略。采用集中市场广告策略的公司，一般来说是实力有限的中小企业，为了发挥优势、集中力量，这些企业往往选择对自己有利的、力所能及的较小市场作为目标市场。

2. 广告定位策略

现代广告活动的效果，不在于怎样规划广告，而在于把商品放在什么位置上。广告定位并不改变产品本身，它只是将顾客需求、品牌特点与本产品优势相结合，确定产品的广告形象，然后再采用多种广告表现手法不断进行强化，从而在消费者心目中树立起这种形象的一种策略。广告定位流程如图 4-3 所示。广告定位策略的具体运用主要包括实体定位策略和观念定位策略。

（1）实体定位策略。实体定位策略是指在广告宣传中，突出单品的新价值，强调与同类商品的不同之处，以及给消费者可能带来的更大利益或不同利益的一种广告策略。在具体应用时又可分为功效定位、品质定位、市场定位、价格定位及形象定位。

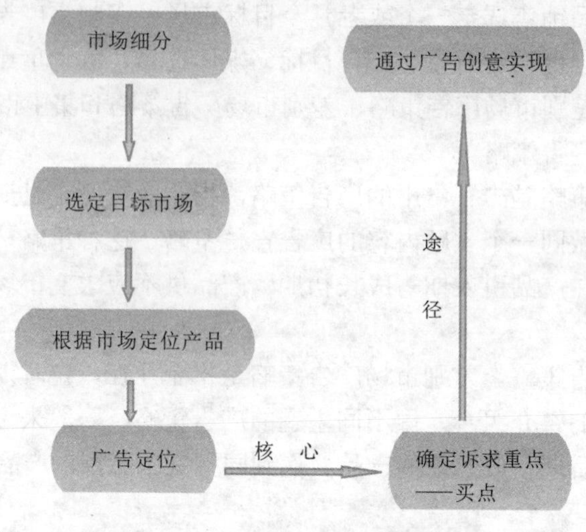

图 4-3 广告定位流程

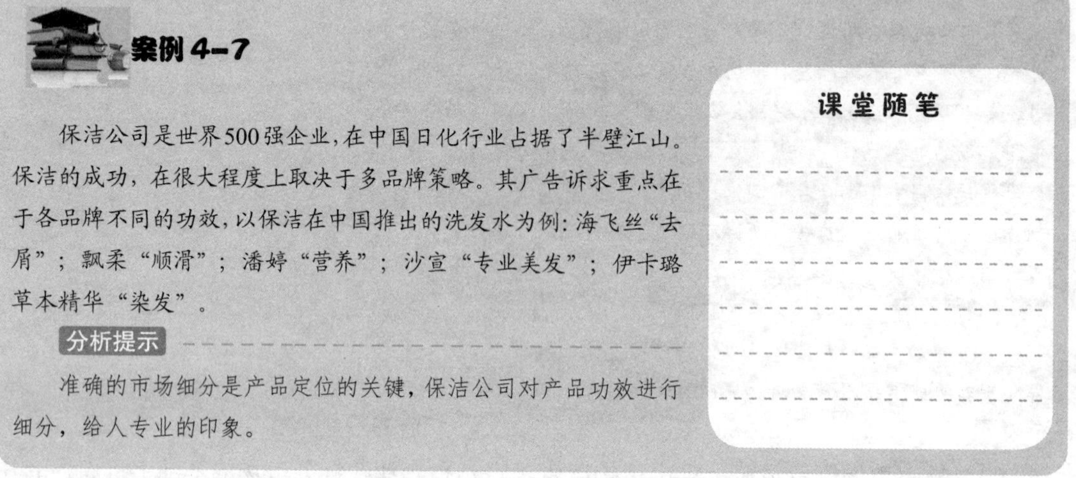

案例 4-7

保洁公司是世界500强企业，在中国日化行业占据了半壁江山。保洁的成功，在很大程度上取决于多品牌策略。其广告诉求重点在于各品牌不同的功效，以保洁在中国推出的洗发水为例：海飞丝“去屑”；飘柔“顺滑”；潘婷“营养”；沙宣“专业美发”；伊卡璐草本精华“染发”。

分析提示

准确的市场细分是产品定位的关键，保洁公司对产品功效进行细分，给人专业的印象。

课堂随笔

（2）观念定位策略。观念定位策略是指强调单品的新观念，重新改变消费者的习惯心理，树立新的商品观念和消费观念的一种广告定位策略。

3. 广告诉求策略

任何一种产品通常都会有生命周期，产品处于不同的生命发展阶段，其工艺成熟度、消费者的心理需求、市场竞争状况和市场营销策略等都有不同特点，因而其广告诉求策略也不同。

在产品引入期和成长期，新产品进入市场，其产品的品质、功效等尚未被消费者所认知，在这一阶段，广告宣传应以创品牌为目标，目的是使消费者产生新的需要，执行开拓市场的战略。这是广告宣传的初级阶段，应投入较多的广告费，运用各种媒介，配合宣传，造成较大的广告声势，以便使新产品迅速打入市场。

案例 4-8

乌发美髯酒是厦门南国酿造公司开发的新产品，目前主要在厦门地区销售，少数产品已进入北京市场。乌发美髯酒是依照中医原理精制而成的低度保健饮料酒，它通过调节人体内功能使其平衡，以达到防止早衰及须发早白的功效。由于目前国内市场上还没有同类产品，因此在35～59岁之间具有大批的潜在顾客。由于乌发美髯酒处在产品投入期，广告宣传需较详细说明该产品的原理、性能、功效，并找准广告诉求点：“调节人体内功能”、从“根本上防止早衰和须发早白”。针对中老年人开始注重美容和外观形象的心理，广告表现策略上应不断提醒他们避免“夕阳无限好，只是近黄昏”的无限惆怅，而创造一个轻松向上的生活情趣。在销售上，采取先扎根厦门市场，再占领北京市场并辐射全国的策略。同时寻找国际市场，主要是韩国、日本等国家。在上述背景下展开的一系列广告推广，成功帮助乌发美髯酒提高了知名度，打开了市场。

课堂随笔

分析提示

乌发美髯酒新产品进入市场，其产品的品质、功效等尚未被消费者所认知。在这一阶段，广告宣传以创品牌为目标，目的是使消费者产生新的需要，执行开拓市场的战略。并找准广告诉求点：“调节人体内功能”、“从根本上防止早衰和须发早白”，详细说明该产品的原理、性能、功效，是成功的基础。

广告的中期阶段，产品进入成长期和成熟期。广告以保品牌为目标，巩固已有的市场和扩大市场潜力，开展竞争性广告宣传，引导消费者认购品牌。广告的诉求必须具有强有力的说服力，突出本产品和其他品牌同类产品的差异性和优越性，巩固企业和产品的声誉，加强消费者对企业和商品的印象，将广告对象转化为广大消费者。

在产品进入饱和期和衰退期之后，广告目标重点在维持产品市场上，采用延续市场的手段，保证产品的销售量或延缓销售量的下降。运用广告提醒消费者，以长期、间隔、定时发布广告的方法，及时唤醒消费者注意，巩固购买习惯。广告诉求重点应突出产品的售前和售后服务，保持企业荣誉，稳定产品的晚期使用者及保守者。

4. 广告媒体策略

广告媒体策略是根据广告定位策略，对广告媒体进行选择和组合运用的策略。制定广告媒体策略时要对媒体特性有深入了解，知道媒体何时发生作用，怎样使用媒体才能产生理想效果等，因此，媒体选择要注意与企业营销目标相结合、与目标市场相结合、与营销环境相结合。

（1）广告媒体的组合策略。广告媒体的组合策略是以一种媒介为主，其他媒介配合使用，或选取多种媒介，分开使用广告费的方法。运用电视、广播、报纸、户外广告等各种媒体组合搭配宣传以取得显著效果。在确定媒体组合之后要选择如何把握好广告时机，把握好季节性时机，对广告发布时间、频率及广告量进行分配，以达到预期的目的。

（2）创新的广告媒体策划。在激烈的广告竞争中，要突出产品，除了广告内容必须创新以外，媒体表现也应力求创新。广告媒体策略的创新可以分为以下几种不同的层次。

- 采用新颖的媒体。如流动广告车、电视大屏幕、有线电车、车票或购物小票的背面等。
- 采用新颖的媒介工具。如新创刊的报纸、杂志、新起播的电台、电视台等。
- 特殊的广告位置。选择新颖的广告播出的时间、地点，选择新颖的广告媒体，往往会给企业带来意想不到的收获。

5. 广告表现策略

广告表现策略是根据广告媒体的传播特点，充分运用语言、文字、音乐、画面、图片、视频等多种表现形式，将广告的主题、创意，直观、生动地加以体现的过程。

（1）理性诉求广告策略。这是针对理智型消费者而采取的广告策略，也称为“生活情报型”广告策略。它要求在广告中向消费者介绍各种商品的专业知识，当好消费者的“生活情报顾问”，让消费者能够获得其本身所需要的知识，促进他们进行理智的分析，而后产生购买行动。这种广告策略主要是针对知识分子阶层、老年消费者、家庭消费单位等。从市场和产品的角度看，主要是针对进入市场、开发市场、导入期和成长期的产品、更新产品、高价耐用产品等情况采用的。

舒肤佳——后来居上称雄香皂市场

“舒肤佳”在进入中国市场时，“力士”已经稳居香皂市场，但后生“舒肤佳”却在短短几年时间里，硬生生地把“力士”从香皂霸主的宝座上拉了下来，根据2001年的数据，舒肤佳市场占有率达41.95%，比位居第二的力士高出14个百分点。舒肤佳的成功自然有很多因素，但关键的一点在于它找到了一个新颖而准确的“除菌”概念。在中国人刚开始用香皂洗手的时候，舒肤佳就开始了它长达十几年的“教育工作”，要中国人把手真正洗干净——看得见的污渍洗掉了，看不见的细菌你洗掉了吗？

在舒肤佳的营销传播中，以“除菌”为轴心概念，诉求“有效除菌护全家”，并先在广告中通过踢球、挤车、扛煤气等场景告诉大家生活中会感染很多细菌，然后用放大镜下的细菌“吓你一跳”。最后，舒肤佳通过“内含抗菌成分‘迪保肤’”之理性诉求和实验来证明舒肤佳可以让你把手洗“干净”，另外，还通过“中华医学会验证”增强了品牌信任度。

分析提示

舒肤佳在广告中的传播有效除菌的专业知识，诉求“有效除菌护全家”的理念，充当消费者的“生活情报顾问”，帮助消费者进行理智的分析，促使消费者产生购买行为。

课堂随笔

（2）信息展示广告策略。信息展示广告策略主要针对的是敏感型消费者。这类消费者遇事心存戒备，事事警觉，对广告宣传心存疑虑，只有那种客观的、报道性的、纯净的信息才能使他们放心。因此，信息展示广告策略要不加修饰地、朴实无华地、冷静地介绍销售信息，力求给受众一种真实的，没有虚假、浮夸的印象。从市场和商品的角度看，已经得到品牌定位的更新产品、人们熟悉的日常用品以及需要维持即有市场时采用这种策略效果较好。

（3）情感广告策略。情感广告策略也称情感激发广告策略。这种广告策略以商品的特性、用途结合人们的心理感受，用喜怒哀乐的情感方式在广告中表达出来，营造消费者在使用该产品后的欢乐气氛，给消费者以心理上、情绪上的满足。这种易于引发消费者的丰富想象，易于引发消费者对产品产生情感联系的广告策略，可以使消费者对该产品保持较长时期的好感。人的行动往往会受到感情的支配，广告一旦激发起人们的产品情感，消费者很可能就会产生购买行动。如图 4-4 所示。

图 4-4 情感广告示例

（4）塑造形象广告策略。这种广告策略主要是尽力突出企业名称、标志、产品商标、企业给社会提供的各种优良服务以及企业对社会的贡献等，从而为企业塑造一个高大、美好的形象，并由此与大众沟通感情，增强社会对企业及其产品的信任感。这种策略的主要作用是提高企业和产品的知名度，扩大市场占有率。

（5）推荐式广告策略。这种策略是采用名人推荐、用户推荐、消费者证言、有关部门的鉴定结论或历史资料的引证、科学原理的论证等方式来强调和推荐商品的优点、特点及企业的优势和长处，借以获得消费者的信任。

案例 4-10

1：1：1，金龙鱼比出新天地

在中国，嘉里粮油（隶属马来西亚华裔创办的郭兄弟集团香港分公司）旗下的“金龙鱼”食用油，10 年来一直以绝对优势稳居小包装食用油行业第一品牌地位。

调和油这种产品是“金龙鱼”创造出来的。当初，金龙鱼在引进国外已经很普及的色拉油时，发现虽然有市场，但不完全被国人接受。原因是色拉油虽然精练程度很高，但并没有太多的油香，不符合中国人的饮食习惯。后来，金龙鱼研制出将花生油、菜籽油与色拉油混合的产品，使色拉油的纯净、卫生与中国人的需求相结合，使得创新产品赢得了中国市场。

为了将“金龙鱼”打造成为强势品牌，“金龙鱼”在品牌方面不断创新，由最初的“温暖亲情金龙鱼大家庭”提升为“健康生活金龙鱼”，然而，在多年的营销传播中，这些“模糊”的品牌概念除了让消费者记住了“金龙鱼”这个品牌名称外，并没有引发更多联想，而且，大家似乎还没有清楚地认识到调和油到底是什么，有什么好。

2002 年，“金龙鱼”又一次跳跃龙门，获得了新的突破，关键在于其新的营销传播概念“1：1：1”。看似简单的“1：1：1”概念，配合“1：1：1 最佳营养配方”的理性诉求，既形象地传达出金龙鱼由三种油调和而成的特点，又让消费者"误以为"只有"1∶1∶1"的金龙鱼才是最好的食用油。十年磨一剑，金龙鱼在 2002 年才让中国的消费者真正认识了调和油，关键在于找到了一个简单的营销传播概念。其广告示例如图 4-5 所示。

图 4–5　金龙鱼推荐式广告

课堂随笔

分析提示

采用名人推荐、用户推荐、消费者证言、有关部门的鉴定结论或历史资料的引证、科学原理的论证等方式来强调和推荐商品的优点、特点。看似简单的"1∶1∶1"概念，配合"1∶1∶1 最佳营养配方"的理性诉求，形象地传达出金龙鱼由三种油调和而成的特点。

（6）保证广告策略。保证广告策略也称承诺式广告策略，要点是在广告中要以明确的表达或巧妙的暗示对消费者做出承诺，向消费者保证在其购买本产品后将获得什么好处，从而使用户对企业或产品产生信任感并乐于试买试用。保证性广告策略主要适用于在消费者心目中有一定地位的产品，它有利于巩固原有的印象，进一步提高商业信誉。

（7）象征广告策略。这种策略是通过创造性的手法，着力挖掘商品的内在意义，然后通过联想，将商品的意义与某种人物、某种事物、某种事件等联系起来，使人们能够从人物、事物、事件的直观形象上顺着联系线索而产生对商品的情感想象，从而接受这种商品。运用这种表现策略的关键是要构想或借用某一形象作为象征，并把企业和产品的形象加以概括处理而使其集中体现于象征形象上，由此调动消费者的心理活动，扩大影响，加强记忆。

（8）悬念广告策略。这种表现策略是充分利用人的好奇心理有意制造出悬念，让人们去猜测、去想象，并在猜测和想象中积极思动。悬念广告策略一般适用于某一产品向市场推出之前的宣传，它能使消费者积极主动地了解商品和企业；也可用于加强广告中商品形象或商品信息的冲击力，通过悬念制造让人们在恍然大悟中产生对商品的强烈印象。悬念广告示例如图 4-6 所示。

图 4–6　悬念广告示例

（9）警示广告策略。警示广告策略是把自己产品的实际不足之处或缺点直接提出来，坦诚相告，并向消费者发出警示，提醒其应注意这种缺点或不足。这种方法一反广告总是自吹自擂的常态，本易引起人们的特别注意，加之态度恳切，将广告主完全放在消费者一边，与消费者站在同一立场，为消费者着想，无形中提升了其亲切感，而且对其缺点直言不讳的坦诚态度反而更能从心理上增加消费者的信任感。

（10）比较广告策略。比较广告策略是采用产品使用前后的功效对比，产品改进前后的品质、性能对比等方式，来突出宣传产品比其他同类产品的优秀之处，以吸引人们购买本产品而不再购买其他同类产品。这种策略是专门用于对付竞争对手的。虽然不宜直接涉及竞争对手的产品缺点，不宜直接贬低别的同类产品，但其表达的真正意思还是“我的比你的好”。采用这种策略时需要慎重，要注意竞争的正当性和比较的科学性。

6. 广告实施策略

广告实施策略是指按照竞争制胜的原则，科学合理地筹划广告在时空上有序推进的策略，从而使广告策略克服种种因素的制约发挥最佳效应。广告实施策略要与市场策略、定位策略和媒介策略的使用相结合，要有将观念转变为现实行动的目标，就必须有具体的实施策略和方法。从时空角度考虑，广告实施策略主要包括广告区域策略和时机策略。

（1）广告区域策略。正确选择广告的区域，确立广告送达对象的范围，利用广告空间效果，促进商品销售，是广告区域策略的关键所在。广告区域的选择要充分考虑自然环境、国际环境、产业环境、企业环境和商品环境等因素。

（2）广告时机策略。正确把握广告的时机，是提高广告宣传效果、促进企业产品销售的重要一环。过时的广告，意味着广告费的浪费。因此，必须恰当选择广告时机。在广告进入时序选择上可分为提前进入、即时进入和之后进入。在广告时机策略选择上可分为节假日时机、季节时机、“黄金”时机和重大活动时机等。

项目实训

一、实训环境

（1）以小组分工讨论形式设计的课室；

（2）每组 3 台计算机设备。

二、实训内容

【任务 1】根据上个项目的调查报告进行分析，进一步确定广告战略与策略。填写下表。

项 目 内 容	子项目内容	
广告战略	广告战略目标	
	资源部署分配	
	广告竞争态势	
	最佳协同作用	
	广告战略设计	

续表

项目内容	子项目内容	
广告策略	广告目标市场策略	
	广告定位策略	
	广告诉求策略	
	广告媒体策略	
	广告表现策略	
	广告实施策略	

三、实训要求

（1）以团队为单位完成，共同提交收集结果。

（2）成员之间要团结互助，发挥团队协作效力。

（3）由队长组织和监控过程，老师提供咨询服务，但不参与工作。

（4）团队展示除了广告战略与策略外，还包括团队合作过程描述：

① 选择了什么样的工作方式？

② 团队成员之间的分工情况。

③ 哪些人完成了哪些调查？

④ 完成过程中的其他相关记录等。

四、实训步骤

（1）根据【任务1】进行团队讨论，制定工作计划，可参考以下工作计划表。

工作进度和时间安排表

任务	负责人	完成时间	完成情况	存在问题及解决方案

（2）把完成结果以Word文档形式或者以PPT形式保存并上交。

（3）上台进行展示及简评。

五、实训评估

（1）评价应考虑到学生在各个阶段的表现，而不仅由最后的成绩决定。

（2）教师对每组工作、方案进行点评。

（3）可通过询问学生在出现问题时是如何解决的，来评价学生。

（4）在实施过程中，教师帮助越少，得分越高。

（5）填写如下评价表。

《广告基础与实训》评价表 项目四

1. 学生自评表					
班级		学生姓名		标准分值	得分
资讯、计划与决策					
是否查询了相关资料				10	
是否了解或掌握了与任务相关的知识点				10	
实　施					
积极参与团队任务				10	
能够提出有用意见				10	
能够完成所承担的任务				10	
正确实施过程中的分工和配合				10	
检查与评估					
是否能认真描述困难、错误和修改内容				10	
对自己的工作评价				10	
是否检验了实施结果并进行总结改进				10	
能否在规定的时间内完成任务				10	
合计				100	
2. 团队评价表（由队长完成）					
小组名称					
项　目				标准分值	得分
工作完成情况				25	
工作是否相互沟通、协作完成				25	
方案是否有效				25	
知识运用是否合理				25	
合计				100	
3. 教师评价表					
项　目				标准分值	得分
团队合作精神				30	
实训过程表现				30	
成果展示				40	
合计				100	
总分	总分=学生自评得分×20%+团队评价得分×30%+教师评价得分×50%				

项目小结

小河团队通过本项目的学习，掌握了广告活动是根据自己营销需求提出的广告目的或目标，广告战略是企业从全局出发指定的广告活动的总方针和总体部署。它是企业针对市场千变万化的形势而在广告活动中采取的长期对策，是一个时期内企业广告活动的指导思想和总体构思，带有全局性的决策，是为实现总体目标或根本利益而制定的行动纲领。制定广告战略可以从市场角度、内容角度和时空角度进行考虑。

广告策略是企业在广告活动中取得更好的广告效果而运用的手段和方法，也就是说，企业要将产品或服务所具有的购买者利益，通过有效方法、手段及步骤，传达给目标市场，以达到企业销售目的。重点是解决Who（向谁说），就是界定广告诉求对象，What（说什么），就是要向目标受众传递什么信息，How（怎么说），是指怎样将产品或服务的信息传递给目标受众，When（什么时候说），主要是指广告的时间策略等问题。

练习与自测

一、思考题

1. 制定广告战略的方法有哪些，如何拟订广告战略计划？

2. 广告策划的内容是什么？主要有哪些？

二、案例分析

"动感地带"——我的地盘听我的

中国移动曾成功推出了"全球通"、"神州行"两大子品牌，成为中国移动通信领域的市场霸主。但市场的进一步饱和、联通的反击，使中国移动通信市场弥漫着价格战的狼烟，如何吸引更多的客户资源、提升客户品牌忠诚度、充分挖掘客户的价值，成为运营商成功突围的关键。中国移动通信2003年为年轻时尚人群量身定做的"动感地带"(M-Zone)客户服务品牌即获得了巨大成功。对"动感地带"策略的解析如下。

1. 精确的市场细分，圈住消费新生代

25岁以下的年轻新一代消费群体将成为未来移动通信市场最大的增值群体，因此，中国移动将以业务为导向的市场策略率先转向了以细分的客户群体为导向的品牌策略，在众多的消费群体中锁定15～25岁年龄段的学生、白领，产生新的增值市场。

锁定这一消费群体作为自己新品牌的客户，是中国移动"动感地带"成功的基础。

(1) 从目前的市场状况来看，抓住了新增主流消费群体：15～25岁年龄段的目标人群正是目前预付费用户的重要组成部分，而预付费用户已经越来越成为中国移动新增用户的主流，中国移动每月新增的预付卡用户是当月新增签约用户的10倍左右，抓住了这部分年轻客户，也就抓住了目前移动通信市场大多数的新增用户。

(2) 从长期的市场战略来看，培育了明日高端客户：以大学生和公司白领为主的年轻用户，对移动数据业务的潜在需求大，且购买力会不断增长，有效锁住此部分消费群体，三五年以后将从低端客户慢慢变成高端客户，企业便为在未来竞争中占有优势埋下了伏笔，逐步培育市场。

(3) 从移动的品牌策略来看，形成了市场的全面覆盖：全球通定位高端市场，针对商务、成功人士，提供针对性的移动办公、商务服务功能；神州行满足中低市场普通客户通话需要；"动感地带"有效锁住大学生和公司白领为主的时尚用户，推出语音与数据套餐服务，全面出击移动通信市场，牵制住了竞争对手，形成预置性威胁。

2. 独特的品牌策略，另类情感演绎品牌新境界

"动感地带"目标客户群体定位于15～25岁的年轻一族，从心理特征来讲，他们追求时尚，对新鲜事物感兴趣，好奇心强、渴望沟通，他们崇尚个性，思维活跃，他们有强烈的品牌意识，对品牌的忠诚度较低，是容易互相影响的消费群体；从对移动业务的需求来看，他们对数据业务的应用较多，这主要可以满足他们通过移动通信实现娱乐、休闲、社交的需求。

3. 整合的营销传播，以体验之旅形成市场互动

“动感地带”作为一个崭新的品牌，更是中国移动的一项长期战略，在市场细分与品牌定位后，中国移动大手笔投入了立体化的整合传播，以大型互动活动为主线，通过体验营销的心理感受，为“动感地带”营销传播推波助澜。

(1) 传播立体轰炸。选择目标群体关注的报刊、电视、网络、户外、杂志、活动等，将动感地带的品牌形象、品牌主张、资费套餐等迅速传达给目标消费群体。

(2) 活动以点代面。从新闻发布会携手小天王、小天王个人演唱会到600万名大学生“街舞”互动、结盟麦当劳、冠名赞助“第十届全球华语音乐榜中榜”评选活动，形成全国市场的互动，并为市场形成了良好的营销氛围，进行“传染”。

(3) 高空地面结合。中国移动在进行广告高空轰炸、大型活动推广传播的同时，各市场同时开展了走进校园进行的相关推广活动，建立校园联盟；在业务形式上，开通移动QQ、铃声下载、资费套餐等活动，为消费群体提供实在的服务内容，使高空地面相结合。

(4) 情感中的体验。在所有的营销传播活动中，都让目标消费群体参与进来，产生情感共鸣，特别是全国“街舞”挑战赛，在体验之中将品牌潜移默化地植入消费者的心智，起到了良好的营销效果。

“动感地带”作为中国移动长期品牌战略中的一环，抓住了市场明日的高端用户，但关键在于要用更好的网络质量去支撑，在营销推广中注意软性文章的诉求，更加突出品牌力，提供更加个性化、全方位的服务，提升消费群体的品牌忠诚度。

结合以上案例分析：

1. 你是如何评价动感地带广告的？
2. 动感地带广告策略成功的关键是什么？为什么？

项目五

广告创意与文案

知识目标

1. 掌握广告创意的含义
2. 掌握广告创意的特征与原则
3. 了解广告创意的过程
4. 掌握广告创意的方法与策略

能力目标

1. 培养学生运用广告创意思维进行广告创意的能力，激发学生的学习兴趣
2. 按照广告创意的过程，能合理、灵活地使用创意的方法和策略，进行简单的广告创意
3. 培养学生团队合作精神

校外的企业对河马广告公司（模拟）上一阶段所制定的广告战略和策略做了精彩的点评并感到非常满意。现为了更好的激励河马广告公司，校外的企业这一次继续让其为这个产品构思一个平面广告和视频广告的创意，并为这个创意撰写一份广告文案。小河团队非常高兴，感觉受到了外界企业的肯定和重用，所以团队成员暗暗下决心 ，一定要出色地完成任务。那么广告创意和广告文案该怎么做呢?

要构思出一个平面广告和视频广告的创意，小河团队首先需要了解广告创意的概念，掌握广告创意的特征与原则，再综合运用广告创意的方法与策略，才能构思出优秀的广告创意。

导入案例

动物历险记——南京“公交站牌”广告创意

初夏的南京并不炎热，正是动物四处串门的好时候，接二连三的怪事就发生了，正如你们看到的。

- **灯箱广告之一《老鼠篇》**

旁白：曾经我可以头也不回地从这个灯箱前溜过，但这次我却鬼使神差地瞄了一眼。没想到这家伙的吸引力大得可以吸走眼球，就这一眼把我的肠子都悔青了。如果上天再给我一次重来的机会，我一定把一直追我的那只猫引到这……如图 5-1 所示。

- **灯箱广告之二《毛驴篇》**

旁白：不许叫我瞎驴，不许叫我独眼驴，不许叫我海盗驴。虽然看起来有点酷，但其实我什么都不是。我就是驮着张果老路过这里时，好奇地瞄了这家伙一眼，没想到这家伙的吸引力把眼球都吸走了。现在我知道他骑驴时为什么要看唱本了，不看唱本不就看到这家伙了吗？这老家伙，太贼了。如图 5-2 所示。

- **灯箱广告三《猪篇》**

旁白：我不是八戒，是九戒。西天取经路上，什么样的大风大浪都挺过来了。谁知道修成正果后，因为看了一眼这灯箱，就晚节不保了。我就是再通天彻地，也不知道这家伙的吸引力大得能把眼球吸走啊！现在这模样让我怎么回去见高老庄的高小姐啊！从此我就多了一戒：绝对戒看大唐灵狮的灯箱。如图 5-3 所示。

图 5-1 老鼠篇

图 5-2 毛驴篇

图 5-3 猪篇

（资料来源：http://ettc.sysu.edu.cn/policy/asp_adc/adv/0200_subject/sub_01.htm）

案例分析

这几则南京公交站牌广告，其创意作品分别以老鼠、毛驴、猪作为形象主体，诉求不同的好奇，形象凸显、创意新颖。从眼球入手，用“眼球”吸引眼球，颇具创意，主题表达直接、贴切，形式生动、新颖，没有过多的深意，一看就明白，可以让过路者“停步，注目”，是近来不可多得的平面创意作品。文案用拟人的手法，像《伊索寓言》一样产生令人愉悦而深刻记忆的效果。真正的好创意，就是如此简洁，拍案叫绝，豁然开朗。

想一想

1. 广告创意和广告效果有什么关系？南京“公交站牌”广告创意给我们最大的启示是什么？

2. 怎样才能构思出好的广告创意？

任务一　认识广告创意

一、广告创意

创意，英文叫 Creation，意思是创新、创造、创作、创造物等。创意，作为广告活动的专业词汇，可以理解为如同小说、绘画、剧本一样的构思过程。美国广告专家大卫·奥格威说：“要吸引消费者的注意力，同时让他们来买你的产品，非要有很好的点子不可，除非你的广告有很好的点子，不然它就像快被黑夜吞噬的一只小船。”奥格威所说的点子，就是创意的意思。

创意即通过构思来创造广告作品的艺术形象。创意是广告人对广告的创作对象，进行想象、加工、组合和创造的过程，它使商品潜在的现实美（如它的性能、品格、包装与服务等）升华为消费者都能感受到的艺术美（如它的形象、美感、高贵与愉悦的精神体验等），是一种创造性的劳动。

由此可以看出，广告创意包含两层含义；一是创造性思维；二是巧妙的构思。前者指创意的思维过程，后者指创意的思维结果。创意是广告人的聪明才智的表现，只有有创意的广告才是有灵气的广告。它受人瞩目、令人回味，打破了心理定势，增加了吸引力，为广告增光添彩。创意是广告的生命，是广告的灵魂。

知识链接

如何判定一个好的创意

第一，是否与产品相关？它是否与产品有一定的联系？

第二，是否从未有人将这个创意应用于这个类别的产品？

第三，是否不落俗套，而且有娱乐性？广告的信息是否感动你？是否动人？是否有冲击力？是否能够吸引某些人的注意力？

第四，是否引人思考？这点很关键。人们是否能参与到广告中？是否启动了他们头脑中的小马达，使他们真正介入对未来的憧憬中？是否有激发性和劝服力？

第五，你是否喜欢？如果你喜欢这则广告，受众也就很可能喜欢这则广告。

二、广告创意的特征

优秀的广告创意应该是一个伟大的构想。所谓“伟大的构想”，按照美国广告学家丹·E·舒尔茨的解释，即把人带进现实，了解市场，并使目标市场产生移情作用，完全正确地使广告跳出册页或者离开电视屏幕而进入读者或观众的生活中。据此，广告创意必须具备如下特征。

1．广告创意要以广告主题为核心

广告主题是广告定位的重要构成部分，即“广告什么”。广告主题是广告策划活动的中心，是在广告目标和广告定位的基础上确立的，它是达到广告目标的最基本要素。广告创意必须以广告主题为核心，紧扣广告主题，要始终考虑到广告创意将引起什么效果，能达到什么目的，是否与广告目标相吻合。每一阶段的广告工作都紧密围绕广告主题而展开，不能随意偏离或转移广告主题，不要什么都想说，那样会冲淡广告的创意。广告的创意要围绕一个主题进行构思，不要介入其他的概念，以免造成干扰。主题应单纯清晰、鲜明、突出，容易给人留下深刻印象。

脱离广告目标和广告主题，盲目追求新奇怪异、花哨噱头是广告创意的一个误区。从广告对象出发，最终又回到广告对象上来，促成广告目标的实现是广告创意的根本任务。走入误区的广告创意不仅会浪费大量的人力、物力、财力，有时还会损害受众的利益，甚至给社会和公众带来不同程度的伤害。

2．广告创意要以广告目标对象为基准

广告目标对象是指广告诉求对象，是广告活动所有的目标公众，这是广告定位中“向谁广告”的问题。广告创意除了以广告主题为核心之外，还必须以广告对象为基准。“射箭瞄靶子”、“弹琴看听众”。广告创意要针对广告对象，要以广告对象进行广告主题表现和策略准备，否则就难以收到良好的广告效果。如图 5-4 所示的可口可乐广告、图 5-5 所示的动感地带广告，它们的广告诉求对象都是青年人，所以在进行广告创意时，都采用了青年人喜欢的偶像人物作为代言人。

图 5-4　可口可乐广告

图 5-5　动感地带广告

3．广告创意要以新颖独特为生命

广告创意的新颖独特是指广告创意不要模仿其他广告创意，人云亦云、步人后尘会给人雷同与平庸之感。唯有在创意上新颖独特，才会在众多的广告创意中一枝独秀，从而产生感召力和影响力。

4．广告创意要以情趣生动为手段

俗话说“天老情难老”，情感是人类永远不老的话题，以情感为诉求来进行广告创意，是当今广告创意的一个主要趋向。因为在高度成熟的社会里，消费者的消费意识日益成熟，他们追求的是一种与自己内心深处的情绪和情感相一致的“感性消费”，而不仅仅注重于广告商品的性能和特点，因此，若能在广告创意中注入浓浓的情感因素便可以打动人、感动人，从而影响人，在他们强烈的感情共鸣中，宣传广告内容，达到非同一般的广告效果。许多成功的广告创意，都是在消费者的情感方面大做文章，从而脱颖而出的。

案例 5-1

情感引爆市场——“养生堂天然 VE《呵护篇》”创意思考

1. 奠定扎实的市场基础

养生堂天然维生素 E 是养生堂保健品体系下的一个隐形冠军，作为单一品牌保健品，2006 年的销售就已超过 2 亿元，2007 年更是达到 3 亿元。

从品牌发展之初，养生堂就设定了扎实的品牌基础，然后再思考品牌传播这一思路。

最开始的宣传是针对目标对象的杂志软性广告，结合消费者需求，多角度地讲述 VE 的功能和天然 VE 的优点。几乎涵盖所有女性相关杂志的大范围软文投放，用近两年的持续性，同时配合坚实的终端及区域推广，养生堂天然 VE 在同品类产品中站稳了脚跟，取得了领先地位。

2. 扩大品牌领先优势

2007 年，公司提出的目标就是扩大领先优势，成为领导品牌和品类代言。两年的积累，终于让养生堂天然 VE 从功能宣传走到品牌形象宣传这一步。培育了两年的维生素 E 或者说天然 VE 的市场，终于到了可以引爆的时候。

在消费者已经接受和理解 VE 的功能和天然 VE 的特点之后，接下来该做什么？怎样才能完美地引爆这个花费了两年心血培育起来的市场。

当然不再是重复之前的功能描述，也不再是一般意义的三段式广告，而是在产品功能已经清晰的基础上，制造与消费者的情感沟通，在消费者心中建立起与她们有共鸣的品牌形象。

3. 触动女人心中的柔软

VE 的目标消费者为 25 岁以上的女性，重度人群定义为 35 ~ 45 岁的女性。什么是开启这些成熟女性心灵的金钥匙呢？

在所有女性节目或者女性杂志上，最重头、最受欢迎的内容都是情感故事或对于情感问题的讨论。情感，对于任何人来说都是可以引起共鸣，拉近距离的话题，对于既感性又细腻的成熟女人来说，更是她们心中最柔软的所在。

在锁定了以情感为钥匙开启消费者心灵之后，选择什么样的情感来打动她们，使传播和沟通更有力度呢？

成熟女性大多已经进入了婚姻生活，或者已经有了稳定的爱情基础。她们对于感情的追求，早已不再是年轻时的青涩和刺激，而是一种平和的、温暖的、家庭式的美好。对于伴侣，她们也有着一种期许，倒不是求他给自己带来多奢华的生活，要的只是永远陪着自己到老的那一份不离不弃。不求惊天动地，只求长长久久、安安稳稳，这样的感情，对于她们来说，才是最大的幸福。

广告的基调就由此定下来了：温暖的、平和的，并充满了女性情怀的细腻感。

“看到他们恩爱的样子，我在想，他们年轻时是否和我们一样！”

片子里一位美丽雅致的女性望向远处互相扶持而行的年迈夫妇，发出了感慨。恩爱的年迈夫妇，不就是女人所期望的自己和爱人的未来吗？他们的昨天就是我们的今天，而他们的今天，就是我们的明天。

“我在左，给你天使的浪漫；你在右，许我温暖的未来。”当画外音响起，画面闪过夫妇紧紧相扣的十指，整支广告最动人的地方就出现了。比起那些风花雪月，“执子之手，与子偕老”，这才是成熟女人们心中最浪漫的故事。也正契合了养生堂天然 VE 持续两年多的广告语：美丽自己，爱施家人。

4. 引爆情感上的共鸣

养生堂天然维生素 E 的这支形象广告成功了。养生堂天然维生素 E 不仅从产品功能上关怀与呵护女性，更从情感上与女性产生共鸣，加深了养生堂天然维生素 E 与消费者之间的联系，在消费者心目中确立了充满家人情感关怀的温暖形象。

养生堂天然维生素 E 形象广告的成功，有赖于一直坚持的了解目标消费者，从消费者的角度寻找沟通。只有真正理解了消费者，才能打动他们，从而进一步培养出忠实的消费人群。

5. 养生堂天然维生素 E《呵护篇》截图（见图 5-6）

“看到他们恩爱的样子，我在想，他们年轻时是否和我们一样！”一位美丽雅致的女性望向远处互相扶持而行的年迈夫妇，发出了感慨。“我在左，给你天使的浪漫；你在右，许我温暖的未来。”当画外音响起，画面闪过夫妇紧紧相扣的十指，是整支广告最动人的地方。

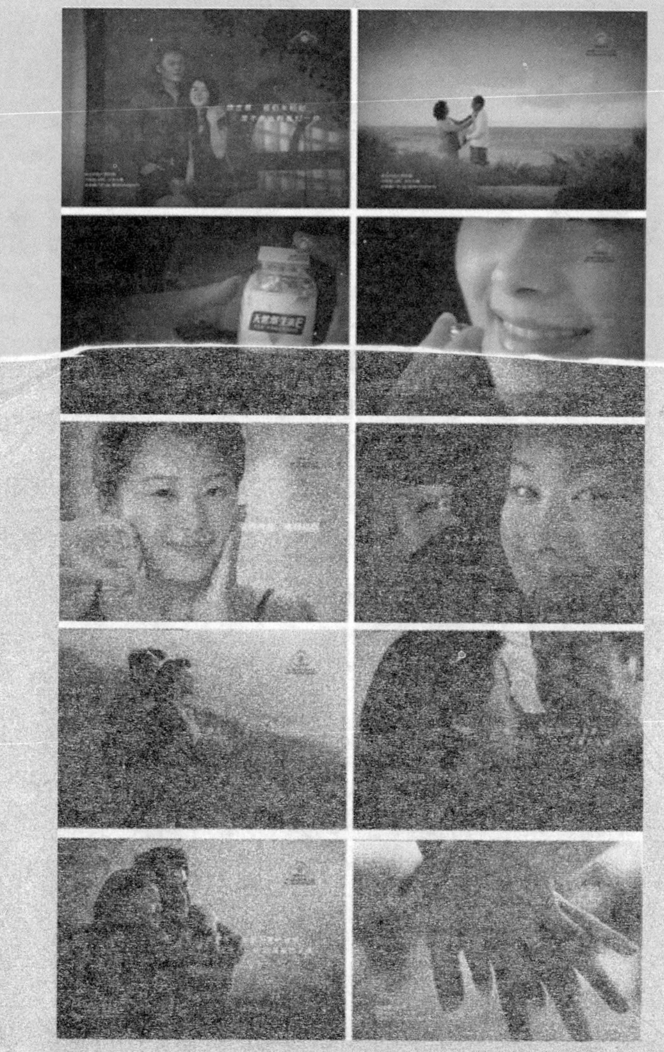

图 5-6　养生堂广告截图

图5-6 养生堂广告截图（续）

（资料来源：http://www.adcase.org/html/case/chuangyilei/2010/0108/3550.html）

课堂随笔

分析提示

平和、温暖的创意思路虽不惊天地，但收效却是有目共睹的。情感诉求是众多广告所要表现的，但要把情感发挥得淋漓尽致，让消费者产生共鸣实属不易！在众多保健品广告中，创意的潮水从没有停息过，然而能触动人心的却寥寥无几。在纷繁中返璞归真，从消费者的角度出发，对消费群体进行细分，有针对性地触动人心，进行情感的沟通，无疑是这则广告成功的秘诀！

5．广告创意要以形象化为表现

广告创意要基于事实，集中凝练出主题思想与广告语，并且从表象、意念和联想中获取创造的素材，形象化的妙语、诗歌、音乐和富有感染力的图画、摄影、融会贯通，构成一幅完善的广告作品。例如，雀巢咖啡的广告，如图 5-7 所示，一条金鱼隔着鱼缸闻到了雀巢咖啡的美味香气，再配上文字“别拦着我”。一眼看去，很容易联想到雀巢咖啡的美味。拟人化的表现手法显得很温馨、很形象，符合产品本身的特点。

6．广告创意是原创性、相关性和震撼性的综合体

所谓原创性是指创意的不可替代性，它是旧有元素的新组合。相关性是指广告产品与广告创意的内在联系，是既在意料之外，又在情理之中的会意。如戛纳国际广告节上曾获得广告大奖的由日本电扬（Dentsu Youg & Rubicam）创作的“VOLVO 安全别针”（见图 5-8），每个人看到后都会过目不忘。正如美国评委 Gary Goldsmith 所言：“它是一幅仅有一句文案（一辆你可以依赖的车）的广告——纯粹是视觉化创意。我认为我们所看到的一些最好的东西，都是传递信息很快，并且很到位，它无须费神去思考或阅读。”因此，广告创意必须巧妙地把原创性、相关性和震撼性融为一体，才能成为具有深刻感染力的广告作品。

广告创意的上述六大特征，一般是并存的。对具体的某一广告创意过程来说，可能某些特征比较明显突出而另一些特征则比较隐蔽，但从广告创意的普遍规律性意义上来说，它们是相互联系、有机结合的，不能把它们分割开来。

图 5-7　雀巢咖啡广告　　　　图 5-8　VOLVO 安全别针

三、广告创意的原则

所谓“原则”是指从无数事实和经验中总结并提炼出来的一种明确的、具有普遍指导意义的、可以长存和共享的客观知识。

对于创意，讲原则似乎有违背创意的创造性、独特性、突发性、跳跃性、变通性等特点。艺术派广告大师们认为，广告是一种艺术，而艺术是否定原则的。因此，广告创意也是没有方程式的，它无须任何原则性的清规戒律，可以海阔天空，任意抒发。而事实并非如此，广告创意虽然属于一种艺术创作，具有艺术创作的一切属性，但是广告创意却不能像纯艺术那样天马行空、无拘无束。因为广告是一种功利性、实用性很强的经济行为，其最终目的是吸引人们对产品或产业的注意，促进销售，树立形象；而不仅仅是供人观赏、消遣或者收藏。无论多么精妙的创意，如果它不能达成功利目的，就一文不值，就是一个失败的创意。在广告活动中，创意永远只是一种手段，只是把消费者引向企业或产品的桥梁。正因为如此，广告创意必须接受一些“清规戒律”的约束和制约，有人把它比喻成“戴着枷锁跳舞”。广告创意原则深刻地影响着广告人的创意思路和具体实践，在不自由中寻找更高境界的自由，也许这正是广告创意的最迷人之处。

广告创意原则的积累和提炼，是人类广告活动进步的体现，也是广告实践的客观要求。在进行广告创意时，必须遵循的基本原则主要有以下几方面。

1. 目标导向原则

广告创意必须与广告目标和营销目标相吻合。广告大师大卫·奥格威说：“我们的目标是销售，否则便不是广告。”这一口号应成为广告创意的圭臬。如果广告创意背离了目标原则，不管它多么美妙绝伦、前所未有，都是一个莫明其妙、不知所云的失败广告。例如，某家空调电视广告的画面上，巩俐面对着某空调，然后回头一笑，并没有把成千上万的人导入“消费一族”，而是使人们对巩俐的笑难以忘怀。此广告的败笔在于：它将广告创意和营销目标本末倒置，它只让消费者停留在广告的本身，却忽视了广告中的商品。

广告创意的目标原则告诉我们，任何创意都必须首先考虑我的广告创意要达到什么目的，起到什么样的效果。唯有创意和营销目标有机融合在一起才是一则成功的广告。

2. 吸引注意原则

日本广告心理学家川胜久认为：“要捉住大众的眼睛和耳朵，是广告的第一步作用。”意思是说，广告创意要千方百计地吸引消费者的注意力，使其关注广告内容。只有这样才能在消费者心中留下印象，才能发挥广告的作用。因此，用各种可能的手段去吸引尽可能多的消费者的注意，是广告创意的一个重要原则。

案例 5-2

白加黑感冒片电视广告

白加黑感冒片电视广告中用了一种新颖的手法，五彩缤纷的电视画面突然消失了，屏幕上一半黑一半白，而且信号极不稳定，此画面一下子引起人们的注意："怎么了，电视出毛病了？"正当你着急的时候，突然看到屏幕上出现一行字"感冒了，怎么办？你可选择白加黑的方法"。紧张的神经这才松弛下来，而下面的广告信息已经乘机钻进你的脑际：白天吃白片，不打瞌；晚上吃黑片，睡得香。

分析提示

这则电视广告不但引人注意，而且给人印象深刻，其成功之处正在于出人意料，打破现状，使人感到惊奇。

课堂随笔

3. 简洁明了原则

简洁原则又称"KISS 原则"。KISS 是英文"Keep It Simple Stupid"的缩写，意思是"使之简单笨拙"。也就是说，广告创意必须简单明了、纯真质朴、切中主题、才能使人过目不忘，印象深刻。

广告大师伯思巴克认为："在创意的表现上光是求新求变、与众不同并不够。杰出的广告既不是夸大，也不是虚饰，而是要竭尽你的智慧使广告信息单纯化、清晰化、戏剧化，使它在消费者脑海里留下难以磨灭的记忆。"如果过于追求创意表现的情节化，必然使广告信息模糊不清，令人不知所云。

案例 5-3

中国银行借记卡

中国银行借记卡有许多功能：24 小时理财，通存通兑购物消费，银证转账，代收代付，取现转账，网上交易，外汇买卖，电话银行实时挂失保障等超强功能。广告如何将这些功能信息提纯为一个简洁的创意表现呢？画面上是一只钱包，有许多插袋，但这些插袋都是空的，只有一个插袋里插着一张中国银行借记卡，"功能之多，一张足矣"。

功能之多 一卡足矣

分析提示

简洁、明晰、单纯，不要把简单的问题复杂化，是广告创意的原则之一。本则广告高度简洁，以"一"概之，很好地说明了中国银行借记卡多功能带来的便利。

课堂随笔

4. 切实可行原则

切实可行是广告创意的现实要求，不切合实际、不可行的广告创意是毫无意义的。广告创意的切实可行体现在：首先，其必须符合广告预算的要求，因为广告预算在整个广告动作中具有前瞻性的规定意义；其次，广告创意规划的行动方案必须具有可操作性，脱离市场环境与企业实际的所谓理论方案会使广告创意大打折扣，甚至成为空谈；再次，广告创意必须与企业的总体营销体系相协调，服从于企业营销组合的配套要求。实践证明，光有好的广告创意，没有其他活动的协调配合，很难取得预期效果。我国前些年在中央电视台的“标王现象”应该说在当时是一个比较好的广告创意，但因缺乏其他活动的有力支持，而成为导致企业经营失败的典型案例。

5. 遵规守法的原则

合规原则是指广告创意必须符合广告法规和广告的社会责任。随着广告事业的蓬勃发展，广告的商业目标和社会伦理的冲突时有发生，广告主与竞争对手的火药味也越来越浓，广告对消费者，尤其是青少年的负面影响越来越大。因此，广告创意的内容必须要受广告法规和社会伦理道德以及各国家和地区风俗习惯的约束，以保证广告文化的正面影响。例如，不能做香烟广告，不能做比较广告，不能做以“性”为诉求点的广告，不能做违反风俗习惯、宗教信仰和价值观念的广告等。

任务二　广告创意的过程

案例 5-4

阿基米德与皇冠——一个创意产生的故事

当海罗在锡拉丘兹称王之后，为了显示自己的丰功伟绩，决定在一座圣庙里放上一顶金冠，奉献给不朽的神灵。于是这位国王就拿一些黄金叫一个珠宝匠为他做这一顶皇冠。过了不久，珠宝匠便把做好的皇冠交给了国王。国王称了一下皇冠的重量，虽然与他拿给珠宝匠的黄金的重量一样，但国王还是怀疑珠宝匠在皇冠中掺进白银，盗取同样重量的黄金。国王想，怎样才能确定珠宝匠有没有在皇冠中掺白银呢？他把这件事交给了阿基米德。

阿基米德接受了任务，他立刻想到，解决这个问题的关键就是测量出皇冠的体积。虽然皇冠的重量与国王给的黄金是一样的，但是，如果能够测量出皇冠的体积与黄金的体积的差异，事情就会真相大白。具体来说，如果皇冠的体积与黄金的体积是一样的，那么珠宝匠就没有掺假。如果皇冠的体积比黄金的体积要大，那就必然掺进了白银了，因为白银的密度比黄金的密度要小，同样重量的白银一定会比黄金的体积大。

然而，像皇冠这样形状不规则的物体，如何才能测出它的体积呢？阿基米德本来想把皇冠融化掉，再与同重量的纯金比一下体积，这样就很快知道皇冠是不是纯金的了，但是，这样会把皇冠给毁掉，如果用这种方法去验证皇冠是否纯金，那么世界上就再也没有这个纯金皇冠了。百思不得其解，弄得他心烦意乱。于是他准备去洗个澡放松一下。下浴缸之前，皇冠的事情又浮现于脑际：皇冠，这个不规则的、

奇形怪状的东西，叫我如何测量其体积？

我现在要下水了，这是满满的一缸水。我现在把一只脚放下水，浴缸的水开始往外溢出。我现在已经下水了，浴缸里的水往外溢出得更多。我现在泡在水里，在我没有下水之前是满满的一缸水，在我下水之时浴缸里的水慢慢往外溢出不少，怎么现在还是满满的一缸水呢？为什么？因为我？是的，因为我。因为我身体替代了那部分溢出的水。这就是说，刚才被我挤出去的那部分水的体积和我身体的体积一定相等。我的身体是个不规则物体，是没有办法来直接测量体积的，但被我挤出去的那部分水的体积是可以测量的！若把那部分溢出去的水的体积测量出来，我身体的体积不就被测量出来了吗？

假如我是皇冠，皇冠是我。我泡在水里，就是皇冠泡在水里。如果把皇冠浸在水中，如何？那被排出的水的体积就一定是皇冠的体积了。

“尤里卡！尤里卡！”可找到解决问题的办法了！他一下就从浴缸里跳出来，连衣服也顾不上穿，光着身子欣喜若狂地跑回家去：“尤里卡！尤里卡！我找到了！我找到了！”

（资料来源：http://ettc.sysu.edu.cn/policy/asp_adc/adv/0200_subject/sub_01_htm）

分析提示

任何一则优秀的广告都有一个好的创意，伟大的广告更是伟大的创意。尤其是那些闪烁着才华和灵气的经典作品，其广告创意都是经过创作者深思熟虑运用创造性思维进行构思而形成的。正如广告大师詹姆斯·韦伯·扬所言，“创意不仅是靠灵感而发生的，纵使有了灵感，也是由于思考而获得的结果”。

课堂随笔

想一想　创意是怎么产生的？它的产生过程一般包括哪些步骤呢？

美国广告大师詹姆斯·韦伯·扬在他所著的《产生创意的方法》中提出了下面两项重要原则：第一，创意完全是把原来的许多旧的要素做新的组合；第二，涉及把旧的要素予以新的组合之能力，此能力大部分在于对（事物间）相互关系的了解。在心理上养成寻求各事物之间关系的习惯，是产生创意中最为重要之事。

具体来说，产生创意的整个过程可以大致划分为前后相互关联的五个阶段：① 收集原始资料；② 用心审查资料；③ 深思熟虑；④ 实际产生创意；⑤ 实际应用。

一、收集原始资料

机会是留给有准备的人的，广告创意也一样。要产生出好的广告创意，首先就必须做好充分的准备。这个准备就是广告创意的第一步，那就是收集原始资料。

收集原始资料包括两个方面的内容：一方面是你眼前问题所需的特定知识资料，如表 5-1 所示；另一方面是在平时连续不断累积储存的一般知识资料。

特定资料是指那些与产品有关的资料，以及那些计划销售对象的资料。我们都在不停地诉说要拥有对产品以及消费者深入的知识的重要性，而事实上，大家却很少努力做此事。

然而，在每种产品和某些消费者之间，都有其相关联的特性，这种相关联的特性就可能产生创意。

表 5-1 收集资料内容一览表

资料类型	资料内容
产品资料	公司概况，产品情况（规格、质量、包装等）
竞争对手资料	市场占有率、财务状况、产能利用率、创新能力、领导人的管理能力等
市场资料	市场竞争状况分析、市场特点、消费状况、产品零售价格调查等
消费者资料	年龄、性别、民族、生活习惯、区域、国家、家庭收入、消费心理、消费行为、消费特征分析等

二、用心审查资料

广告创意的第二步，用你的心去仔细检查这些资料。

这是一个内心消化的过程。对这些资料要细细加以咀嚼，正如要对食物加以消化一样。现在要寻求的是事物间的相互关系，以使每件事物都能像拼图玩具那样，汇聚综合后成为完美的组合（产品分析的内容，如表 5-2 所示）。创作人员在这一阶段给人的印象是“心不在焉，神不守舍”。此时，会有两件事发生：

（1）你会得到少量不确定的或部分不完整的创意。不管它如何的荒诞不经或支离破碎，把这些都写在纸上。这些都是真正的创意即将到来的前兆。

（2）渐渐地，对这些拼图感到非常厌倦。不久之后，你似乎要达到一个绝望的阶段，在你的心里，每件事物都是一片混乱。

表 5-2 产品分析内容一览表

产品概念	产品信息
产品特性	广告产品与同类产品的属性
	产品本身的设计思维以及产品性能、特性
	与竞争对手的产品相比在性能上和特征上的优劣
	明确产品的生命周期
	向消费者阐明并列出产品性能、特性所能产生的效用
和同类商品相比较	产品的特色是什么
	和竞争者产品的差异是什么
	和竞争产品的相同特点是什么
	若和其他产品相比没有竞争力，怎样去发现卖点

三、深思熟虑

广告创意的第三步是深思熟虑的阶段，让许许多多重要的事物在有意识的心理之外去做综合的工作。

这一阶段，你要完全顺乎自然，不做任何努力。把你的题目全部放开，尽量不要去想这个问题。有一件事你可以去做，那就是去干点别的，如听音乐、看电影、阅读诗歌或侦探小说等。在第一阶段，你收集食粮。在第二阶段，你要把它嚼烂。现在是到了消化阶段，你要顺其自然——让胃液刺激其流动。

四、实际产生创意

广告创意的第四步就是实际产生创意。如果在前三个阶段当中，你的确尽到了责任。那么你将会进入第四阶段：突然间会出现创意！或由于某种偶然因素的激发，或根本没有任何充足的理由。也许它来的不是时候，这时你正在刮胡子，或是正在洗澡，或者最常出现于清晨的半醒半睡之间，或在夜半时分把你从梦中唤醒。这便是创意到来的情形，在你竭尽全力之后，休息与放松之时，它突然跃入了你的脑海。

五、实际应用

广告创意的第五步是最后形成并发展此创意，使之能够应用于实际。这是创意的最后阶段，真可谓黑暗过后的曙光。在此阶段，你一定要把你可爱的"新生儿"拿到现实世界中，让它能够适合实际情况，让它去发挥作用。

你还可能惊异地发现，好的创意似乎具有自我扩大的本质。它会刺激那些看过它的人们对其加以增补，大有把你以前所忽视而又有价值的部分发掘出来并加以放大的可能性。

这就是詹姆斯·韦伯·扬的"广告创意过程论"。在这里我们似乎感觉到，韦伯·扬所描绘的广告创意过程和科学史上许许多多发明创造的产生过程非常相似。事实上，作为一种创造性的思维活动，广告创意与科学发明创造之间有许多共通之处。

任务三　广告创意的方法与策略

一、广告创意的方法

创意过程是一连串的重组，改变基于已重新排序的旧有的事物，从一个崭新的角度，跳脱理智、逻辑、直线的思考，重新组合，在同中求异，在异中求同。即旧元素，新组合。人的脑力一旦发展，就不会退回到原来的格局。

把一张 A4 纸平均剪成 4 份，取其中的一份剪成一个封闭的环，这个封闭环必须要从你的头通过全身，试试有几种剪法？

1. 直接展示法

直接展示法是一种最常见的运用十分广泛的表现手法。它是将某产品或服务的主题直接展示在广告的版面上。通过充分运用摄影或绘画等技巧的写实表现力，细致刻画、着力渲染产品精美的质感、形态和功能或服务的舒适感，将产品精美的质地引人入胜地呈现出来，给人以逼真的现实感，使观众对所宣传的产品或服务产生一种亲切感和信任感。如图 5-9 所示的肯德基汉堡包广告。

这种手法由于直接将产品或服务推向观众，所以要十分注意产品的组合和展示角度，

应着重突出产品或服务的品牌和产品本身最容易打动人心的地方，运用背景和色光进行烘托，将产品或服务置身于一个具有感染力的空间，这样才能增强广告画面的视觉冲击力。

图 5-9 肯德基汉堡包广告

2. 突出特征法

所谓突出特征法就是运用各种方式抓住与强调产品或服务的主题与众不同的特征，并把它表现出来，将这些特征置于广告画面的主要视觉部位或加以烘托处理，使观众在接触广告画面的瞬间就能够很快注意和产生视觉兴趣，达到刺激购买欲的促销目的。在广告表现中，这些应着力加以突出和表现的特征，一般由富于个性的产品或服务的形象、与众不同的特殊能力、厂商的企业标志以及产品或服务的商标等因素来决定。突出特征的手法也是常见的运用得非常普遍的表现手法，是突出广告主题的重要方法。如图 5-10 所示的世界上报道最快的报纸广告，如图 5-11 所示的香甜而柔软的 Harrys 面包广告。

图 5-10 报纸广告

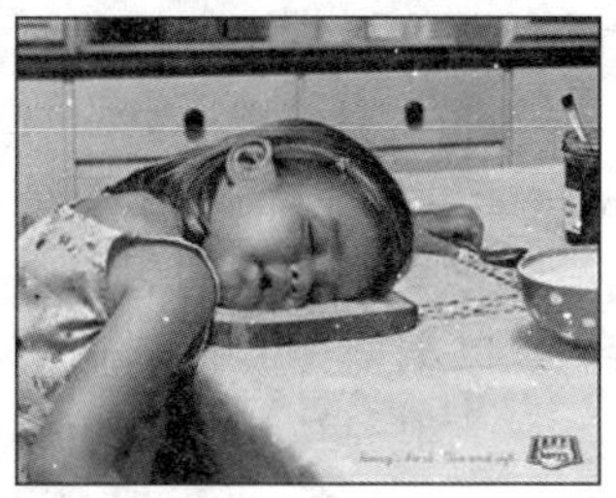

图 5-11 面包广告

3. 对比衬托法

对比衬托法是把所描绘的事物的性质和特点放在鲜明的对照和直接对比中来表现，借彼现此，相互映衬，从对比中显示差别，达到集中、简约、曲折变化的表现手法。通过这种手法更鲜明地强调或提示产品的性能和特点，给消费者以深刻的感受。作为一种常用的行之有效的手法，可以说，一切艺术都受惠于对比手法。对比手法的运用，不仅使广告主题加强了表现力度，而且饱含情趣，扩大了广告作品的感染力。对比手法运用得成功，能够使貌似平凡的画面处处隐含着丰富的意味，展示广告主题表现的不同层次和深度。如图 5-12 所示的牙膏广告，“使用前，黄牙——囧！使用后，白牙——好 happy！”

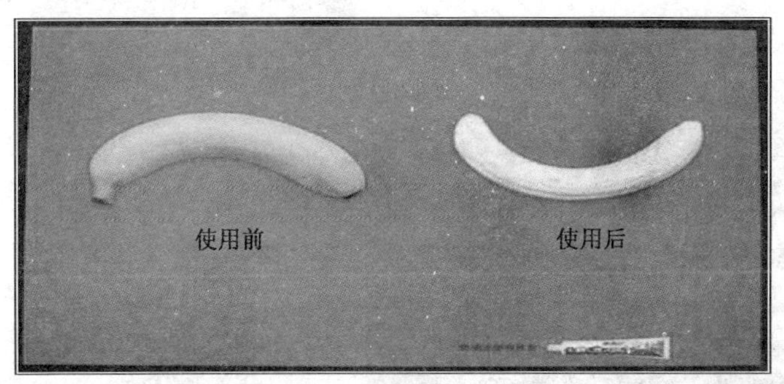

图 5-12 牙膏广告

（扫二维码，观看彩色原图）

4. 合理夸张法

合理夸张法是对广告作品中的宣传对象的品质或特性的某个方面进行合理的夸大，以加深或扩大观众对这些特征的认识。通过这种手法能够更鲜明地强调或揭示事物的实质，加强作品的艺术效果。夸张是一种在平凡中求新奇的变化，通过虚构把对象的形态和个性美的方面进行夸大，从而使观众产生一种新奇与变化的情趣。按其表现的特征，夸张可以分为形态夸张和神情夸张两种类型，前者为表象性的处理，后者则为含蓄性的情态处理。通过夸张手法的运用，为广告注入了浓郁的感情色彩，使产品的特征鲜明、突出、动人。如图 5-13 所示的刀具广告，其夸张地体现出刀具的锋利，连砧板都切断了。

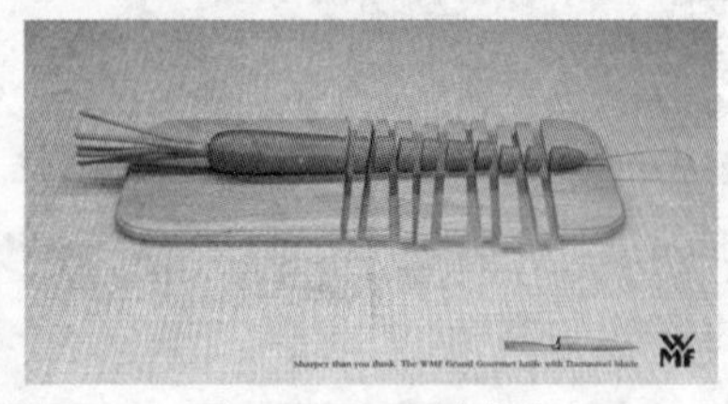

图 5-13　刀具广告

5. 以小见大法

所谓以小见大法就是在广告设计中对立体形象进行强调、取舍、浓缩，以独到的想象抓住一点或一个局部加以集中描写或延伸放大，从而更充分地表达主题思想。这种艺术处理以一点观全面，以小见大，从不全到全的表现手法，给设计者带来了很大的灵活性和无限的表现力，同时为受众提供了广阔的想象空间，从而获得生动的情趣和丰富的联想。以小见大中的“小”，是广告画面描写的焦点和视觉兴趣中心，它既是广告创意的浓缩，也是设计者匠心独具的安排，因而它已经不是一般意义上的“小”，而是小中寓大，以小胜大的高度提炼的产物。如图 5-14 所示的 Roll-Royce 汽车广告：当年大卫·奥格威为 Roll-Royce 汽车所做的广告标题是这样写的：“这部新型的 Roll-Royce 汽车以每小时 60 英里的速度行驶时，最大声响来自它的电子钟”。

图 5-14　Roll-Royce 汽车

6. 运用联想法

在审美的过程中通过丰富的联想，能突破时空的界限，扩大艺术形象的容量，加深画面的意境。

通过联想，人们在审美对象上看到自己或与自己有关的经验，美感往往显得特别强烈，从而使审美对象与审美者融合为一体，在产生联想过程中引发了美感共鸣，其感情的强度总是激烈的、丰富的。如图 5-15 耐克 ACG 大赛广告所示。

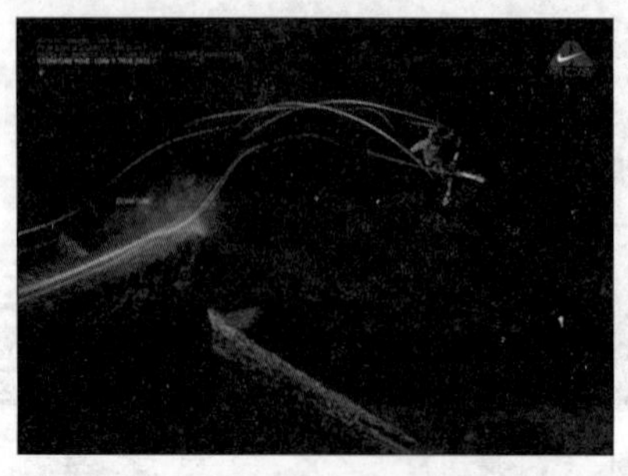

图 5-15　耐克 ACG 大赛广告　　（扫二维码，观看彩色原图）

7. 富于幽默法

幽默法是指广告作品中巧妙地再现喜剧性特征，抓住生活现象中局部性的东西，通过人们的性格、外貌和举止的某些可笑的特征表现出来。如图 5-16 所示的护发素广告，其广告标题是：“护发素——秀发如此柔顺，刺猬也爱‘披头士’！”

图 5–16　护发素广告　　（扫二维码，观看彩色原图）

幽默的表现手法，往往运用饶有风趣的情节、巧妙的安排，把某种需要肯定的事物，无限延伸到漫画的程度，造成一种充满情趣，引人发笑而又耐人寻味的幽默意境。幽默的矛盾冲突可以达到出乎意料之外又在情理之中的艺术效果，引发观赏者会心的微笑，以别具一格的方式，发挥艺术感染力的作用。

8. 借用比喻法

比喻法是指在设计过程中选择两个在本质上各不相同，而在某些方面又有些相似性的事物，“以此物喻彼物”，比喻的事物与主题没有直接的关系，但是某一点上与主题的某些特征有相似之处，因而可以借题发挥，进行延伸转化，获得“婉转曲达”的艺术效果。

与其他表现手法相比，比喻手法比较含蓄隐伏，有时难以一目了然，但一旦领会其意，便能给人以意味无尽的感受。例如，联想集团的广告“人类失去联想，世界将会怎样？”

9. 以情托物法

艺术的感染力最有直接作用的是感情因素，审美就是主体与美的对象不断交流感情产生共鸣的过程。艺术有传达感情的特征，“感人心者，莫先于情”这句话已表明了感情因素在艺术创造中的作用，在表现手法上侧重选择具有感情倾向的内容，以美好的感情来烘托主题，真实而生动地反映这种审美感情就能获得以情动人，发挥艺术感染人的力量，这是现代广告设计的文学侧重和美的意境与情趣的追求。如图 5-17 所示为思念食品广告。

图 5–17　思念食品广告　　（扫二维码，观看彩色原图）

10. 悬疑安排法

所谓悬疑安排法就是在表现手法上故弄玄虚、布下疑阵，使人对广告画面乍看不解其义，造成一种猜疑和紧张的心理状态，在消费者的心理掀起层层波澜，驱动消费者的好奇心和强烈举动，产生积极的思维联想，引发消费者进一步探明广告内容的强烈欲望。然后通过广告标题或正文把广告的主题点明出来，使悬念得以解除，给人留下难忘的心理感受。如图 5-18 所示的惠普打印机广告，其广告语为：“惠普令您的旧打印机物尽其用”。

图 5-18　惠普打印机广告

悬念手法具有相当高的艺术价值，关键是它能够加深矛盾冲突，吸引消费者的兴趣和注意力，留下深刻的印象，产生引人入胜的艺术效果。

11．选择偶像法

在现实生活中，人们心里都有自己崇拜、仰慕或效仿的对象，而且有一种想尽可能地向他靠近的心理欲求，从而获得心理上的满足。这种手法正是针对人们的这种心理特点运用的，它抓住人们对名人偶像仰慕的心理，选择观众心目中崇拜的偶像，配合产品信息传达给观众。由于名人偶像有很强的心理感召力，故借助名人偶像的陪衬，可以大大提高产品的印象程度与销售地位，树立名牌的可信度，产生不可言喻的说服力，诱发消费者对广告中名人偶像所赞誉的产品的注意激发起购买欲望。偶像的选择可以是柔美风流的超级女明星，或是气度不凡、举世闻名的男明星；也可以是驰名世界体坛的男女高手，其他还可以选择政界要人、社会名流、艺术大师、战场英雄、俊男美女等。偶像的选择要与广告的产品在品格上相吻合，不然会给人牵强附会之感，使人在心理上予以拒绝，这样就不能达到预期的目的。如图 5-19 所示的锐步体育用品广告，其广告标题是：“锐步体育用品，做我自己。”

12．谐趣模仿法

这是一种创意的引喻手法，别有意味地采用以新换旧的借名方式，将一般大众所熟悉的名画等艺术品和社会名流等作为谐趣的图像，经过巧妙地整合，使名画或名人产生谐趣感，给消费者一种崭新奇特的视觉印象和轻松愉快的趣味性，以其异常、神秘感提高广告的诉求效果，增加产品身价和注目度。如图 5-20 所示的洗涤用品广告，其广告语为：“不要让污渍毁了你的一天”。

图 5-19　体育用品广告

图 5-20　洗涤用品广告

这种表现手法将广告的说服力，寓于一种近乎漫画化的诙谐情趣中，使人赞叹，令人

发笑，让人过目不忘，并留下饶有奇趣的回味。

13．神奇迷幻法

运用畸形的夸张，以无限丰富的想象构织出神话或童话般的画面，在一种奇幻的情景中再现现实，造成与现实生活的某种距离，这种充满浓郁浪漫主义，写意多于写实的表现手法，以突然出现的神奇的视觉感受，给人一种特殊的美感，很富于感染力，可满足人们喜好奇异多变的审美情趣的要求。在这种表现手法中艺术想象很重要，它是人类智力发达的一个标志，干什么事情都需要想象，艺术尤其如此。可以毫不夸张地说——想象就是艺术的生命。

从创意构思开始直到设计结束，想象都在活跃地进行。想象的突出特征是它的创造性，创造性的想象是新意蕴挖掘的开始，是新意象浮现的展示。它的基本趋向是对联想所唤起的经验进行改造，最终构成带有审美者独特创造的新形象，产生强烈打动人心的力量。如图 5-21 所示的生态漫画。

图 5–21　生态漫画

14．连续系列法

通过连续画面，形成一个完整的视觉印象，使通过画面和文字传达的广告信息十分清晰、突出、有力。广告画面本身有生动的直观形象，多次反复不断积累更能加深消费者对产品或劳务的印象，获得好的宣传效果，对扩大销售、树立名牌、刺激购买欲、增强竞争力有很大的作用。作为设计策略的前提，确立企业形象更具有不可忽略的重要作用。

作为设计构成的基础，形式心理的把握是十分重要的，从视觉心理来说，人们厌弃单调划一的形式，追求多样变化，连续系列的表现手法符合“寓多样于统一之中”这一形式美的基本法则，使人们于“同”中见“异”，于统一中求变化，形成既多样又统一，既对比又和谐的艺术效果，加强了艺术感染力。如图 5-22～图 5-24 所示的 FinePix 相机广告，其广告语为：“在 FinePix 相机前请笑一个”。

图 5–22　FinePix 相机广告 1

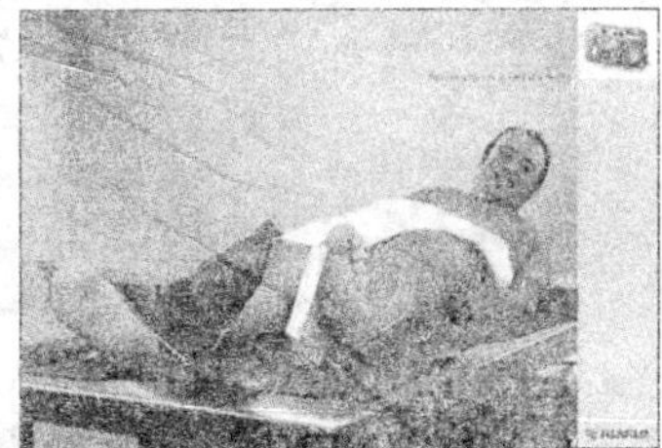

图 5–23　FinePix 相机广告 2

图 5–24　FinePix 相机广告 3

二、广告创意的策略

创意是广告的灵魂，优秀的创意是广告成功的基础。而广告创意又是一段艰辛复杂的创造过程，一则成功的广告，不仅要求有科学的创意方法，而且要求配合恰当的创意策略。寻找广告创意首先要寻找和确定创意策略，就广告创意过程而言，创意策略即关于广告创意的战略思想。必须选择好战略思想才能在该思想的指导下寻找到正确的创意概念和具体的执行点子。从一定的意义上讲，广告艺术的感染力正是来自广告创意及其策略的。所以，对于广告创意人员来说，了解创意策略的种类以及各策略的适用条件是必不可少的环节。

常见的广告创意策略有以下几种。

1. 目标策略

一个广告只能针对一个品牌、针对一定范围内的消费者群，才能做到目标明确，针对性强。目标过多、过奢的广告往往会失败。如图 5-25 所示的中国移动“动感地带”的广告创意便具有这样的特点，针对年轻用户，围绕“我的地盘我做主”，以“时尚、探索、好玩”为核心理念，从品牌视觉识别元素到空间设计都符合年轻人这一目标群的特点，吸引了大量的年轻受众。

图 5-25　中国移动“动感地带”广告

2. 传达策略

广告的文字、图形应避免含糊、过分抽象，否则不利于信息和创意的有效传达。南方黑芝麻糊的广告便抓住了广告创意的传达策略，将商品、消费者、情感、人性诸多因素融入黑芝麻香甜可口的回忆之中，传达了信息，又富有生气。又如图 5-26 所示的华丹啤酒广告“没有华丹不成席”。这些直截了当的广告，都能使人过目不忘、耳孰能详，印象特别深刻。

图 5-26　华丹啤酒广告

3. 诉求策略

在有限的版面空间、时间中传播无限多的信息是不可能的，广告创意要诉求的是该商品的主要特征，把主要特征通过简洁、明确、感人的视觉形象表现出来，使其强化，以达到有效传达的目的。如海飞丝洗发水的广告，便抓住了去除头皮屑的特征，用代言人清新爽洁的黑发表现出来，使消费者接受了海飞丝去屑的信息，成功地完成了洗发产品去屑的诉求。又如图 5-27 所示的精工表的广告：“10000 次撞击，依然精确无比！”、“12 年不必对时：双倍精确！”此广告把精工表的主要特征——精确，简洁明确地传递给了消费者。

4. 个性策略

赋予企业品牌个性，使品牌与众不同，以求在消费者的头脑中留下深刻的印象。如图 5-28 所示的乐百氏纯净水的广告，便运用了个性策略。该广告的个性策略体现在 27 层净化上，在诉求产品质量指标时，突出了层层净化的个性，使产品与众不同，得到了消费者的青睐。

图 5-27　精工表广告

图 5-28　乐百氏纯净水广告

5. 品牌策略

把商品品牌的认知列入重要的位置，并强化商品的名称、品牌，利用瞬间即逝的视听媒体广告，通过多样的方式强化，适时出现、适当重复，以强化公众对其品牌的深刻的印象。如图 5-29 所示的脑白金广告就是一个很突出的例子，“今年过节不收礼，收礼就收脑白金”、“年轻态，健康品”等广告语配以卡通人物的广告画面，在黄金时段密集式投放，强化的就是广告的品牌策略，不仅给公众留下了深刻的印象，还成功铸就了一面强势品牌的大旗，对产品进行了有效的市场推广。

图 5-29　脑白金广告

三、广告创意的思考方法

“创意”重在“思考”，创意是建立在思考的基础之上的，不经过思考的创意，绝对是不够成熟的。因此，广告创意人员不仅要掌握产生广告创意的原则和程序，还必须学会思考的方法。广告界比较成熟和全面的广告创意的思考方法有以下几种。

1. 垂直思考法

又叫竖向思维，属于传统逻辑思维的一种，是按照一定的逻辑思路，在界定的范围内，由因及果、由表及里地将思维向纵深推进的思维方法，是广告创意的过程中经常被用到的思考方法。如，黄豆－豆浆、豆瓣酱－豆腐－豆腐干，它强调根据事物本身的发展过程进行深入地分析和研究，即向上或向下进行垂直思考，依据的是过去的经验和理论。如在收集和整体资料阶段，发现产品有某种特性，那么就会想为什么会有这种特性？这种特性能带给消费者什么具体的利益？这种利益的具体表现是什么？这种利益是消费者迫切需要的吗？消费者为什么会需要这种特殊的利益？消费者在什么样的时间、状况下最希望获得这种利益？这样一层一层地对事物的前因后果、由表及里的探索，会帮助找到广告的诉求点和诉求方式。

垂直思考法的优点是思路清晰，比较稳定；缺点是思考的空间有局限性，容易使人固步自封、脱离实际，使创意缺乏创新，重复雷同。例如，许多广告反复强调“省优、部优”、“金奖产品”，这种公式化的标榜毫无新意可言。

案例 5-5

台湾顺风牌电扇

台湾顺风牌电扇在上市时，提出“一户一台”的广告口号，开拓市场。之后，以“一房一台”为广告口号，积极扩大市场。5 年后，又创出 7 英寸的小电扇，便以“一人一台”为广告口号，进一步扩大市场。品牌打响后，顺风更创出“以旧换新”的新口号，深入地挖掘市场潜力。

分析提示

以上案例很好地说明了垂直思考法就是传统的深思熟虑，至今仍然是进行广告创意最经常、最基本的思考方法。垂直思考法的重点是思考的深度而不是广度，它要求思考问题的人目标集中，用心专一，一层一层对事物进行深入探索，以挖掘更高质量的广告创意。

课堂随笔

2. 水平思考法

水平思考法又叫横向思维或侧向思维，与垂直思维一环套一环的思维方式不同，水平思维强调的是突破常规和思维定势，摆脱旧经验、旧意识对人的思维束缚。它要求摆脱对某种事物固有的思维模式，从事物之间的关联性发现问题、分析问题，得到新的结论。因此，水平思维是跳跃性、激发性的，往往能产生意料不到的惊喜。如 1999 年，在美国《商业周刊》和《新闻周刊》上见到“宝马七系列”与“阿波罗”做比较，突出“宝马七系列”汽车计算能力的过人之处。

垂直思维和水平思维在创意过程中往往交叉进行，当垂直思维陷入僵局时，可以用水平思维来启发想象，当水平思维变得无边无际难以收场时，可以用垂直思维来对其合理性进行验证。二者互为补充，互相促进。

垂直思考法和水平思考法这两个概念都是由英国心理学家爱德华·戴勃诺博士在进行心理学研究时提出的，他曾对这两种思考方法进行比较，指出了两者的主要区别，如表 5-3 所示。

表 5-3 垂直思考法与水平思考法的主要区别

垂直思考法	水平思考法
选择性的	生生不息的
只在一个方向时才移动	移动是为了产生一个新的方向
分析性的	激发性的
按部就班	跳来跳去
思考者必须每一步都正确	思考者不必每一步都正确
为了封闭某些途径要用否定	无否定可言
集中排除不相关者	欢迎新东西闯入
思考的类别、分类和名称都是固定的	不必固定
遵循最可能的途径	探索最不可能的途径
无限的过程	或然性的过程

3. 头脑风暴法（Brain Storming）

头脑风暴法又称集脑会商法、脑力激荡法，是指两人或者是两人以上聚在一起针对某个广告主题共同构思创意。这是美国广告公司董事 A・F・奥斯本在 1939 年首创的集体创意技法。该方法采用确定主题、专题讨论的会议形式来实施。会议要推举一名主持人、1～2 名记录人员，主持人要预先将会议的主题提前通知给与会者，参会人员一般控制在 5～12 人，以 8 人左右最为理想，该方法通过在会议上鼓励参与人员脱离理论超越常规的进行思考并把思考的结果无拘无束地说出来，进而开发个体潜能，诱发出尽可能多的、建设性的、富有创造性的创意雏形。为了达到这样的目的，头脑风暴法有以下四条必须遵循的原则：

第一，自由奔放。会议必须有自由开放的气氛，要鼓励所有的与会人员说出想到的任何一个创意点子哪怕是离经叛道的奇思怪论；

第二，严禁批判。对于别人说出来的任何想法都不能进行批判而只能耐心的倾听，以免因顾忌或害怕别人的批判和轻视而放弃说出自己的想法；

第三，多多益善。这是为了发掘尽可能多的创意角度和可能，从“数量中产生质量”；

第四，改善组合。意思是从别人的创意中得到启发而想出更好的创意的意思。也就是说会议要鼓励与会者思考别人的创意，在别人的基础上发展和提炼出新的创意。

这是一种规模性智力活动，因而对所要解决的问题必须具体化、针对性强。探讨要深入，不允许做长时间的散漫的马拉松式的低效率思考。参加人员应当思维敏捷、头脑灵活，尤其要保持大脑的高度兴奋状态，全神贯注投入。会议主持人要善于协调，鼓励充分发表见解，提倡标新立异，要尊重每个与会者提出的构想与建议，欢迎任何一种创意的产生与出现，最大限度地调动每个与会者的积极性，激发其创造力。

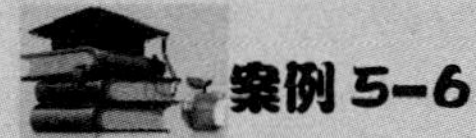

案例 5-6

美国福特汽车公司“野马”汽车的广告创意

美国福特汽车公司在“野马”汽车广告创意中就运用了头脑风暴法。

当亚科卡担任福特汽车公司总经理后，发现该公司原来生产的“红雀”牌汽车车体太小，没有行李箱，外形也不尽如人意。同时发现第二次世界大战后，生育率激增，几千万婴儿已长大成人。20～24

岁的人将增加50%以上，他预计此后的10年中，汽车的销售量必将大幅度增加，使用对象就是这些青年人。此外，一些年纪较大的买主，也从满足于经济实惠的小型车开始转向追求样式新颖的豪华车。由此得出结论：

"'红雀'牌车可能是一部找不到市场的车，而外面又有一个找不到车的饥饿的大市场！"

经过调查以后，亚科卡把未来的新型车设想为：款式新，性能好，能坐4个人，车子不能太重（最多2500磅），价钱不能太贵（不超过2500美元）。

个人智慧毕竟有限，亚科卡就将产品的定位原则交给策划小组讨论。经过头脑风暴，大家又补充了不少新内容，如车型要独树一帜，车身要易于辨认，要容易操纵（便于一些妇女和新学驾驶车的人购买），要有行李箱（便于外出旅游），既像跑车（吸引年轻人），又胜过跑车。这种车要"一石数鸟"，使多数人喜欢。经过集思广益，亚科卡的设想越来越完善和更臻科学化。很快设计出新车图样，制作出模型，组织试生产了。

新车叫什么名字呢？又得一番头脑风暴。他们从沃尔特·汤姆森广告公司代理人约翰·康利收集到了上千个新车名，最后集中到6个：西部野马、美洲狮、猎豹、小马、美洲豹和野马。最后大家倾向于野马。因为第二次世界大战中野马式战斗机的名字已如雷贯耳。野马，有辽阔原野、任我驰骋的味道。最后，亚科卡拍板定案，把野马作为新型车的名字。

在新型车尚未问世之前，亚科卡又把头脑风暴法用于车主。他邀请了底特律的54对夫妇到汽车公司做客，征求他们对新车的意见。会上，收入高的表示满意，收入低的担心买不起，亚科卡请他们估下车价。几乎所有的人都认为，这么好的车至少要10000美元。当亚科卡说只要2500美元时，他们都说："这么便宜呀!我一定要买一台!"最后野马车的售价只定为2368美元。

随后，亚科卡委托汤姆森广告公司为野马车做广告策划，经过头脑风暴后，定为6个步骤：

（1）邀请各大报纸的编辑到迪尔伯思汽车公司，借给每人一部新型野马车，组织他们参加从迪尔伯思到纽约的野马车大赛。同时邀请100家报社的记者做现场报道。

（2）新型野马车上市前一天，让2600家报纸用整版篇幅刊登野马汽车的广告。广告标题："真想不到！"副标题："售价2368美元。"画面是一部白色的野马车在奔驰。

（3）上市开始，各大电视台不断播送电视广告。画面是一个渴望成为赛车手或喷气式飞机驾驶员的年轻人，正驾驶野马汽车尽情奔驰！

（4）选择最显眼的停车场，竖起巨型广告牌，上书："野马栏"引起人们的普遍注意。

（5）在美国15个飞机场、200个度假酒店前展览野马新车。

（6）向全国几百万个小汽车车主寄送野马汽车的宣传品。

上述广告以铺天盖地、排山倒海之势进行。一周之内，轰动全国。上市第一天，便有400万人涌到各售车处购买。野马汽车的年销售量也由原计划的7500部增加到20万部。第二年销售36万部，创纯利11亿美元。不到一年时间，野马汽车就风靡全美！

（资料来源：http://ettc.sysu.edu.cn/policy/asp_adc /adv/0200_subject/sub_04 _w0308.htm）

分析提示

从以上案例可以看出，头脑风暴法一般只产生方案，而不是进行决策。头脑风暴法常用于解决组织中的新问题或重大问题，对于解决问题具有强大的威力，但是在一般遇到的问题中，只有少量的问题需要借助于专家来解决，绝大部分的问题都可以自己解决。而这些问题中，大约有 80%可以借助于同一方法来解决，这个方法就是头脑风暴法。

课堂随笔

任务四　广告文案

案例 5-7

文字广告也抓人

盛夏，在广州繁华的街头，在寂寞等待的公交车亭，在你汗流泱背的时候，不经意间你会在公交车亭的广告牌位上发现一些令你一惊的字样。如图 5-30 所示。

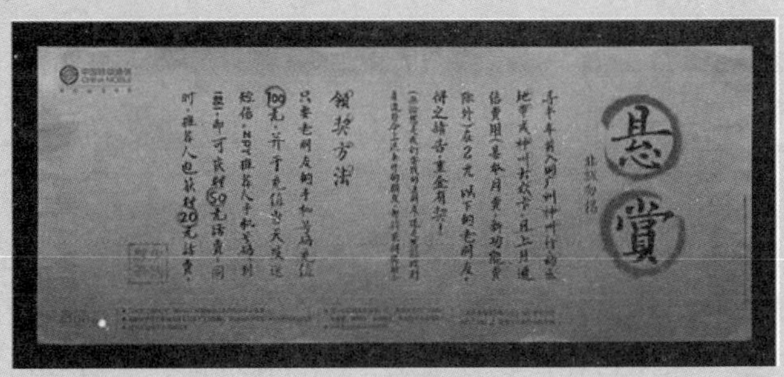

图 5-30　“悬赏”广告

悬赏（非诚勿揭）

寻半年前入网广州神州行、动感地带或者神州行大众卡，且上月通信费用（基本月费、新功能费除外）在两元下的老朋友。得之请告，重金有奖。（无论您是我们要找的老朋友，还是您能找到身边符合上述条件的朋友，都将获得奖励。）

领奖方法：

只要老朋友的手机号码充值 100 元，并于充值当天发送短信“ZPY 推荐人手机号码”到 1861，即可获赠 50 元话费，同时，推荐人也获赠 20 元话费。

——中国移动

猛一看，你还以为这是什么通缉令，或者是古代的悬赏告示，等着告密者去揭榜。这个时候你也可以想象得到，古代悬赏一出，拥看者众的场景。但当你看完这个“悬赏”就会发现，这其实是广州移动玩的一个噱头，明明就是要告诉广州移动的消费者，现在给手机充值有话费赠送，而且赠送的金额还不小。一个促销的消息却要来一个什么悬赏，故弄玄虚！

但就是这种噱头，还是把很多人吸引住了。笔者远远看到这个用毛笔字体书写的悬赏布告就是一愣，难道公安也会用广告的形式来捉拿犯人，把广告做到这里来了？等走近一看，才哑然失笑。我想很多消费者也会有我这种体会。在这一笑，一句“搞什么名堂嘛”的骂广州移动浪费自己表情的“抱怨”中，却已让广州移动又有充值优惠的信息潜入了自己的脑子。

一笑、一骂、一记忆，广州移动悬赏促销广告效果就是这样好。

广州移动的悬赏广告其实利用了人们的好奇和惊恐心理。把悬赏的广告贴到这里，远远看去，偌大的“悬赏”字体，还是用血红色笔体来写，模仿的也是电视剧里常见的悬赏告示样式——竖行排列，还加盖了红色隶书印章“中国移动”。一切都模仿十足，为的就是营造一种有“大案”的氛围。

（资料来源：http://wenku.baidu.com/view/a2320d21bcd126fff7050bc5.html?re=view）

分析提示

以上的广州移动文字广告是一则很成功的广告，一般来说，成功的文字广告，字数不能太多，特别是户外的广告，消费者并没有很多的时间去看广告，文字太多消费者也根本记不住，而广州移动的整个广告版面只有文字，没有图案，连企业的LOGO也尽量压小。这种反常规的广告形式，在以美女、帅哥为主角的广告漫天飘的大都市里显得非常另类、醒目。

课堂随笔

想一想 根据以上的案例，分析广告文案的构成。

一、认识广告文案

广告文案是广告创意的文字结果，又叫广告文稿，它是广告作品不可缺少的组成部分。无论是平面广告还是影视广告，都需要广告文字与形象的创作，而广告形象的创作也是以文字创作为基础的。广告文案写作是设计与制作广告作品的重要程序之一，也是一项艰辛而又复杂的创造性劳动。广告文案写作必须熟悉广告文体的特殊形式并掌握其写作技巧，只有这样才能撰写出有实际效果的广告文案来。

在广告设计中，文案与图案图形同等重要，图形具有前期的冲击力，广告文案具有较深的影响力。

中国红十字基金会在汶川地震期间的公益海报——“济”篇（见图5-31），利用汉字“济”和“汶川”字形上的不同组合，找出二者的相关性，广告诉求简单明了。

广告口号：我们在一起

广告正文：济

公益海报二（见图5-32），在字形上进行创意表达，进而用“牵手，我们心系四川”表达情感诉求，以期达到更深的影响力。

广告口号：我们在一起

广告正文：牵手，我们心系四川

图5-31　公益海报一

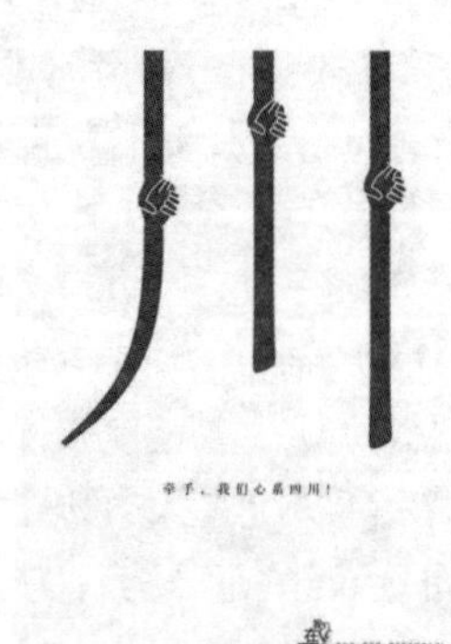

图5-32　公益海报二

二、广告文案的结构

图 5-33　刘家功夫针铺广告

在广告的发展史上，广告文案是伴随着广告的诞生而诞生的，可以说，最初的广告形式就是广告文案，但最初的广告并没有明确的结构，在英国伦敦博物馆保存着迄今为止发现的世界上最早的广告文案也只有一段文字，没有广告标题等其他结构要素。随着印刷术的发明和发展，广告文案的结构逐步发展完善起来。例如，济南刘家功夫针铺的雕版印刷广告（见图 5-33），广告文案总共不过 44 个字，但它已具备了完整的文案基本结构。

广告标题：济南刘家功夫针铺

广告正文：收买上等钢条，造功夫细针，不误工民使用；客转于贩，别有加饶。请记白。

广告附文：认门前白兔儿为记

广告的目的是传播、沟通和说服，在这样的要求下，广告文案逐渐与其他写作形式和写作行为之间产生了明显的不同，具有特殊性，文案的文本结构只有具备广告标题、广告正文、广告标语、广告附文等各部分要素时，才能最完整地表现广告的信息，达到广告目的。因此，从广告文案的范畴而言，广告文案的结构及效果如图 5-34 所示。

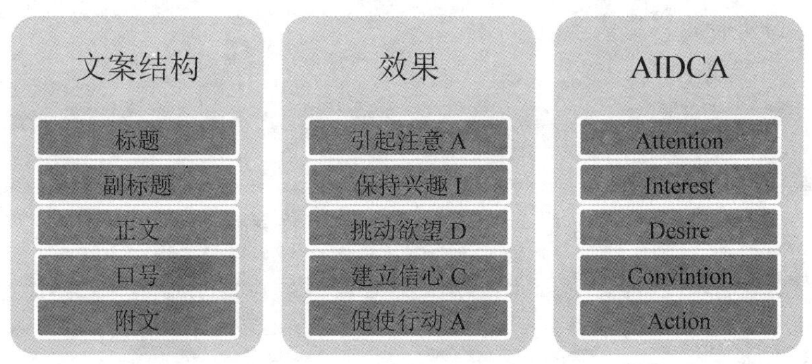

图 5-34　广告文案的结构及效果

1. 广告标题

标题是广告的题目，它标明广告的宗旨，又是区分不同广告内容的标志。多数广告都有标题，但有些广告（如广播广告与电视广告）一般没有标题，它们常常是直接展示广告信息。在大卫·奥格威看来，标题是大多数平面广告中最重要的部分，它是决定读者是否去读正文的关键所在。读标题的人数平均为读正文人数的 5 倍。换句话说，标题占用了近 80%的广告费。奥格威说，“如果你在广告标题里没有写点什么有推销力的东西，那你就把人家客户 80%的广告费给浪费掉了。”他还说“换一换标题，十有八九会导致不同的销售效果。”

标题在广告中的主要作用是：点明主题、引人注目、激发兴趣、诱读正文、加深印象、促进购买。

广告标题的形式有直接标题、间接标题与复合标题三种形式。

（1）直接标题。直接标题是以写实形式、简明的文字表明广告的主要内容，使人们一读就清楚广告说些什么。这种标题要简明、确切，例如：

"维维豆奶，欢乐开怀"——维维豆奶广告。

"白猫洗衣粉，洗衫好干净"——白猫洗衣粉广告。

"阿里山瓜子，一颗就开心"——阿里山瓜子广告。

"芬必得止头疼，一天都轻松"——芬必得镇痛药广告。

（2）间接标题。间接标题不是直接介绍商品或直接点明广告宗旨，而是通过中介环节、耐人寻味的词句，诱导人们饶有兴趣地转读广告正文，例如：

"热气腾腾，蒸蒸日上"——电饭煲广告。

"寒冷与宁静的联想"——电冰箱广告。

"你追我赶，共赴前程"——齐鲁鞋业有限公司广告。

"双脚不再生'气'"——西安达克宁脚气药广告。

（3）复合标题。复合标题是用两至三条较短的标题组合而成的标题群。复合标题中由于各标题所起的作用不同，划分为正题、副题、引题三种类型标题。

其中引题说明广告商品的背景，正题点明广告主旨，副题补充说明正题。例如天府花生广告。

天府花生广告

引题：　四川特产，口味一流

正题：　天府花生

副题：　越剥越开心

知识链接

奥格威关于广告标题写作的原则

（1）标题好比商品的价码标签，用它来和你的潜在顾客打招呼。反之，不要在你的标题里说那些排斥你的潜在顾客的话。

（2）每个标题都应带出给潜在顾客自身利益的承诺，即讲明能够给他带来什么好处。

（3）始终注意在标题中加进新信息，因为消费者总是在寻找新产品、老产品的新用法或是老产品的新改进。

（4）其他会产生良好效果的字眼，如如何、突然、引进、新到、奇迹、魔力、奉献、挑战、快捷、简易、了不起、划时代、轰动一时、最后机会等这些字眼听起来似乎是老生常谈，但在广告上却能起重要作用。

（5）加进一些充满感情的词，可以起到强化的作用。

（6）标题中应该写进品牌名称，至少要告诉浏览者，你的广告宣传的是什么品牌。

（7）在标题中写进你的销售承诺。

测试表明，10个字或10个字以上带有新信息的标题更易推销商品。

（8）能激发读者的好奇心，吸引他们去读广告的正文，在标题的结尾前你应该写点诱人继续往下读的东西。

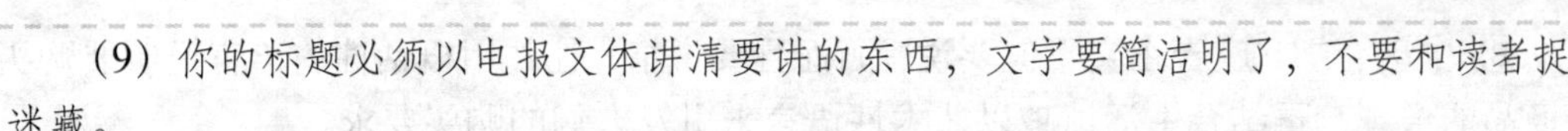

(9) 你的标题必须以电报文体讲清要讲的东西，文字要简洁明了，不要和读者捉迷藏。

有些撰稿人常写一些故意卖弄的标题：双关语、引经据典或用晦涩难懂的词句，这是不对的。

(10) 调查表明，在标题中写否定词是很危险的。因为读者很可能漏掉这个“不”字，从而产生错误的印象。

(11) 避免使用有字无实的瞎标题，就是那种不读后面的正文就不明其意的标题，而大多数人遇到这种标题时恰恰又不愿意去读后面的正文。

2. 广告正文

广告正文是广告文案的躯体，广告的目标和内容主要是通过广告正文去传递的。广告正文起着介绍商品、树立印象和推动购买的作用，它与标题的关系是：标题吸引注意，正文进行说服；标题提出问题，正文回答问题。广告正文一般包括开头、中心段和结尾三部分，例如：

雀巢咖啡的广告词

开头：　瑞士雀巢公司隆重向您推荐驰名中外的雀巢咖啡。

中心段：　精选优良的咖啡豆烘焙而成，用一茶勺雀巢咖啡加热水、加糖，就即刻冲成一杯香浓美味的咖啡，提神醒脑，敬客自奉，至高享受——

结尾：　味道好极了！雀巢咖啡！

（1）广告正文的表现形式。

广告正文，在不同媒介的广告中有不同的表现形式。

① 在印刷广告中，正文以文字语言叙述，一般称为“文稿”。

② 在广播广告中，正文以口头语言报导，称为“脚本”。

③ 在电视广告中，正文以语言（包括文字语言与口头语言）结合活动画面来叙述，称为“故事板”。

另外，在实物广告中，以文字语言结合商品实体来叙述，如橱窗广告、商品展销。其他广告，如交通广告和路牌、灯箱、幻灯广告等的正文创作方式与印刷广告正文创作方式基本相同。

（2）广告正文的写作。

广告正文并无固定的写作公式，其写作体裁也是多种多样的。大卫·奥格威描述到：“当你坐下来写广告正文的时候，不妨设想你是在晚宴上和坐在你右手边的那位女士交谈。她问你：‘我想买一部新车，您看哪个牌子好？’你呢，就像在回答这个问题那样写你的广告文案”。

广告写作人员，除了熟悉所写的商品、劳务、企业，理解广告策略要求，掌握好消费者心理需求，了解市场变化动向外，在写作技巧上还要注意掌握如下基本要求：

① 重点突出。广告正文的主要任务是表现广告主题，说服消费者购买。

② 简明易懂。广告正文的内容要尽可能精简扼要，交代明白。

③ 生动有趣。广告正文不但要说理，而且要说情。往往用概括性的语言说明要购买广告商品的道理，再结合生活情趣以艺术性语言来引发人们的购买要求。

④ 有号召力。广告的目的是通过告知，进行说服和动员，促成购买行为。

知识链接

奥格威关于广告正文写作的建议

(1) 不要旁敲侧击，要直截了当。避免那些“差不多”、“也可以”之类的语言，模棱两可、含糊其词的话常常会被人误解。

(2) 不要用形容词的最高级、一般化字眼及陈词滥调。要有所指，要实事求是。要热忱、友善并且使人难以忘怀。不要惹人厌烦。讲事实，但要讲得引人入胜。

你介绍得越详细，销售得越多。

你讲的事实越多，销售得也越多。

长文广告总是比短文广告更具有促销力。

(3) 你应该在你的文案中采纳用户经验谈。读者们更易于相信消费者的现身说法。

知名人士的现身佐证最能吸引读者。名人的知名度越高，吸引的读者也就越多。

(4) 另外一种很有用的窍门是向读者提供有用的咨询或服务。以这种办法写成的文案可以比单纯讲产品本身的文案多吸引75%的读者。

(5) 文学派们的那些华而不实的散文式广告很无聊。

高雅的文字对广告是明显的不利因素。它们喧宾夺主，把读者对广告主题的注意力给分散了。

(6) 不要唱高调。避免自吹自擂、自我炫耀。

任何产品的无价要素是这种产品生产者的诚实和正直。

(7) 除非有特别的原因要在广告里使用严肃、庄重的字，通常应该用日常生活中的通俗语言写文案。

一则好广告和戏剧、演讲有一个共同点，那就是一看便知，一听即晓，直接打动人心。

(8) 不要企图写那种获奖文案。

(9) 事实上，好的广告并不需要把注意力引向自身。

(10) 不要单从文字娱乐角度去讨好读者，衡量广告文案好坏的标准是看它们能使多少新产品在市场上腾飞。

3. 广告标语

知识链接

最让人心动的十大互联网界广告语

联想：人类失去联想，世界将会怎样?

诺基亚：科技以人为本

网易：网聚人的力量

中国移动：沟通从心开始

IBM：没有不做的小生意，没有解决不了的大问题。

赢海威：中国人离信息高速公路还有多远？向北1500米。

百度：百度一下，你就知道

戴尔：美国货，本土价

华硕：华硕品质，坚如磐石

英特耐特：全世界计算机联合起来，英特耐特就一定会实现。

广告标语又叫广告口号或广告语。它是广告在一定时期内反复使用的特定宣传语句，是使公众理解和记牢的一个确定的观念。广告语一般是由几个词组成一句能够渲染主题的话，目的在于促进商品、服务企业形象信息的广泛传播。

（1）广告标语的写作类型。

① 功效型。反映商品的功效、性能好，或服务效率高。

② 优质型。反映商品质量优胜，或服务质量好。

③ 双关型。用双关词句来反映双重意思。

④ 好感型。用吉祥言词来反映人们追求美满幸福的愿望。

⑤ 号召型。直接推动顾客响应号召，采取购买行动。如可口可乐的广告标语："请喝可口可乐"。

当然，广告标语的类型并非仅仅上述几种，如果从不同角度来分析，还可以划分为许多其他的类型，如对联式、谐音式、抽象式等。

（2）广告标语的创作要求。

① 简短易记。广告语使用的目的，在于通过反复宣传使消费者留下对商品、劳务或企业的印象。因此，标语字句一定要简短易懂、易记。特别是电视与广播广告，稍纵即逝，标语太长易让人听不清、听不明、难以理解和记忆。

② 突出特点。广告语要起到鼓动人心，加深印象的作用。必须结合广告主题，突出商品、劳务或企业的独特之处，尽量用视觉化语言，加深印象。

③ 号召力强。广告语要有号召性，文字要尽可能口语化，押韵动听，形象生动，富有情感。

④ 适应需求。广告语虽然是一种在较长时期内反复使用的商业口号，但也是可以更改的。广告语在人们对这个口号已有深刻印象，商品知名度又很高时，可以适当地更改标语，突出新的特点，予人以新的印象，但这种更改不宜过于频繁。

知识链接

可口可乐广告语欣赏

1886年　请喝可口可乐

1904年　新鲜和美味满意——就是可口可乐

1905年　可口可乐——保持和恢复你的体力，无论你到那里，你都会发现可口可乐

1982年　这就是可口可乐

1985年　一踢；一击；可口可乐

1989年　挡不住的感觉

1993年　永远是可口可乐

1994年　永远是可口可乐

1995年　这是可口可乐

1976 年　可乐加生活　　　　　　　　1996 年　这是可口可乐

1980 年　一杯可乐，一个微笑

之后还有：每刻尽可乐，可口可乐；

可口可乐　节日‘倍’添欢乐；

看足球，齐加油，喝可口可乐；

每一个回家的方向都有可口可乐。

想一想　可口可乐不同时期有不同的广告口号，请为它设计一个最新的广告口号。

4. 广告附文

广告附文也叫随文、尾文，它是广告的必要附加说明，一般放在广告文案的最后部分。广告附文的作用是告诉顾客怎样购买。如写明企业名称、地址、电话、购买手续、银行账号、经销部门等。

如何写好随文？首先要确定随文写什么，然后再为随文寻找到合适的表达方式。随文应与正文和标题贯通，而不应成为与广告主题无关的东西。

综上所述，广告文案包括广告标题、广告正文、广告标语、广告附文四部分。但这个基本结构不是教条和模式，因为创意无定规，而广告文案是以广告创意为宗旨，是执行和深化广告创意的重要部分，所以，在具体写作时不一定都以完整的结构作为广告文案构成的硬性要求，而应以创意的需要进行部分的取舍。在具体的广告文案作品中，有的文案无标题，有的是广告标题和标语同一，有的是只有广告正文而没有其他组成部分。另外，在不同的广告类型中，随着媒体的不同，广告文案的形式和结构也有差别，印刷广告的结构通常包括上述四部分；但在电视广告文案中，文案标题常被省略，附文常以字幕形式出现；广播广告文案的上述四部分结构，都以语言形式出现。

因此，广告文案写作者需在这四个基本结构的基础上进行适应性、创意性的操作，才能使每则广告文案的结构体现出各种不同特点的、符合不同媒介特征的、对应不同受众心态的结构特色。

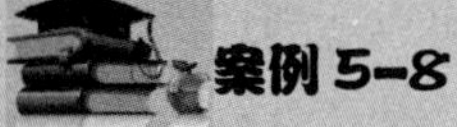

案例 5-8

乔治·葛里宾（George Cribbin）为箭牌（Arrow）衬衫所写的广告文案

广告标题：

我的朋友乔·霍姆斯，他现在是一匹马了。

广告正文：

乔常常说，他死后愿意变成一匹马。

有一天，乔果然死了。

五月初我看到一匹马，它看起来像乔。

我悄悄地凑上去对他耳语道：

“你是乔吗？”

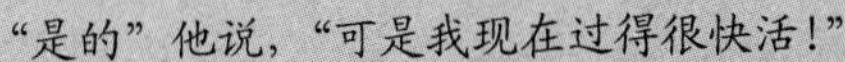

“是的”他说，“可是我现在过得很快活！”

“为什么呢？”我问。

“我现在穿着一件舒服的衣领，”他说“这是我有生以来的第一次。我衬衫的领子经常收缩，简直是在谋杀我。事实上，有一件让我窒息死了。这就是我的死因！”

“天哪，乔，”我失声叫道。

“你为什么不把你衬衫的事早点告诉我？我就会告诉你关于箭牌衬衫的事情。它们永远合身且不会收缩。甚至连织得最紧的深灰色棉布做的也不会收缩。”

“唉！”乔无力地说，“深灰色的棉布是最会收缩的了！”

“也许是”，我回答说，“但我知道箭牌的‘戈登标’衬衫是不会收缩的。我现在正穿着一件。它经过机械防缩处理，收缩率连1%都不到！此外还有箭牌所独有的‘迷淘戛’特适领。”

“‘戈登标’每件只售2美元！”我们谈话达到了高潮。

“真棒！”，乔兴奋地说，“我的老板正需要一件这种牌子的衬衫。让我来告诉他关于‘戈登标’的事。也许他会多给我1夸脱燕麦吃。天哪，我是多么爱吃燕麦呀！”

广告标语：

箭牌——机械防缩处理。

广告附文：

如果没有箭牌的商标

那就不是箭牌的衬衫。

箭牌衬衫

机械防缩——如有收缩不合身者，奉送一件作赔。

（资料来源：创意经典0602我的朋友……现在是一匹马了）

课堂随笔

分析提示

这是乔治•葛里宾自己所喜爱的广告之一。他曾经对什么是优秀的广告做过这样的描绘：“……标题是否能让你想去读文案的第一句话？而文案的第一句话是否能让你想去读文案的第二句话？……一定要做到让读者看完广告的最后一个字才想去睡觉。”事实上，在这一则广告里，他真的做到了。

项目实训

一、实训环境

（1）以小组讨论形式设计的课室；

（2）每组3台计算机设备。

二、实训内容

【任务1】感受广告创意。

每个团队调查及收集2～3种同类商品（可乐、洗发水、咖啡、方便面、牙膏、奶茶）广告，并对广告作品进行解读和点评，分析其创意内涵后填写下表。

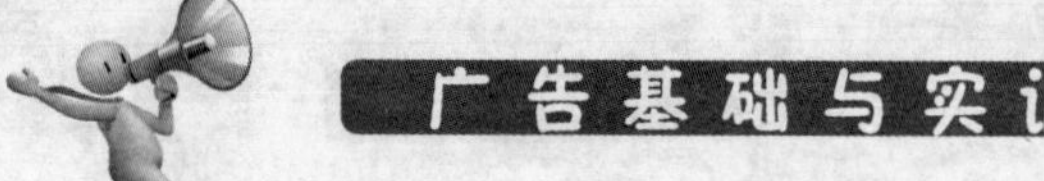

项目名称	品牌/产品
创意主题：（这个广告创意主题是什么？有什么创新性？）	
创意方法：	
广告目的：（这个广告做了什么？引发了什么？）	
品牌个性：（对这个品牌长期以来的感受是什么？）	
单一诉求：（消费者对广告的反应点是什么？）	
广告的优势：（这个广告优势是什么？有什么值得学习的地方？）	
广告的不足之处：（这个广告有哪些不足？会导致什么样的后果？）	
支持点：（消费者凭什么相信这个信息？）	
创作要求（风格和调性、限制条件……）	
其他说明：	

【任务 2】 撰写创意简报。

按照校外企业的要求，为你所选择的产品撰写一份平面广告和视频广告的创意简报，上台展示并进行简单的评析。填写下表。

项目名称	品牌/产品
任务题目：	
广告计划要求：	
竞争分析：	
目标受众：	
广告目的：	
消费者现有信念：	
传达给消费者的单一承诺：	
支持单一承诺的论点：	

续表

项 目 名 称	品牌/产品
设定产品的形象：	
创作要求：（风格和调性、限制条件……）	
强调事宜：必要元素（其他需要说明的事由以及一些不可遗漏的信息）	
创意时间： 提交创意总监： 提交客户部： 提交客户：	

【任务 3】 广告文案。

按照【任务 2】，为这个创意撰写一份平面广告和视频广告的广告文案，上台展示并进行简单的评析。填写下表。

项目类型：□平面广告 □视频广告 □其他	品牌/产品
广告标题：	
广告正文：	
广告标语：	
广告附文：	
文案的创作要求：（风格和调性、限制条件……）	
其他强调事宜：（广告文案版面说明、其他需要说明的事由及不可遗漏的信息）	

三、实训要求

（1）以团队为单位完成，共同提交收集结果。

（2）成员之间要团结互助，发挥团队协作效力。

（3）由队长组织和监控过程，老师提供咨询服务，但不参与工作。

（4）团队展示除了创意报告外，还包括团队合作过程描述：

① 创意的主题、创意的方法及创意的策略；

② 团队成员之间的分工；

③ 完成过程中的其他相关记录等。

四、实训步骤

【任务 1】：分组→确定各团队拟调查的商品类别→收集同类商品广告 2～3 种，形式不限→小组讨论→总结讨论意见→上台介绍团队的任务成果。

【任务 2】:（1）进行团队讨论，制定工作计划，可参考以下工作计划表。

工作计划表

任务内容	负责人	完成时间	完成情况	存在问题及解决方案

（2）把所完成的广告创意制作成文档或视频等手段留存。

（3）上台进行展示及简评。

五、实训评估

（1）评价应考虑到学生在各个阶段的表现，而不仅仅由最后的成绩决定。

（2）在评估时，可以分组对不同的部分进行演示，以节约时间。

（3）可通过询问学生在出现问题时是如何解决的，来评价学生。

（4）在实施过程中，教师帮助越少，得分越高。

（5）填写如下评价表。

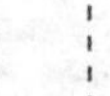

《广告基础与实训》评价表　项目五

1. 学生自评表					
班级		学生姓名		标准分值	得　分
资讯、计划与决策					
是否查询了相关资料				10	
是否了解或掌握了与任务相关的知识点				10	
实　施					
积极参与团队任务				10	
能够提出有用意见				10	
能够完成所承担的任务				10	
正确完成实施过程中的分工和配合				10	
检查与评估					
是否能认真描述困难、错误和修改内容				10	
对自己的工作评价				10	
是否检验了实施结果并进行总结改进				10	
能否在规定的时间内完成任务				10	
合计				100	
小组名称					
项　目				标准分值	得　分
分工是否合理（最大限度地调动成员积极性）				25	
小组是否团结				25	

续表

项　目		标准分值	得　分
方案是否有效		25	
知识运用是否合理		25	
合计		100	
2．团队评价表（由队长完成）			
项　目		标准分值	得　分
团队合作精神		30	
实训过程表现		30	
3．教师评价表			
成果展示		40	
合计		100	
总分	总分=学生自评得分×20%+团队评价得分×30%+教师评价得分×50%		

项目小结

小河团队通过本项目的学习，对广告创意有了一定的了解。明确了广告创意是广告创作人员根据广告的主题，经过精心思考和策划，运用艺术手段，把所掌握的材料进行创造性的组合，从而提出的创造性“主意”的、复杂的思维过程。掌握了广告创意包含两层含义：一是创造性思维，二是巧妙的构思。前者指创意的思维过程，后者指创意的思维结果。

掌握了广告创意的主要特征有：广告创意要以广告主题为核心、广告创意要以广告目标对象为基准、广告创意要以新颖独特为生命、广告创意要以情趣生动为手段、广告创意要以形象化为表现、广告创意是原创性、相关性和震撼性的综合体。广告创意的主要原则有目标导向原则、吸引注意原则、简洁明了原则、切实可行原则以及遵规守法原则。

了解了广告创意的过程包括：收集原始资料，用心审查资料，深思熟虑，实际产生创意和实际应用。

同时也掌握了广告创意的方法：直接展示法、突出特征法、对比衬托法、合理夸张法、以小见大法、运用联想法、富于幽默法、借用比喻法、以情托物法、悬疑安排法、选择偶像法、谐趣模仿法、神奇迷幻法、连续系列法等。广告创意的策略有：目标策略、传达策略、诉求策略、个性策略、品牌策略。

掌握了广告文案的结构为广告标题、广告正文、广告标语、广告附文，各部分结构在文案中的作用不同，有不同的写作类型。

练习与自测

一、名词解释

广告创意、垂直思考法、水平思考法、头脑风暴法

二、不定项选择题

1．广告创意的前提是（　　）。

A．广告定位　　B．广告调查　　C．创意简报　　D．广告定位

2．广告创意的特点包括（　　）。

A．立足商品属性　B．迎合消费心理　C．运用形象策略　D．丰富的想象

3．广告创意的原则包括（　　）。

A．冲击性原则　B．新奇性原则　C．渗透性原则　D．简单性原则

4．一般来说，广告创意的思维方式有（　　）。

A．垂直思维法　B．水平思维法　C．头脑风暴法　D．简单加成法

5．广告创意策略目的在于寻找说服消费者的方式，说服消费者购买自己的产品，简而言之便是找到产品的卖点，主要可以分为（　　）和品牌策略几种形式。

A．目标策略　B．传达策略　C．诉求策略　D．个性策略

三、简答题

1．垂直思考与水平思考创意法各有所长，可结合起来使用，试说明二者的不同点。

2．举例说明广告创意的主要方法。

四、案例分析

白加黑——治疗感冒，黑白分明

"白加黑"上市仅180天销售额就突破1.6亿元，在拥挤的感冒药市场上分得了15%的份额，登上了行业第二品牌的地位，在中国营销传播史上，堪称奇迹，这一现象被称为"白加黑的震撼"，在营销界产生了强烈的冲击。

一般而言，在同质化市场中，很难发掘出独特的销售主张（USP）。感冒药市场同类药品甚多，层出不穷，市场已呈高度同质化状态，而且无论中、西成药，都难于做出实质性的突破。康泰克、丽珠、三九等大腕凭借着强大的广告攻势各自占领一块地盘，而盖天力这家实力并不十分雄厚的药厂，竟在短短半年里后来居上，关键在于其崭新的产品概念。

"白加黑"是个了不起的创意。看起来，它只是把感冒药分成白片和黑片，并把感冒药中的镇静剂'扑尔敏'放在黑片中，其他什么也没做，实则不简单，它不仅在品牌的外观上与竞争品牌形成很大的差别，更重要的是它与消费者的生活方式相结合，达到了引发联想的强烈传播效果。

在广告公司的协助下，"白加黑"确定了干脆简练的广告口号："治疗感冒，黑白分明"。所有广告传播的核心信息是"白天服白片，不瞌睡；晚上服黑片，睡得香。"产品名称和广告信息都在清晰地传达着产品概念。

以小组为单位讨论以下两个问题。

（1）简要说明这则广告的创意。

（2）简要说明这则广告所使用的创意方法。

项目六

广告设计与制作

知识目标

1. 了解广告设计的视觉构成
2. 了解杂志广告的特点、制作形式和要求
3. 了解电视广告脚本的构成和表现形式，掌握电视广告脚本的撰写及简单电视广告画面的处理
4. 了解广播广告的类型和构成要素，掌握广播广告脚本撰写的技巧
5. 了解户外广告类型、设计原则和制作流程，掌握户外广告创意技巧
6. 了解 POP 广告功能以及制作流程，掌握 POP 广告创意技巧
7. 了解网络广告种类、优势以及网络广告设计流程，掌握网络广告投放技巧

能力目标

1. 培养学生具备广告设计能力、广告创意能力、广告制作能力和实践能力等综合能力
2. 培养学生创新能力和创造精神
3. 培养学生团队合作能力和协调能力

在了解广告创意的概念、特征和原则的基础上，为了给校外的企业制作不同类型且有创意的广告，河马广告公司（模拟）团队成员就要学习广告的视觉构成元素，熟悉广告设计的程序，掌握广告设计、制作的技巧。

在广告制作过程中小河团队首先应读懂、读透广告创意内容，明确分工，严格按照广告创意内容来开展广告设计与制作工作，根据企业的要求，利用不同的技术、方法为校外企业制作富有创意的广告。

百年润发经典广告

“百发润发”不仅是一句广告语，更是一种意境、一种美好情感的凝聚，是呵护百年，是在温情中展示着要树百年品牌的决心。广告截图如图 6-1 所示。

1. 百年情结

在数不胜数的广告中，“百年润发”电视广告品牌形象的独特定位、商业性和文化气质的完美结合，以及给人心灵的震撼，堪称经典之作。

“百年润发”是重庆奥妮系列产品中的一个，在“百年润发”广告里，“文化气”和“商业气”在这里天衣无缝地结合，融汇成中国情感的、中国式词汇的民族品牌，这与国产商品“洋名风”、“霸气风”形成鲜明对比，有助于记忆度的加强，辨识率的提高。

图 6–1　百年润发广告

百年润发的广告案例在京剧的音乐背景下，周润发百年润发广告篇给观众讲述了一个青梅竹马、白头偕老的爱情故事：男女主人公从相识、相恋、分别和结合都借助于周润发丰富的面部表情表现了出来：爱慕状、微笑状、焦灼状、欣喜状。而白头偕老的情愫是借助男主人公周润发一往情深地给“发妻”洗头浇水的镜头表现出来的。它并没有一句话，可是在人们心目中已胜过千言万语。

2. 白头偕老的结发夫妻

头发在中国历史上本身就有着深厚的文化内涵，此时配以画外音：“青丝秀发，缘系百年”，然后推出产品：“100 年润发，重庆奥妮！”——把中国夫妻从青丝到白发、相好百年的山盟海誓都融入了“100 年润发”中。

百年润发正是利用名人与中国文化内涵相结合取得这样的效果。

(1) 百年润发的品名和周润发的名字的巧妙吻合；周润发的年龄和外形气质与百年润发品牌本身所散发的温和感相吻合。

(2) 周润发的人品口碑好，演技好，当时小马哥的形象深入人心。所以《京剧篇》彰显了中国人气质。

(3) 颇具实力的演技。在广告中祥和朴实的他没有一句台词，时势变迁的悲欢离合，重游旧地、遥想当年的复杂情绪全靠精湛的表演，加上女演员情真、意浓、清新、毫不逊色的配合，使得爱情故事真正地融进百年润发品牌中去，广告主题在视觉上更加完美。

(4) 在“国货当自强”的“良缘”下，人名、品名、真情浑然一体，天造地设、相得益彰，明星的“晕光”效应酣畅淋漓，百年润发的知名度得以极大提升，在产品的优质保证下，早早地迎来了成长期。

(5) 民族文化气质。百年润发更是“情”的礼赞，它演绎出中华民族传统美德中忠贞不渝的浪漫爱情，爱情是永恒的主题，情系百年的美好，谁不渴望呢？使京剧、二胡等国粹大放异彩，借古抒情，古老的形式现代化，这是大胆创新，也是民族文化的继承和发扬。

该广告播出当年，重庆奥妮即取得了公司发展史上最辉煌的胜利——年销售收入达到 8.6 亿元，市场占有率达 12.5%，仅次于宝洁公司的飘柔，居全国第二位。

案例分析

在日常生活中观众看到的洗发水广告众多，可是能给观众留下深刻印象的洗发水广告为数不多，百年润发广告能做到家喻户晓，是较为成功的一则广告。

1. 当你第一眼看到这则广告时对它的第一印象如何？
2. 为什么百年润发这则广告会取得如此成功？

任务一　认识广告设计的视觉构成

在广告设计中，构成广告的视觉要素，主要有布局（构图）、字体、画面、色彩以及其他一些符号，这些都属于非语言文字符号。

1．布局

布局就是在一定的版面空间里，对广告的各种要素做适当的关联和配置，构成一个整体，对受众的视觉形成冲击，获得一定的传播效果。在广告作品的布局方面，要做到分清主次、突出重点、巧妙组合、合理配置、既有变化又要统一。

2．字体

广告中文字的书写样式叫字体。字体设计是广告的眼睛，能体现广告的新、异、特。要根据广告的内容、产品的特点来选定字体及字体大小。

3．画面

广告画面是指广告中的插画，包括广告绘画和广告摄影。由于图画具有直观形象性，在广告作品中能够形象地传达广告信息，更能吸引读者的注意力，所以，必须高度重视广告图画的运用。

4．色彩

每种色彩都具有色相、明度和纯度三种要素。色彩能够给受众强烈的视觉刺激，不仅在平面广告中要经常用到色彩，而且在电视广告，甚至在网络广告中，色彩都是不可缺少的视觉要素。

任务二　平面广告的设计与制作

平面广告主要是指印刷在平面媒体上的广告，如报纸、杂志、海报等广告，是一种广告宣传形式。

一、报纸广告的设计与制作

1. 报纸广告概述

报纸广告是指刊登在报纸上的广告。报纸广告以文字和图画为主要视觉刺激，不受时间限制，而且可以反复阅读，便于保存，如图 6-2 所示。

锋范强势迈进万辆俱乐部

两厢车飞度攻略篇
分享成长喜悦　感恩真情回馈

图 6–2　报纸广告

2. 报纸广告的设计与制作

（1）报纸广告的创意。创意是报纸广告的灵魂。报纸广告创意的关键是主题。报纸广告创意最忌把主观意愿强加给消费者，要把结果留给消费者自己去思考。

要获得一个好的报纸广告创意，广告人不但要准确了解产品性能、特征，同时还要准确了解读者和潜在的消费者，然后才能借助图片、文字、色彩等技巧来体现。一些具有独创性的报纸广告，不仅成功地推销了产品，还为不少人开创了一种新的生活方式。当喜欢饮茶的中国人也钟情于咖啡时，肯定能记得“味道好极了”、“滴滴香浓、意犹未尽”这样的广告词；当热水器进入千家万户时，人们也记得“万家乐、乐万家”这样响亮的语言。

案例 6–1

宝马（BMW）掌控驾驶的快乐

宝马汽车在报纸上所做的广告强调宝马驾驶追求的不仅仅是“快”，而是急速中感官上的“快乐”。是高精度的灵活性？是踩动油门时一触即发的反应？抑或是顺畅平稳的动力系统？不管是什么，BMW永远带给你速度与感官上的全新享受。

奔驰中，它有豹的速度、马的优雅，它是个对奔跑自信和狂热的生命，而不是个奔跑的机器。当然，拥有它的你，永远是掌控它的主人！

这就是我们 BMW，对你就像对奔跑一样忠诚！

广告实例如图 6-3 所示。

图 6–3　宝马广告

课堂随笔

分析提示

简简单单的几句广告语，突出了宝马汽车的性能、高尚品质，突显成功人士的非凡生活品质，让宝马汽车与上层人士的结合相得益彰。

（2）报纸广告版面的设计。报纸广告设计形态多种，但从设计角度看，它不外乎由图形、文字、色彩、留白等视觉元素构成，这些元素的运用增强了报纸版面设计的视觉效果和视觉表现力。

报纸广告版面的设计要做到以下几方面：

① 报纸广告版面的设计应力求做到疏密相间。

标题和主要信息突出，并且具有一定的空间。如果文字把整个版面全填满了，拥挤不堪，在繁忙中挤点时间看报的读者，对这样的广告肯定会不屑一顾。

② 报纸广告版面的设计应注重色彩的运用。

在设计版面时编辑常将黄色、红色等暖色调安排于报纸的右侧，而将蓝色、灰色等冷色调安排于报纸地左侧，这样容易吸引读者的视线从左到右移动，使版面形成一个视觉流动，从而可以积极地引导读者的情绪。

③ 报纸广告版面的设计应注重图片视觉效果的运用。

图片新闻是报纸版面中最常见的视觉元素，它能够在较短时间内给人们强烈的视觉冲击，紧紧抓住观众的眼球，引起读者的阅读兴趣。因此，在报纸版面设计中要配有形象性的插图或照片，以增加广告的直观感。

④ 报纸广告版面的设计应注重留白视觉效果的运用。

从心理学的角度来看，报纸版面的留白可以使人获得感官上的休息，得到暂时的放松。例如：《解放军报》在标题处理上就采用了留白的艺术手法，凸显了报纸的特色。

（3）报纸广告制作程序。

① 初稿设计。拟好草图，加上标题；在征得广告主同意后，再制成一个详细的稿样。

② 字体选择。常用的字体有数十种，但一般标题使用黑体字。正文内容中若需加上强调部分，可用黑体字突出显示。字体的选择，以方便阅读为原则。一般情况下，人的阅读习惯是以楷体和宋体为方便，而外文字体最好是用小写体。

③ 美工画稿。画稿也称正稿，正稿要做得比实际面积稍大，在四周留边，并在画稿背后标出广告稿的实际大小和缩放尺寸。

④ 画稿制作。把广告画稿（正稿）和标题、正文排好，拼接在一起，完成画稿制作。画稿制作是广告各部分的位置和尺寸大小的准确到位阶段，因此，一定要查看画稿是否符合原来的设计，并经广告主最后审查后制成清稿。

⑤ 制版。把画稿制作阶段做出来的稿样送给印刷厂的制版车间，由他们制出印刷版。报纸的印刷版一般为锌版，而杂志的印刷版一般为金属电铸版。

⑥ 清样。印刷出来的第一张广告为清样，将制版后的清样与原稿对照。在这一阶段，必须对广告文图进行校对，并做些小的改动，使之更接近原来的作品。

⑦ 印刷。经校改后的清样交付制版车间印刷制版，即可印刷。

二、杂志广告的设计与制作

1. 杂志广告概述

杂志广告是指刊登在杂志上的广告。如图 6-4 所示。杂志广告的英文为 Magazine Advertising，按其性质可分为专业性杂志广告、行业性杂志广告、消费者杂志广告等。

图 6–4　杂志广告

2. 杂志广告的各种制式和开本

杂志广告的制式指的是不同开本的杂志中广告所占的各种版面和版位。制式类型大致可以分为封面、封二、封三、封底、扉页及内页、插页等。其中对封面和封底的受关注度最高。杂志广告的不同制式直接关系到广告效应，据不完全调查显示，不同的版面引起的关注程度是不同的。值得注意的是，在同一版面中，读者的关注度是大比小高，上比下高，横排版面左比右高，竖排版右比左高。杂志广告的规格是以各杂志的开本为标准，按开本可分为大 16 开（210mm×285mm）、16 开（185mm×260mm）、大 32 开（203mm×140mm）、小 32 开（184mm×130mm）和 8 开（259mm×367mm）等。32 开和 16 开的版面一般一页刊登一则广告，而 8 开的版面一页可同时刊登几则广告。

3. 杂志广告的设计与制作

每种杂志都有自己独有的目标受众群体，从广告宣传的角度来讲，这些读者也就成为间接投放杂志广告的商家的广告诉求对象。在杂志广告的设计与制作上有以下几大要领是需要遵循的。

（1）使用占优势的广告因素。如尽量制作整版广告，在必要时不妨制作跨页广告，其效果也是相当引人注目的。

案例 6-2

Flaunt 杂志广告

Flaunt 杂志是世界著名的广告杂志。该杂志封面常刊登一些世界名人，比如世界著名电影明星、世界著名歌星、世界政坛名人等相关人物。该杂志在封面设计时常使用占优势的广告因素，利用人物头像作封面制作整版广告，这样的广告很受世界各地人们的欢迎。如图 6-5 所示。

图 6-5　Flaunt 封面广告

分析提示

在图 6-5 Flaunt 的杂志广告的封面中，正是使用占优的广告因素很好地演绎了东方元素。

课堂随笔

（2）运用精美的设计。构思杂志广告时必须注意广告构图、设计的精细，最好能使用质感细腻的照片，这样图文并茂、色彩鲜明逼真的商品形象容易引人注目，激发购买兴趣。

（3）运用专业化设计技术。由于杂志具有专业性或阶层性的读者群，因此，应用专业化的设计可以使之产生亲切感，使人更容易接受，并产生深刻印象。

（4）使用突出而醒目的广告主题，使广告具有鲜明的针对性和非凡的吸引力。

（5）运用艺术化的形象语言。运用艺术化的语言，形象地宣传广告产品的优点以吸引买主，应尽量避免用艰涩难懂或枯燥乏味的语言，避免消费者不理解广告内容的现象发生。

（6）运用对比。在杂志广告创作中，运用色彩的对比、构图的对比、大小的对比、在黑白中套彩色或在彩色中运用黑白对比，都可达到突出广告的效果。

（7）杂志的选择。一般而言，专业性的产品选择专业杂志做广告为宜；大众化的日常生活用品和娱乐用品可选择生活性杂志或具有广泛影响的综合性杂志做广告。这样，可以有针对性地进行广告宣传，以便取得较好的广告效果。

（8）图片精美、色彩鲜明。杂志是近距离的读物，在图片的选择上要求视觉冲击力很强，色彩鲜艳明快，艺术欣赏性高，才能真正做到吸引眼球的目的。在运用色彩上必须考虑它的象征意义，这样才能更贴切主题。

（9）创意新颖、个性独特。在杂志广告设计过程中还应注意创意和产品的关联性，通过很好的创意，结合产品的特点进行适度的夸张、比喻，让广告受众感觉既超脱想象，又在情理之中，同时也突出了广告信息的个性化特征，与广告受众心理相吻合，才能使目标受众易于接受并认可。

案例 6-3

获丰拉链创意广告

深圳市获丰拉链有限公司是一家专门为中高档服装厂和箱包厂配套生产金属中高档拉链的企业。公司凭借近 20 年专业拉链生产经验，建立了完善的品质控制体系、生产管理体系、售后服务体系，是广东拉链行业生产规模最大、实力最强、品种最齐全的制造商之一。该公司在杂志上所做的广告就极具创意，一下子博得消费者的青睐。创意广告如图 6-6 所示。

图 6–6 创意广告

课堂随笔

分析提示

获丰拉链杂志广告没有华丽的语言，正是因为其广告创意新颖、个性独特才博得消费者的青睐。

知识链接

杂志广告构图形式

以封底页的整版彩色印刷的杂志广告为例，目前比较流行的构图形式和设计布局有以下几种类型。

(1) 单一式：画面只有一个中心，介绍一种产品。

(2) 多元式：画面同时介绍一个企业的多种产品。

(3) 叠压式：采用不同的画面，互相压叠，互相衬托。

(4) 展板式：画面包括若干单元，以类似展览板面的一般展示构成。

(5) 叫卖式：杂乱堆砌过多，画面包括若干内容，缺乏主次，关系紊乱。

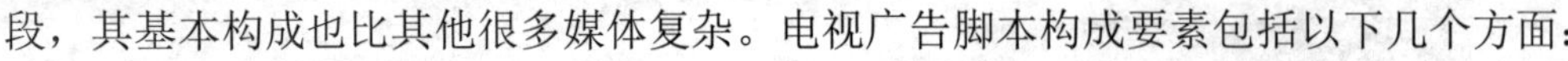

任务三　视音频广告的设计与制作

一、电视广告的设计与制作

1. 电视广告概述

电视广告是指以电视为媒体，兼有视听效果并运用了语言、声音、文字、形象、动作、表演等综合手段进行传播的广告方式。图 6-7 即为电视广告。

图 6–7　电视广告

2. 电视广告脚本构成

电视广告集视听于一身，综合了多种艺术表现手段，其基本构成也比其他很多媒体复杂。电视广告脚本构成要素包括以下几个方面：

（1）画面。

电视广告的“画面”是指经摄影机摄入胶片或磁带的景物。画面是电影和电视的最小构成单位。拍摄一个广告画面，一般都要考虑镜头、机位、演员、用光、色调、背景、字幕等具体问题。

（2）声音。

作为一种视听两用媒体，电视广告不仅具备视觉媒体的画面要求，而且也具备听觉媒体的声音要素。电视广告中的声音包括人声、音乐和声响三种。

3. 电视广告脚本撰写

知识链接

何谓蒙太奇

蒙太奇，英文名 Montage，原是法语中一个建筑学名词，原意是安装、组合、构成，借用到电影中，最初就是指镜头和镜头的组接，之后很快成为世界上的电影功能语。今天的蒙太奇实际上包括了一切“镜头高度”和“声音构成”的全部技巧。

电视广告所独具的蒙太奇思维和影视语言，决定了电视广告文案（脚本）的写作要遵循一定的规律，具体要求是：

（1）必须首先分析研究相关资料，明确广告定位，确定广告主题。在主题的统帅下，构思广告形象，确定表现形式和技巧。

（2）必须充分运用感性诉求方式，调动受众的参与意识，引导受众产生正面的“连带效应”。为达到此目的，脚本必须写得生动、形象，具有艺术感染力。这是电视广告成功的基础和关键。

（3）必须运用蒙太奇思维，用镜头进行叙事。语言要具有直观性、形象性，容易转化为视觉形象。

（4）必须做到声音与画面的和谐，即广告解说词与电视画面的“声画对位”。

（5）按镜头段落为序，运用语言文字描绘出每个广告画面，必须时时考虑时间的限制。镜头不能太多，必须在有限的时间内，传播出所要传达的内容。

（6）写好电视广告解说词（也称广告词或广告语）。它的构思与设计，将决定电视广告的成败。

4. 电视广告拍摄类型

（1）纪录片。纪录片包括现场直播与现场录像两种形式，如拍摄体育竞技、时装表演、明星推荐商品等。

（2）卡通片。卡通片又叫动画片，它是利用计算机绘画技术将动画与真景合成进行制作，增强观众的兴趣。

（3）特殊效果片。电视广告片拍摄时，运用特殊技术使商品会跳、会跑、会转，增强观众愉快的情感。

（4）木偶片。在木偶片中，运用接线木偶、手持木偶等，可以增强人们观看的兴趣。

（5）活动片。活动片又叫写实广告片，主要拍摄真人、真物、真景。它是常用的广告片，能给观众带来真实感和现实感。

案例 6-4

益达的电视广告

自亮相中国市场，益达的电视广告就开始为国内消费者带来了源源不断的全新消费体验。益达在中国首推无糖概念，并率先推出含木糖醇的无糖口香糖，经过益达不断的创新，口香糖不仅仅是口气清新的工具，更成为了保持口腔清洁的新方法。现在，“益达”无糖口香糖的销售网络已经覆盖了国内逾300座城市，深受中国消费者的青睐。

在如今广大年轻人眼里，“益达”不仅仅是一个品牌，更是一个“甜蜜爱情”的代名词，益达甜甜淡淡的味道，像极了恋爱时的甜蜜。既浪漫又有深意，是很多人喜欢的叫法。譬如：“嘿，你的益达！不，是你的益达！”

分析提示

在中国，益达公司正是利用电视广告作为传播媒介，使其在广大年轻人眼里成为一个“甜蜜爱情”的代名词，足见电视广告传播力量之大。

课堂随笔

5. 电视广告制作程序

（1）前期准备。

这一阶段主要工作是了解客户需求，对广告进行相应的估价，并将估价呈报给客户，当客户确认后，由客户、广告公司、制作公司签订具体的合同。合同签订后制作公司将制作脚本、导演阐述、灯光影调、音乐样本、演员造型、道具、服装等有关广告片拍摄的所有细节部分进行全面的准备工作，以寻求将广告创意呈现为广告影片的最佳方式。

（2）拍摄工作。

按照最终制作准备会的决议，拍摄的工作在安排好的时间、地点由摄制组按照拍摄脚本进行拍摄工作。为了对客户和创意负责，除了摄制组之外，通常制作公司的制片人员会联络客户和广告公司的客户代表、有关创作人员等参加拍摄。

（3）后期制作。

① 冲洗作业。冲洗作业就像拍照片之后需要洗印一样，拍摄使用的电影胶片需要在专门的冲洗厂里冲洗出来。

② 转盘。转盘是一种技术处理手段，是由电影胶片的光学信号转变成用于电视制作的磁信号，然后才能输入电脑进入剪辑程序。

③ 初剪。初剪，也称粗剪。初剪阶段，导演会将拍摄素材按照脚本的顺序拼接起来，剪辑成一个没有视觉特效、没有旁白和音乐的版本。

④ 看 A 拷贝。所谓 A 拷贝，就是经过初剪的那个没有视觉特效、没有音乐和旁白的版本。这个版本是将要提供给客户以进行视觉部分修正的，也是整个制作流程中客户第一次看到制作的成果。

⑤ 正式剪辑。在客户认可了 A 拷贝以后，就进入了正式剪辑阶段。首先要根据客户在看了 A 拷贝以后所提出的意见进行修改，然后将特技部分的工作合成到广告片中去，广告片画面部分的工作到此完成。

⑥ 作曲或选曲。广告片的音乐可以作曲或选曲。如果作曲，广告片将拥有独一无二的音乐，而且音乐能和画面进行完美的结合，但花费会比较高；如果选曲，在成本方面会比较经济。

⑦ 配音合成。旁白和对白就是在这时候完成的。在旁白和对白以及音乐完成以后，音效剪辑师还会为广告片配上各种不同的声音效果。

⑧ 电视播出带。

最后一道工序就是将以上所有元素合并的各自音量调整至适合的位置，并合成在一起，制作电视播出带。

⑨ 交片。将经过广告主认可的完成片，以合同约定的形式按时交到广告主手中。

电视广告拍摄工作流程，如图 6-8 所示。

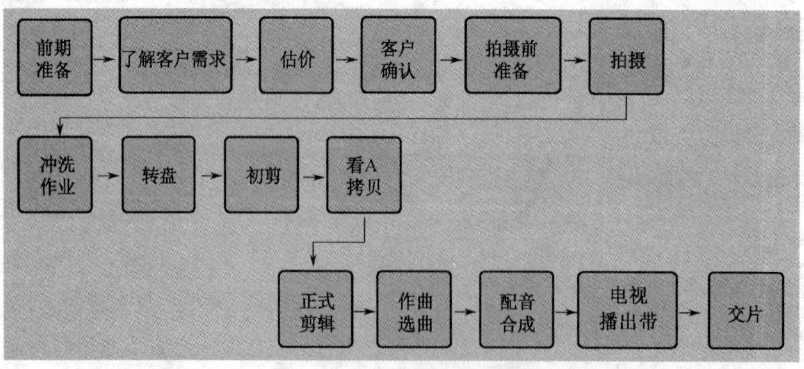

图 6-8　电视广告拍摄工作流程

知识链接

电视广告拍摄中的镜头使用技巧

在电视广告拍摄制作中，什么样的镜头技巧表现什么样的主题内容，我们要熟知于心。电视广告拍摄镜头的技巧有：升降镜头技巧、晃动镜头技巧、移镜头技巧、旋转镜头技巧、镜头推拉技巧、镜头甩技巧、跟镜头技巧和摇镜头技巧。

二、广播广告的设计与制作

1. 广播广告概述

广播广告是指通过无线电波或金属导线，用电波向大众传播广告信息的一种广告。广播广告发展有着悠久的历史，现今广播广告的影响力仍然很大，它有着其他媒体无可比拟的独特魅力。

案例 6-5

石药集团广播广告

2009 年，石药集团与中国之声携手，开创颠覆传统的 7.5 秒广告投放模式。

独特的创新投放带来了 1+1 远大于 2 的传播效果：果维康在一个广告时段首尾播两个 7.5 秒的广告，不但与节目紧密结合，更从众多高端品牌宣传中脱颖而出，令听众印象深刻。石药果维康的宣传模式不仅得益于短优于长的广告设置，也得益于产品代言人葛优极富辨识度的声音。中国之声作为最佳的声音载体，石药广告一经播出，迅速在移动人群、高端人群、时尚白领和学生群体中得到广泛传播，为果维康的产品推广和市场拓展提供了坚实有力的支撑。

分析提示

石药集团的成功告诉我们：广播广告也可以大做文章。新型投放模式，将品牌广告宣传优势最大化，听众随时听到产品广告，需求随时发生。

课堂随笔

2. 广播广告的设计与制作

广播广告从创意到制作有一套程序，虽然每个电台和制作单位会有所不同，但总的来说是按照一个类似的框架来操作的。规范有效的制作流程是广播广告创意执行的有力保证。

（1）建立工作组。广播广告制作小组一般由监制、策划创意人员、演播人员和录音师组成。

（2）制订制作计划。为了确保广告能够按时保质地完成，有必要对整个制作流程做一个适当的计划。其中包括制作一个工作流程和进度，列出广告制作具体的步骤和时间，严格按照进程进行工作。同时也要制定广告制作的质量标准，保证在按时完成广告制作的同时，使广告具有最佳的品质。

（3）确定播出文稿。这要求制作人员认真研究和理解前期完成的广告创意，分析文案人员写好的文稿。然后结合广播广告的演播要求和创意的风格对文稿做进一步的推敲。最终形成一个可操作的广告脚本，确定最后的演播稿。

（4）演播录制。根据广告的播音脚本，演播人员进行演播表演，录音师将他们的表演记录下来。当然，表演不可能是一步到位的，可能要经过多次才能达到完美的表现效果。也可以把每次演播中好的部分挑出来，进行剪辑组合，以达到最好的效果。

（5）音乐、音效的制定和创作。根据广告的创意表现，制定合适的音乐和音效。采用的方法可通过资料搜寻或进行专门的创作。在某些情况下，广播广告的音乐需要专门的创作，音乐作品的创作要充分反映广告的创意表现，显示广告的独特性，显示广告音乐的魅力。

（6）后期录音合成。后期录音合成就是通过对先前录制好的各种素材进行整合加工，使之成为一个整体，最终导出一个成品的文件，进行存储，以便携带。

任务四　其他广告的设计与制作

一、户外广告的设计与制作

1. 户外广告概述

户外广告是一种典型的城市广告形式，随着社会经济的发展，户外广告已不仅仅是广告业发展的一种传播媒介形式，而成为了现代化城市环境建设布局和城市景观的一个重要组成部分。如图 6-9 所示。

图 6–9　户外广告

2. 户外广告设计与制作要求

大多数户外广告被阅读的时间只有短暂的几秒钟。这就对户外广告的设计与制作提出了更加严格的要求。以下是户外广告设计与制作的要求：

（1）户外广告应该用图片或用简短的文字突出产品的特点，除名牌产品外，一般不要用口号来进行宣传。

（2）户外广告的字体应单一，尽量使用同种字体，并保证每个字的大小足以使人看清楚。

（3）户外广告上的插图要大，并且有清晰的轮廓，以便于受众理解广告的含义。

（4）户外广告的色彩要做到明快醒目，运用对比，加强广告的刺激力量。

（5）在广告刊出以前应进行反复测试，检验其可读性。户外广告的位置，要选择便于观看、热闹、人流大的地方，选择不遮挡视线的位置、不然会影响效果。

3. 户外广告制作流程

（1）主题的确定。户外广告首先应该弄清楚所要设计的主题。如商业招贴广告，先确定招贴广告所要表现的商品或企业的定位和理念，再确定招贴广告的内容与企业理念的结合。

（2）市场调查、收集资料。在广告主题确定之后，就要开展相关的市场调查工作。在调查的初期需要根据对设计理念的了解，安排人员制订计划方案。在制订计划方案的基础上，对市场进行调查，收集相关的资料、图片、文字等信息，为下一步进行设计做准备。

（3）创意的形成。经过前期的市场调查和分析，把握户外广告设计的主题，从多种角度进行反复的思考，选择合适的切入口，确定广告创意。

案例 6-6

中国移动户外广告

中国移动通信集团与中国联通通信集团是中国两大通信巨头，两大集团的竞争达到了白热化。在与中国联通的竞争过程中，中国移动把发展农村市场作为公司业务发展新的增长点，在广大的农村地区都能看到中国移动的广告语，如“中国移动手机卡，一边耕田一边打”。一句简单的广告语，为其赢得了农村大市场。图 6-10 为中国移动户外广告示例。

图 6-10 中国移动户外广告示例

课堂随笔

分析提示

中国移动的广告语正是找到了广告创意的切入口，迎合了农民的需求，又突出现代气息。

（4）创意制作。确定广告创意后，后期的工作就要在广告创意的基础上进行广告制作。在广告制作过程中广告的打印、张贴或表现形式上，也要有严格的标准，保证户外广告的画面效果和艺术价值。

二、POP 广告的设计与制作

1. POP 广告概述

POP 广告在国外称为焦点广告媒体（Point Of Purchase Advertising），又称为售卖场所广告，是一切购物场所内外所做的现场广告的总称。POP 广告有助于营造现场的购买气氛，以刺激消费者的购买欲望。如图 6-11 所示。

图 6–11　POP 广告

2. POP 广告设计与制作要求

POP 广告设计与制作有手工绘制和印刷绘制两种。POP 广告设计与制作的总体要求是新颖独特，能够很快地引起顾客的注意，激发消费者的购买欲望。具体来讲，POP 广告设计与制作应遵循以下要求：

（1）突出品牌，突出产品特色，制造卖点，力求新颖别致。

（2）诉求内容明确、单一，字体清晰易读，整体醒目、新颖、力求美观。

（3）材料的选用宜以浅色并具有耐久性的色纸为宜，便于消费者阅读。手写 POP 广告更能使受众产生亲切感。

（4）在广告设计时应预先考虑 POP 广告设置后的处理，如维护、破损、季节更换等。

（5）造型及配件等必须符合不同的工艺加工要求，同时要考虑运输、布置、管理的方便。

（6）广告的表现形式宜采用长方形，并因地制宜、大小适中，以不遮蔽陈列的商品为原则。为了发挥显眼的吸引效果，幅面越大越好，但是必须注意，想让顾客看到的除了 POP 广告，主要还是商品。

3. POP 广告实施流程

POP 广告从构思、企划、设计、施工有一系列的过程，具体实施流程如下：

（1）工作说明会。POP 广告作业的开展，先由厂商和广告公司召开工作说明会，双方在参加工作说明会之前需收集一些相关资料，使说明会内容容易理解，作业重点能够掌握。

（2）收集资料、市场调查。资料收集包括到目前为止的作品、同业公司的作品、主要媒体的创意资料、商品资料、POP 材质等。

市场调查包括深入市场一线，深入售点终端，走访相关人员，研究竞争对手的策略等

相关工作。

（3）企划方案的设计。POP 广告方案的设计，还必须从零售商的角度着眼，而避免单从生产商方面入手。在设计时，不只是要关注 POP 广告的本身，也要考虑制造费用、制作期限、制作数量、预算、布置场地等问题。

（4）POP 广告的试做。再好的企划书，也比不上实际动手试做。试做可说是 POP 广告制作过程最重要的时刻，可以检验广告效果。

（5）订制后的生产与交货。一旦正式订制，广告公司就要在期限内完成广告的制作。交货之前，也要检查与联络，确保 POP 广告如期到达客户手中。

三、网络广告媒体设计与制作

1．网络广告媒体概述

网络广告媒体是指利用国际互联网这种载体，通过图文或多媒体方式，发布营利性商业广告，是在网络上发布的有偿信息传播。如图 6-12 所示。

图 6–12　网络广告

2．网络广告设计、创意过程

网络媒体的特点决定了网络广告设计、创意的特定要求。网络广告设计、创意过程具体如下：

（1）确定网络广告的目标。在公司的不同发展时期有不同的广告目标，如是形象广告还是产品广告，对于产品广告在产品的不同发展阶段广告的目标可分为提供信息、说服购买和提醒使用等。

（2）确定网络广告的目标群体。简单来说就是确定网络广告希望让哪些人来看，确定他们是哪个群体、哪个阶层、哪个区域。只有让合适的用户来参与广告信息活动，才能使广告有效地实现其目标。

（3）网络广告创意。要有明确有力的广告标题和简洁的广告信息，合理安排网络广告发布的时间，正确确定网络广告费用预算，并需设计好网络广告的测试方案。

（4）选择网络广告发布渠道及方式。网上发布广告的渠道和形式众多，具体有主页形式、网络内容服务商（ICP）、专类销售网、企业名录、免费的 E-mail 服务、黄页、网络报纸或网络杂志、新闻组。这些不同的渠道和形式各有长短，企业应根据自身情况及网络广告的目标，选择网络广告发布的渠道及形式。

项目实训

一、实训环境

（1）以小组分工讨论形式设计的课室；

（2）每组 3 台计算机设备，有条件的学校可以为每位学生配备一台计算机；

（3）每台计算机安装 Photoshop 图形图像处理软件。

二、实训内容

【任务 1】 开展广告设计与制作活动。

根据项目五的广告创意文案，通过讨论、分析、确定广告制作类型，明确广告设计与制作程序，完成下表，并上台对本次广告设计与制作活动进行解读和点评。

广告设计与制作类型			
广告产品名称		所在小组	
一、平面广告设计与制作			
平面广告创意	主题		
平面广告设计	布局		
	字体		
	画面		
	色彩		
平面广告制作过程			
二、电视广告设计与制作			
电视广告创意	主题		
电视广告脚本	画面		
	声音		
电视广告脚本拍摄类型			
电视广告制作过程			
三、广播广告设计与制作			
广播广告创意	主题		
广播广告设计及制作过程			
四、其他广告的设计与制作			
广告创意	主题		
广告设计			
广告制作过程			

三、实训要求

(1) 以团队为单位完成，共同提交广告制作作品。

(2) 成员之间要团结互助，发挥团队协作效力。

(3) 由队长组织和监控过程，老师提供咨询服务，但不参与工作。

(4) 团队展示除了广告制作作品外，还包括团队合作过程描述：

① 选择了谁来制作作品？

② 团队成员之间的分工情况。

③ 哪些人完成了哪些制作？

④ 完成过程中的其他相关记录等。

(5) 广告制作图层要求：以平面广告为例。

① 分辨率：150 像素/英寸；背景颜色：白色；颜色模式：RGB、16 位。

② 使用 JPEG 格式或 GIF 格式储存。

③ 尺寸要求：可依广告本身调整图层大小。

四、实训步骤（以平面广告为例）

(1) 根据【任务 1】进行团队讨论，制订工作计划，可参考下表。

工作计划表

任　务	负 责 人	完 成 时 间	完 成 情 况	存在问题及解决方案

(2) 通过对广告任务的思索，确定广告制作主题。

(3) 打开所要操作的软件，新建一个图层。

(4) 根据创意要求选择图形或绘制图像。

(5) 进行文字、图像的编辑和排版。

(6) 保存、命名图像，上台进行展示及简评。

备注：其他广告的设计与制作实训步骤类似，这里不一一阐述。

五、实训评估

(1) 教师对学生设计的广告制作类型、广告创意、广告设计、广告制作、广告作品解读进行分析，对学生进行客观的评价，应考虑到学生在各个阶段的表现，而不仅仅由最后的成绩决定。

(2) 在评估时，可以分组对不同的部分进行演示，以节约时间。

(3) 可通过询问学生在出现问题时是如何解决的，来评价学生。

(4) 在实施过程中，教师帮助越少，得分越高。

(5) 填写如下评价表。

《广告基础与实训》评价表　项目六

1. 学生自评表					
班　　级		学生姓名		标准分值	得　　分
资讯、计划与决策					
是否查询了相关资料				10	
是否了解或掌握了与任务相关的知识点				10	
实　　施					
积极参与团队任务				10	
能够提出有用意见				10	
能够完成所承担的任务				10	
正确完成实施过程中的分工和配合				10	
检查与评估					
是否能认真描述困难、错误和修改内容				10	
对自己的工作评价				10	
是否检验了实施结果并进行总结改进				10	
能否在规定的时间内完成任务				10	
合计				100	
2. 团队评价表（由队长完成）					
小组名称					
项　　目				标准分值	得　　分
分工是否合理（最大限度地调动成员积极性）				25	
小组是否团结				25	
方案是否有效				25	
知识运用是否合理				25	
合计				100	
3. 教师评价表					
项　　目				标准分值	得　　分
团队合作精神				30	
实训过程表现				30	
成果展示				40	
合计				100	
总分	总分=学生自评得分×20%+团队评价得分×30%+教师评价得分×50%				

六、实训相关案例

1. 为华南城制作户外广告

步骤一，通过市场调查和该公司业务的特点，为华南城制作户外广告比较适宜。
步骤二，实训操作提示：使用 Photoshop 软件制作平面户外广告。

（1）打开 Photoshop 软件，选择“文件”→“打开”命令，打开天空图层与海面图层，如图 6-13 所示。

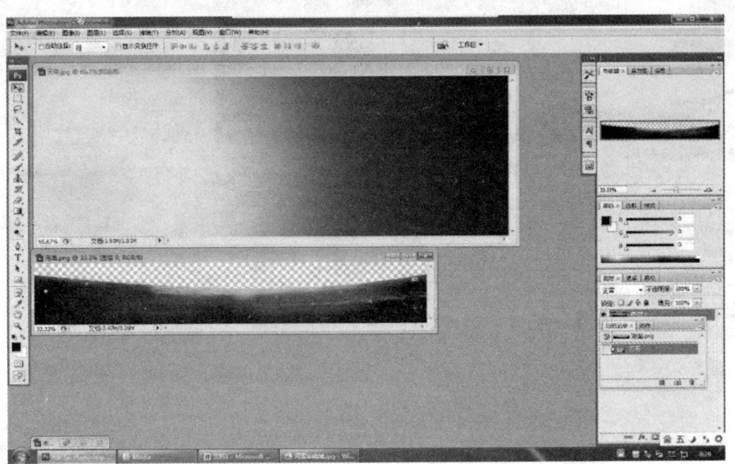

图 6-13 打开图层

（2）将海面图层移动到天空图层中，利用自由变换工具调整海面图层的大小，并存储为图层 1，如图 6-14 所示。

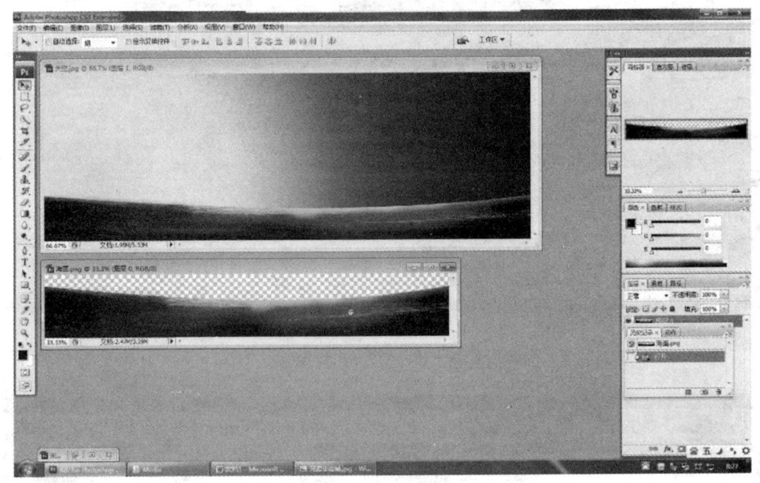

图 6-14 保存图层 1

（3）打开城堡图层，将城堡图层移动到天空图层（图层 1）中，利用自由变换工具调整城堡图层的大小，并存储为图层 2，如图 6-15 所示。

（4）移动瓶子到图层 2 中，利用自由变换工具调整瓶子图层的大小，并存储为图层 3，如图 6-16 所示。

（5）打开高立柱图层，将图层 3 移动到高立柱图层上，利用自由变换工具调整图层的大小；同时利用文字工具录入文字：“穿越五个世纪的时光之海——华南城欢迎您！”设置字体大小为宋体 18 号字，设置字体 RGB 颜色为 255.255.255。如图 6-17 所示。

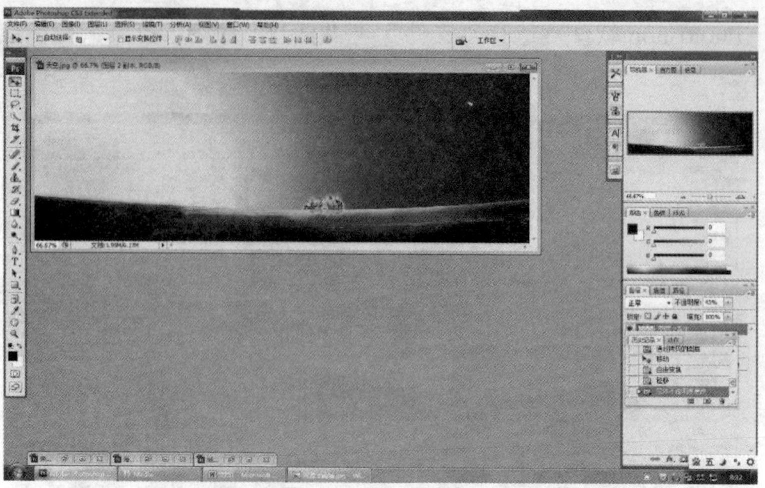

图 6-15　保存图层 2

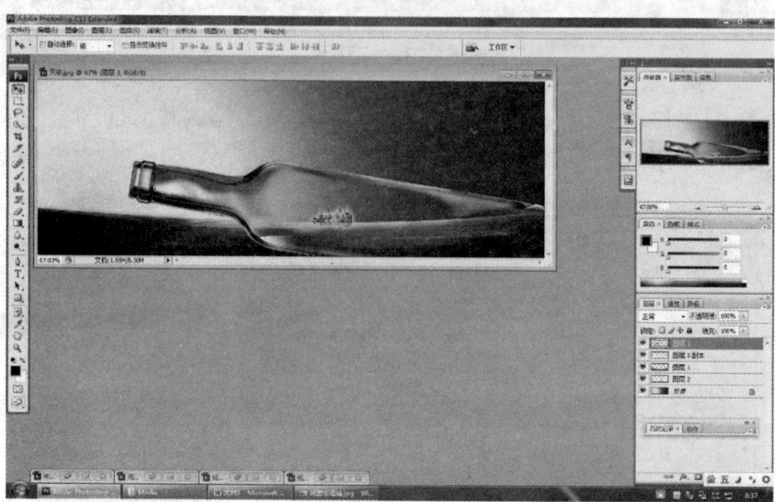

图 6-16　保存图层 3

图 6-17　调整文字

（6）制作完成，以 JPEG 格式储存图层，并命名为高立柱户外广告。最终效果如图 6-18 所示。

图 6–18 华南城的户外广告

2. 为欧莱雅制作化妆品杂志广告

步骤一，通过市场调查和该公司业务的特点，为欧莱雅制作化妆品杂志广告比较适宜。

步骤二，实训操作提示：使用 Photoshop 软件制作杂志广告。

（1）打开 Photoshop 软件，选择“文件”→“新建”命令，在弹出的对话框中，新建 700 像素×400 像素的图层，对图层进行填充，填充的 RGB 颜色是 250.216.232，并存储为图层 1，如图 6-19 所示。

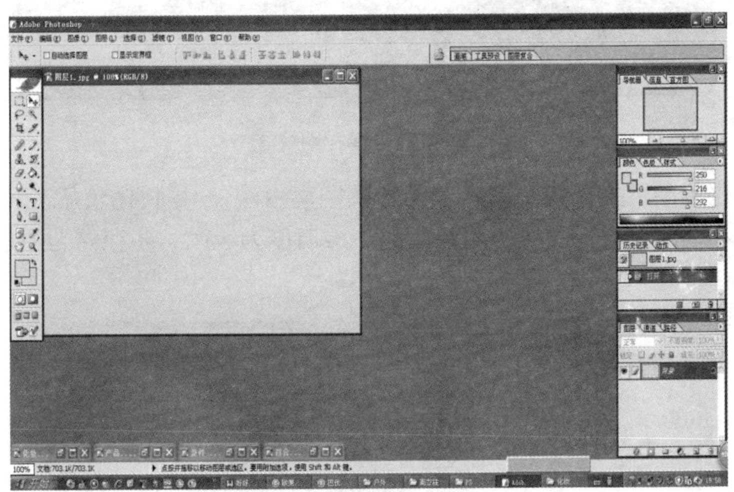

图 6–19 保存图层 1

（2）打开人物图层，利用魔术棒工具选取人物，将人物移动到图层 1，并存储为图层 2，如图 6-20 所示。

（3）打开百合花图层，把图层中的花朵移到图层 2 中，设置花朵不透明度为 50%，并存储为图层 3，如图 6-21 所示。

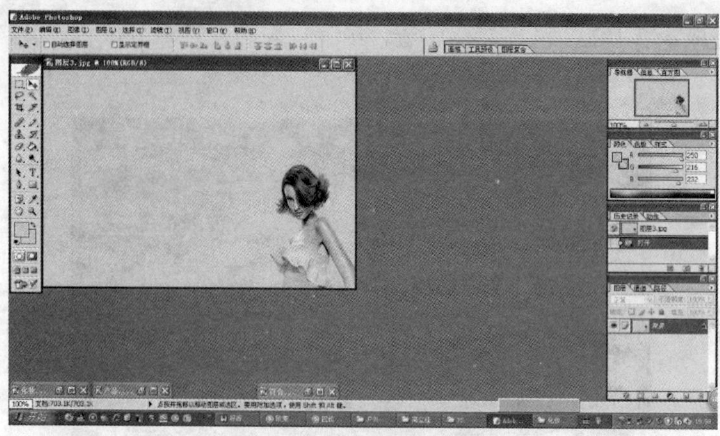

图 6–20　保存图层 2

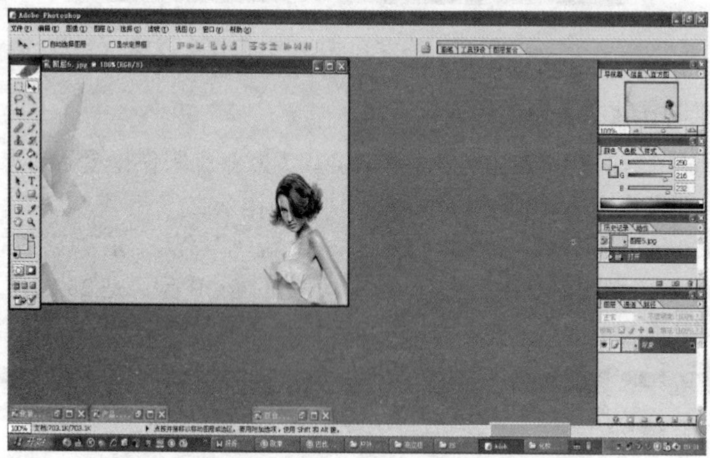

图 6–21　保存图层 3

（4）打开化妆品，把图层中的化妆品移到图层 3 中，复制化妆品，利用自由变换工具调整图形大小，设置复制图层的化妆品的不透明度为 50%，并存储为图层 4，如图 6-22 所示。

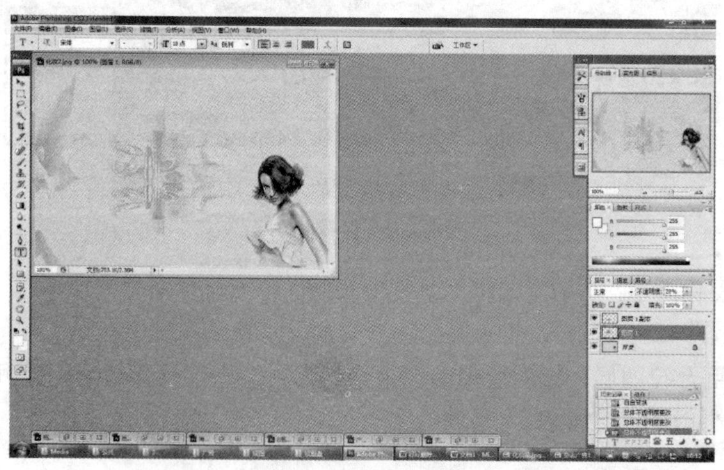

图 6–22　保存图层 4

（5）在图层 4 中，利用文字工具录入文字：“欧莱雅，你值得拥有！”，设置字体大小为宋体 18 号字，设置字体 RGB 颜色为 248.26.240，并存储为图层 5，如图 6-23 所示。

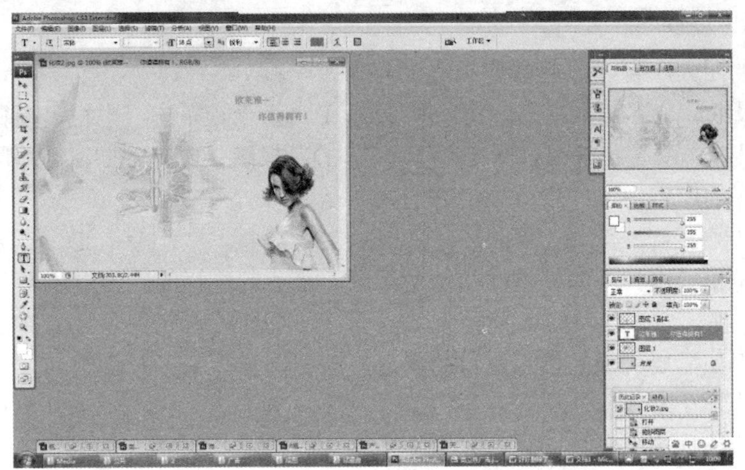

图 6-23 保存图层 5

（6）制作完成，以 JPEG 格式储存图片并命名为“欧莱雅化妆品杂志广告”。最终效果如图 6-24 所示。

图 6-24 欧莱雅化妆品杂志广告

项目小结

小河团队通过本项目的学习和实践，了解了广告设计的视觉构成，广告设计与制作的技能有了进一步提升。了解了广告设计与制作除了分为平面广告设计与制作和视频广告设计与制作、音频广告设计与制作，还可以分为户外广告设计与制作、POP 广告设计与制作、网络广告设计与制作等不同类型。

理解了平面广告主要是指印刷在平面媒体上表现的广告，如报纸、杂志、海报等广告，是一种广告宣传形式。掌握了平面广告的创意、版面设计、制作流程。

理解了视音频广告分为电视广告与广播广告，掌握了视频广告与广播广告的创意、版面设计、制作流程。同时也掌握了其他广告的创意、版面设计、制作流程。

户外广告制作的一般流程是：① 广告主题的确定；② 市场调查、收集资料；③ 广告创意的形成；④ 广告创意制作。

练习与自测

一、不定项选择题

1．传统的四大广告媒体通常是（　　）。

A．报纸、杂志、电视、广播　　B．报纸、杂志、电视、橱窗

C．报纸、杂志、电视、网络　　D．报纸、电视、橱窗、路牌

2．在众多的广告中，广告效果最好的媒介是（　　）。

A．电视　　B．报纸　　C．广播　　D．广告牌

3．如果是权威性和新闻性这样的创意诉求，最适宜选择的广告媒体是（　　）。

A．电视　　B．广播　　C．报纸　　D．杂志

4．广告中如需要大量的技术资料的信息，则应选择（　　）。

A．报纸　　B．广播　　C．杂志　　D．电视

5．广告的视觉构成包括（　　）。

A．布局　　B．字体　　C．画面　　D．色彩

二、简答题

1．报纸广告设计形态由图形、文字、色彩、留白等视觉元素构成，这些元素的运用增强了报纸版面设计的视觉效果和视觉表现力。报纸广告版面设计的要求是什么？

2．在杂志广告的设计与制作上需要遵循哪些要领？

3．广播广告从创意到制作有一套程序，虽然每个电台和制作单位会有所不同，但总的来说是按照一个类似的框架来操作的。请简述广播广告创意及制作程序。

4．简述电视广告制作程序。

5．简述户外广告、POP广告、网络广告制作流程。

三、案例分析

王老吉广告的成功之处

凉茶是广东、广西地区的一种由中草药熬制、具有清热祛湿等功效的“药茶”。在众多老字号凉茶中，又以王老吉最为著名。王老吉凉茶发明于清道光年间，至今已有175年，被公认为凉茶始祖，有“药茶王”之称。

在2002年以前，加多宝公司的红色王老吉从表面看虽然销量稳定，盈利状况良好，有比较固定的消费群，但企业已经不温不火地经营了7年多，要想做大做强走向全国，面临着无法规避的硬伤。作为饮料王老吉危机四伏，面临诸多竞争对手，例如以可口可乐、百事可乐为代表的碳酸饮料，以康师傅、统一为代表的茶饮料、果汁饮料。这些不同品牌的饮料大有赶超势头。如果不能使红色王老吉和竞争对手区分开来，它就永远走不出饮料行业列强的阴影。这就使红色王老吉面临一个极为尴尬的境地：既不能固守两地，也无法在全国范围推广。

面对这些竞争对手，王老吉重新进行了品牌定位。品牌定位为：“防上火的饮料”。核心诉求：“怕上火，喝王老吉”。

为此王老吉始终把央视这一全国性品牌最好的孵化机器当作打造品牌的第一平台，同时针对区域市场的营销需要在地方卫视上投放广告以弥补央视广告到达率的不足。在全国不同电视台，特别是在央视一套晚间新闻联播前后的时段播出的:“怕上火，喝王老吉”的广告很是红火。“预防上火”这一定位具有高度差异性，同时避开了同可乐等国内外饮料巨头的直接碰撞竞争，开辟了自己的生存空间，为王老吉迅速引爆凉茶市场奠定了良好的基础。同时王老吉还做其他不同类型的广告，如报纸广告，车身广告、市中心路牌广告、终端广告促销活动等。

2008 年 5 月 18 日晚，央视一号演播大厅举办“爱的奉献——2008 抗震救灾募捐晚会”。王老吉以一亿元人民币的国内单笔最高捐款使“要捐就捐一个亿，要喝就喝王老吉”家喻户晓。一时间“今夏喝饮料，就喝王老吉”、“中国人，只喝王老吉”的呼声高涨，消费者用嘴巴表达了好感，用行动表达了支持。

2008 年，罐装王老吉继续保持着 60%以上的增长速度，其市场占有率达到 24.6%，销售额突破 100 亿元，稳据饮料行业领导者的位置。

根据案例内容，分析王老吉是如何进行市场定位的？分析其广告的成功之处。

项目七

广告媒体

知识目标

1．掌握广告媒体的含义、功能、分类
2．掌握报纸、杂志、广播、电视、网络广告媒体及其特征
3．掌握选择广告媒体的原则及应该考虑的因素
4．掌握广告媒体的组合原则及方式

能力目标

1．培养学生根据广告媒体的特点、产品的特性，选择合适媒体的能力
2．培养学生根据市场客户要求，科学组合各种媒体的能力
3．培养学生团队合作精神

河马广告公司（模拟）的广告创意受到了校外企业的好评与肯定，企业经理告诉小河团队，广告创作工作完成了，但是还有一件事情要去做，那就是进行媒介选择购买。媒介的选择购买是一件很有学问的事情，要综合考虑媒介搭配、组合、时点选择，还要考虑媒介价格和效果，小河团队感到难度有些大了。

要对广告媒介进行适当的选择和购买，小河团队首先必须了解各种广告媒体的概念、功能和优缺点，掌握选择广告媒体的原则、考虑的因素及方法，了解广告媒体组合的原则和方式等，才能为所制作的广告选择出适合的广告媒体，以产生更好的广告效果。

宝洁在中国的广告媒体战略

宝洁在中国的广告投入规模为：2003年，30多亿元；2004年，44亿元；2005年，52.48亿元。央视黄金时段广告额更是逐年上涨，而对于标王的议论也一年多过一年。宝洁以3.85亿元成为新一年的标王，这也是首次有跨国企业竞得央视标王。对于宝洁在中国的广告媒体战略，有着美国全国广告商协会主席、美国广告业协会名人堂主席两个头衔的宝洁全球市场营运官史丹格先生做出了如下说明。

“我们做宣传，不仅是在功能和功效上的沟通，还包括品牌灵魂的理念传达。在媒体投放上，我们会因品牌而异，力求做到更好。如玉兰油，就不适合在大众媒体上投放广告，只会在专业时尚美容杂志上投放；而大众化的品牌，则会选择大众媒体。

目前与消费者沟通的方式越来越多，如在中国，手机的大量普及应用是独一无二的。还有包括平面媒介、电视等，但是否为消费者所喜爱，关键还是内容和形式是不是受消费者欢迎。作为传递消息的媒体，日新月异的技术发展和革新，对消费者影响的手段也越来越广泛。这要求与我们所有沟通的广告公司和设计公司更具有灵活性和创意性。我们的广告投入对于不同的受众媒体也更有针对性。我觉得，在中国做广告，影响最大的是这一点。”

（资料来源：新浪网“财经纵横”栏目）

案例分析

媒介是广告的载体，其选择也成为决定广告效果的主要因素之一。现代社会的广告媒介种类繁多，不胜枚举，而将其进行系统分类的方式也很多。广告主在媒介投放这一环节能否操作正确，关系着广告目标能否实现，关系到广告主能否花最少的钱获得最大的广告效益。因此，在选择广告媒体时，一定要了解消费者接触媒体的习惯，选择最适合的广告媒体才能做到与消费者更好的沟通。

想一想

1. 你所认知的广告媒介是什么？文中谈到的大众媒介有哪些？
2. 结合案例，谈谈在选择广告媒介时什么是最重要的？

任务一　认识广告媒体

一、广告媒体

媒体一词源自英文中的“media”。从传播学角度看，媒体通常是指传达、增大、延长人类信息的物质形式。媒体是人借助用来传递信息与获取信息的工具、渠道、载体、中介或技术手段。例如，报纸、杂志、广播、电视、互联网等大众传播媒体，交通工具、路牌、灯箱等流动性传播媒体以及售卖点（POP）、包装、工商名录等其他媒体。媒体也可以理解为：从事信息的采集、加工制作和传播的组织，即传播机构，如中央电视台、人民日报社等。而被运用向消费者传递广告信息的媒体，就是广告媒体。

一般来说，常说的广告媒体就是指传播广告信息的物质，是广告主与广告信息接受对象之间起媒介或载体作用的可视物体。

广告和媒体相互依存。在大众传媒经营活动中，大众传媒提供各种信息服务，需要一定的资金支持，而广告收入则是其主要的经济来源。作为一种信息服务的广告传播需要依存于节目、版面中，凭借公众对大众传媒的信任和好感而达到一定的效果。这种相互依存的关系促进了双方的发展。

二、广告媒体的分类

广告媒体可以分成很多类，不同类型的媒体具有不同的特征。在现代的营销活动中，最常用的广告媒体有以下几种，如表 7-1 所示。

表 7-1　广告媒体的分类

序　号	类　别	内　容
1	按表现形式分类	印刷媒体、电子媒体
2	按功能分类	视觉媒体、听觉媒体和视听两用媒体
3	按影响范围分类	国际性广告媒体、全国性广告媒体和地方性广告媒体
4	按接受类型分类	大众化媒体和专业性媒体
5	按时间分类	瞬时性媒体、短期性媒体和长期性媒体
6	按可统计程度分类	计量媒体和非计量媒体
7	按传播内容分类	综合性媒体和单一性媒体
8	按照与广告主的关系分类	间接媒体和专用媒体

1. 按表现形式分类

按表现形式可分为：印刷媒体、电子媒体等。印刷媒体包括报纸、杂志、说明书、挂历等。电子媒体包括电视、广播、电动广告牌、电话等。

2. 按功能分类

按功能可分为：视觉媒体、听觉媒体和视听两用媒体。视觉媒体包括报纸、杂志、邮递、海报、传单、招贴、日历、户外广告、橱窗布置、实物和交通等媒体形式。听觉媒体包括无线电广播、有线广播、宣传车、录音和电话等媒体形式。视听两用媒体主要包括电视、电影、戏剧、小品及其他表演形式。

3. 按影响范围分类

按广告媒体影响范围的大小可分为国际性广告媒体、全国性广告媒体和地方性广告媒体。国际性媒体如卫星电路传播、面向全球的刊物等，全国性媒体如国家电视台、全国性报刊等，地方性媒体如省（市）电视台、报刊，以及少数民族语言文字的电台、电视台、报纸、杂志等。

4．按接受类型分类

按广告媒体所接触的视、听、读者的不同，可分为大众化媒体和专业性媒体。大众化媒体包括报纸、杂志、广播、电视，专业性媒体包括专业报纸、杂志、专业性说明书等。

5．按时间分类

按媒体传播信息的长短可分为瞬时性媒体、短期性媒体和长期性媒体。瞬时性媒体如广播、电视、幻灯、电影等。短期性媒体如海报、橱窗、广告牌、报纸等。长期性媒体如产品说明书、产品包装、厂牌、商标、挂历等。

6．按可统计程度分类

按对广告发布数量和广告收费标准的统计程度来划分，可分为计量媒体和非计量媒体。计量媒体如报纸、杂志、广播、电视等，非计量媒体如路牌、橱窗等。

7．按传播内容分类

按其传播内容可分为综合性媒体和单一性媒体。综合性媒体是指能够同时传播多种广告信息内容的媒体，如报纸、杂志、广播、电视等。单一性媒体是指只能传播某一种或某一方面的广告信息内容的媒体，如包装、橱窗、霓虹灯等。

8．按照与广告主的关系分类

按照与广告主的关系来分，可分为间接媒体和专用媒体（或称租用媒体与自用媒体）。间接媒体（或租用媒体）是指广告主通过租赁、购买等方式间接利用的媒体，如报纸、杂志、广播、电视、公共设施等。专用媒体（或自用媒体）是指属广告主所有并能为广告主直接使用的媒体，如产品包装、邮寄、传单、橱窗、霓虹灯、挂历、展销会、宣传车等。

三、广告媒体的功能

1．商务传播功能

商务传播功能是广告媒体的基本功能。现代广告媒体广泛应用了现代材料科学、光电科学、印刷科技等自然科学的成就，所记载的社会经济信息借助物理学声、光、电的原理强烈地刺激人们的感官。人们看到的、听到的、谈到的、用到的物品都留下了广告的痕迹。随着摄影艺术、绘画艺术、音响科技等人文艺术的发展，广告媒体所传播的内容已经融入一个民族的文化、思想和精神领域。这种传播发挥着在点、线、面、图、文等方面融会贯通的信息传播效应，影响和诱导着诸多领域。广告发布者经由媒体调查、媒体购买、媒体组合、媒体服务和媒体评价等活动，适时适地发布广告信息，使人们能够看到、听到或者读到广告信息内容，进而了解广告信息的详情，产生消费欲望，发生购买、体验、休闲、观光等行为。

如图 7-1 所示的宝洁公司的海飞丝广告，那句堪称经典的“头屑去无踪，秀发更出众”的产品信息，就是宝洁公司海飞丝产品通过电视的声、光等技术手段，传递给了广大消费者，促使广大消费者前去购买。

图 7-1　宝洁海飞丝电视广告

2. 文化吸引功能

大众媒体不仅仅是传播广告信息，它是在传播大量政治、经济、文化等各方面信息或是提供娱乐、教育等特定内容的同时，夹杂传播广告信息的。广告媒体往往融声、形于社会新闻、财经商贸、教育科技、餐饮娱乐、体育休闲、美容健身、旅游度假、气象地理等信息知识之中；用情、用心于动漫、游戏、幽默、美图、贺卡、邮件、房产、家居、汽车、手机、星座等时尚生活之中；绘声、绘色于心情、爱情、亲情、友情等情感世界之中；不时还夹杂在征婚交友、出国留学、会议展览等信息之中。广告媒体往往能够形成一定的特色和吸引力，进而吸引特定的受众。而广告信息借助适当的广告媒体，就可以有效地提高信息的吸引力。广告媒体促成不同消费群体的同时关注，缩短了人与人之间的情感距离，促使消费群体以最快的速度对广告产生共鸣。

如图 7-2 所示的美国万宝路香烟广告就是通过原野、骏马、牛仔为表征的西部文化（男子汉文化）来激发消费者对广告商品的兴趣。还有如图 7-3 所示的孔府家酒广告同样利用了传统的家文化、酒文化以引起人们对该产品的关注。

图 7-2　万宝路香烟广告

图 7-3　孔府家酒广告

任务二　主要广告媒体及其特征

大众传播是职业传播者通过现代传播媒体向社会大众提供信息的传播形式。广告常用的大众传播媒体主要有印刷媒体和电子媒体。印刷媒体是通过印刷将信息传递给公众的传播手段，它包括报纸、杂志、书籍、招贴和传单等印刷品。电子媒体是需要运用专门的电气和电子设备来发送和接收信息的传播媒体，主要有广播、电视、电影、录音、录像、幻灯等，新兴起的电子媒体是网络。

报纸、杂志、广播、电视这四种大众传播媒体从19世纪开始，就一直充当着主流广告媒体的角色，它们大大拓展了广告的功能和价值，成为广告媒体的四大支柱。熟悉主要媒体的特点，了解主要媒体的优势与缺陷是进行广告策划活动的基础。

一、报纸

案例 7-1

特别的鞋店广告

新中国成立前，南京有家鹤鸣鞋店，牌子虽老，却无人问津。老板发现许多商社和名牌店时兴登广告推销商品。他也想做广告宣传一下。

但什么样的广告才有效果呢？店老板来回寻思着。这时，账房先生过来献计说："商业竞争与打仗一样，只要你舍得花钱在市里最大的报社登3天的广告。第一天只登个大问号，下面写一行小字：'欲知详情，请见明日本报栏。'第二天照旧，等到第三天揭开谜底，广告上写'三人行必有我师，三人行必有我鞋，鹤鸣皮鞋'。"

老板一听，觉得此计可行，依计行事，广告一登出来果然吸引了广大读者，鹤鸣鞋店顿时家喻户晓，生意红火。老板颇有感触地意识到：做广告不但要加深读者对广告的印象，还要掌握读者求知的心理。这则特别的商业广告，也显示出赫赫有名的老商号财大气粗的气派。从此，鹤鸣鞋店在京沪鞋帽业鹤立鸡群。

（资料来源：民营经济报 2004/11/07）

分析提示

这则故事讲的是鹤鸣鞋店的广告。虽然对于广告，人们接触得频多，但有没有想过怎样做才能吸引更多的人呢？账房先生可谓独具匠心。经他精心策划，广告虽然做得简单，但敢于标新立异，冲破传统观念，因而取得了极大的成功。我们所处的时代，科技发展日新月异，经济发展突飞猛进，新生事物层出不穷，因此必须敢想、敢说、敢干、敢于创新，跟上时代潮流，更要有超前意识。这些都是成功者必备的素质。

课堂随笔

报纸作为一种印刷媒介，是以刊登新闻为主的面向公众发行的定期出版物，报纸与杂志、广播、电视相比，是历史最悠久的广告媒体。时至今日，报纸虽然受到广播、电视的挑战，但它仍是传播信息的主要工具，是主要的广告传播媒体。

1．报纸的优势

（1）传播面广。报纸发行量大、触及面广，遍及城市、乡村、机关、厂矿、企业、家庭，有些报纸甚至发行至海外。

（2）传播迅速。报纸一般都有自己的发行网和发行对象，因而投递迅速准确。

（3）具有新闻性，阅读率较高。报纸能较充分地处理信息资料，使报道的内容更为深入细致。

（4）文字表现力强。报纸版面由文字构成，文字表现多种多样，可大可小，可多可少，图文并茂，又可套色，引人注目。

（5）便于保存和查找。报纸信息便于保存和查找，基本上无阅读时间限制。

（6）传播费用较低。

2．报纸的局限性

（1）时效性短。报纸的新闻性极强，因而隔日的报纸容易被人弃置一旁，传播效果会大打折扣。

（2）传播信息易被读者忽略。报纸的幅面大、版面多、内容杂，读者经常随意跳读所感兴趣的内容，因此报纸对读者阅读的强制性较差。

（3）理解能力受限。受读者文化水平的限制，更无法对文盲产生传播效果。

（4）色泽较差，缺乏动感。报纸媒体因纸质和印刷关系，大都颜色单调，插图和摄影不如杂志精美，更比不上视听结合的电视。

二、杂志

杂志是以成册装订的形式刊出的定期版物，与报纸等其他印刷媒体相比，杂志广告媒体在广告传播、吸引受众等方面有一些独到之处，如图 7-4 所示为杂志广告。

图 7-4　杂志广告

知识链接

杂志广告的起源

由于史料缺乏，目前尚难肯定最早的杂志广告出于何时。1710 年英国《观察家》杂志曾经刊登过茶叶、咖啡、巧克力的广告和拍卖物品、房产、书刊及成药的广告，相信杂志广告的出现肯定在这以前。美国的杂志多出版于 18 世纪初，这些早年出版的杂志只是一些小册子，多数不刊登广告。直到 19 世纪中期美国经济开始走向繁荣，杂志广告才逐步发展。

第一家中文杂志是 1815 年 8 月在马来西亚的马六甲创办的《察世俗每月统计传》，而第一家在我国境内出版的中文杂志则是 1833 年在广州创办的《东西洋考每月统计传》月刊，内容有社会新闻、宗教、政治、科学和商业动态等。这些杂志均刊有中文广告。“五四”运动前后，各种刊物纷纷面世，也大多刊登广告，作为解决经费来源和改善员工生活的措施。

1．杂志的优势

（1）时效性长。杂志的阅读有效时间较长，可重复阅读，它在相当一段时间内具有保留价值，因而在某种程度上扩大和深化了广告的传播效果。

（2）针对性强。每种杂志都有自己的特定读者群，传播者可以面对明确的目标公众制定传播策略，做到“对症下药”。

（3）印刷精美，表现力强。

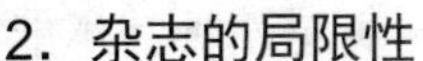

2. 杂志的局限性

（1）出版周期长。杂志的出版周期大都在一个月以上，因而时效性强的广告信息不宜在杂志上刊登。

（2）声势小。杂志无法像报纸和电视那样形成铺天盖地般的宣传效果。

（3）理解能力受限。像报纸一样，杂志不如广播、电视那么形象、生动、直观和口语化，特别是在文化水平低的读者群中，传播的效果受到制约。

（4）读者数量相对有限。与报纸及电视相比，杂志读者的针对性会更强，因此其读者数量就相对有限。

三、广播

广播与电视同属电子媒介。广告经常要运用广播、电视去播发新闻、广告，以及时、有效地影响公众，广播是非常重要的广告传播手段。

这里的广播是指通过无线电电波或导线传送声音节目、供大众收听的传播工具。广播分无线广播和有线广播。通过无线电波传送声音符号称为无线广播，通过导线传送声音符号称为有线广播。

案例 7-2

台湾地区 PUMA（彪马）运动鞋广播广告文案

（男声）

我是个庸庸碌碌的上班族。不过在平淡的生活中。我倒有一件法宝——PUMA。

星期一，我喜欢走仁爱林荫道来公司，借以平和我的“星期一忧郁症”。

星期二，我会故意挑公司后面的小巷道，多绕些路，只为了听听附近住家起床号的声音。

星期三，我会从小学旁经过，看看年轻的生命力，顺便感怀一下我自己消逝的天真童年。

星期四，我索性来一段慢跑。

（旁白渐弱）

广告语：快乐的走路族——PUMA——彪马运动鞋。

分析提示

从以上案例可以看出，广播广告是“说”给人听的，既然是“说”，就要口语化、生活化，以做到说起来顺嘴，因此，应多用短句、简单句，少用长句、倒装句，以达到更好的传播效果。

课堂随笔

1. 广播的优势

（1）传播面广。广播使用语言做工具，用声音传播内容，听众对象不受年龄、性别、职业、文化、空间、地点、条件的限制。

（2）传播迅速。广播传播速度快，能把刚刚发生和正在发生的事情告诉听众。

（3）感染力强。广播依靠声音传播内容，声音的优势在于具有传真感，听其声能如临其境、如见其人，能唤起听众的视觉形象，有很强的吸引力。

（4）多种功能。广播是一种多功能的传播工具，可以用来传播信息、普及知识、开展教育、提供娱乐的服务，能满足不同阶层、不同年龄、不同文化程度、不同职业分工的听众多方面的需要。

2. 广播的局限性

（1）传播效果稍纵即逝，过耳不留，信息的储存性差，难以查询和记录。

（2）线性的传播方式，即广播内容按时间顺序依次排列，听众受节目顺序限制，只能被动接受既定的内容，选择性差。

（3）广播只有声音，没有文字和图像，听众对广播信息的注意力容易分散。

四、电视

电视是用电子技术传送活动图像的传播媒介。它应用电子技术把静止或活动景物的影像进行光电转换，然后将电信号传送出去使远方能即时重现影像。如图 7-5 所示为电视广告。

图 7–5　电视广告

1. 电视的优势

（1）视听结合传达效果好。它用图像和声音表达思想，比报纸只靠文字符号和广播只靠声音的表达要直观得多。

（2）纪实性强、有现场感。电视能让观众直接看到事物的情境，使观众产生亲临其境的现场感和参与感，时间上的同时性、空间上的同位性。

（3）传播迅速、影响面大。它与广播一样，用电波传送信号，向四面八方发射，把信号直接送到观众家里。传播速度快，收视观众多，影响面大。

（4）多种功能、娱乐性强。由于直接用图像和声音来传播信息，因此观众完全不受文化程度的限制，适应面最广泛。

2. 电视的局限性

（1）和广播一样，传播效果稍纵即逝，信息的储存性差，记录不便也难以查询。

（2）电视广告同样受时间顺序的限制，加上受场地、设备条件的限制，信息的传送和接收都不如报刊、广播那样具有灵活性。

（3）电视广告的制作、传送、接收和保存的成本较高。

五、网络

与传统的音视频设备采用的工作方式不同，网络媒体依赖 IT 设备开发商们提供的技术和设备来传输、存储和处理音视频信号。网络媒体不仅具有传统媒体的特点，还具有自己的优势，是传统媒体无法相比的，它是 20 世纪人类发现的最具价值的传播媒体之一。如图 7-6 所示为网络广告。

图 7-6　网络广告

知识链接

网络广告的起源

网络广告起源于美国。1994 年 10 月 27 日是网络广告史上的里程碑，美国著名的 Hot wired 杂志推出了网络版的 Hot wired，并首次在网站上推出了网络广告，立即吸引了 AT&T 等 14 个客户在其主页上发布广告 Banner，标志着网络广告的正式诞生。更值得一提的是，当时的网络广告点击率高达 40%。

中国的第一个商业性的网络广告出现在 1997 年 3 月，传播网站是 China byte，广告表现形式为 468×60 像素的动画旗帜广告。Intel 和 IBM 是国内最早在互联网上投放广告的广告主。中国网络广告一直到 1999 年初才稍有规模。历经多年的发展，网络广告行业经过数次洗礼已经慢慢走向成熟。

1．网络媒体广告的优势

与传统的四大传播媒体（报纸、杂志、电视、广播）广告及近来备受垂青的户外广告相比，网络广告具有得天独厚的优势，是实施现代营销媒体战略的一个重要部分。网络作为广告媒体具有如下优势：

（1）传播范围最广——全球性。传统媒体无论是电视、报刊、广播还是灯箱海报，都不能跨越地域限制，只能对某一特定地区产生影响。但任何信息一旦进入 Internet 网络，分布在近 200 个国家的近 2 亿 Internet 网络用户都可以在他们的计算机上看到。从这个意义上讲，Internet 是最具有全球影响的高科技媒体。

（2）保留时间长——全天候（常年）。报纸广告只能保留一天，广播、电视广告甚至只保留几十秒、几秒，而 Internet 上发布的商业信息一般是以月或年为单位。一旦信息进入 Internet，它们就可以一天 24 小时、一年 365 天不间断地展现在网上，以供人们随时随地查询。

（3）信息数据庞大——全面性。影像、动画、声音、文字；涉及政府、企业、教育等各行各业；写文章、搞研究、查资料、找客户、建市场、信息流、物流，等等。

（4）开放性强——全方位。Internet 网络是一个高度开放的系统，在这个电子空间中，没有红灯、不设障碍；不分制度、不分国界、不分种族。任何人都可以利用这个网络平等地获取信息和传递信息。

（5）操作方便简单。仅点击鼠标，即可轻松实现浏览、搜索、查询、记录、下单、购物、聊天、谈判、交易、娱乐、报关、报税等操作，跟发传真、找电话一样简单。

（6）交互性沟通性强——全动态。交互性是互联网媒体的最大优势，它不同于电视、广播的信息单向传播，而是信息互动传播，用户可以获取他们认为有用的信息，厂商也可以随时得到宝贵的用户反馈信息。以往用户对于传统媒体的广告，大多是被动接受，不易产生效果。但在 Internet 上，大多数来访问网上站点的人都是怀有兴趣和目的来查询的，成交的可能性极高。

（7）成本低、效率高——最经济。广播、电视台的广告虽然以秒计算，但费用却动辄成千上万，报刊广告也价格不菲，超出多数单位、个人的承受力。Internet 由于节省了报刊的印刷和广播、电视台昂贵的制作费用，成本大大降低，使大多数单位、个人都可以承受。在网上访问，去杭州跟去纽约没有区别。

（9）强烈的感官性——全接触。文字、图片、声音、动画、影像等多媒体手段使消费者能亲身体验产品、服务与品牌。这种以图、文、声、像的形式，传送大量感官的信息，让顾客如身临其境般感受商品或服务，并能在网上预订、交易与结算，将更大地增强网络广告的实效。

（10）品牌形象——全效应。它更为全面地反映企业的形象，是企业的网上门牌号码、通行证、户口本、身份证、无形资产。

2．网络媒体广告的局限性

与传统媒体一样，尽管网络广告媒体具有其他广告媒体不可比拟的优势，但也不可避免地存在着某些不足与局限，制约着网络广告的发展，网络的局限性表现在以下三个方面。

（1）广告可信度较低。由于网络信息发布的自由性，使得网络媒介上出现的信息真假难辨，于是就造成了网络广告媒体最大的弱点，即较低的可信度。

（2）硬件要求高。传统的四大媒体中，报纸、杂志的价格很低，用来收听广播的收音机价格也不高，收看电视节目的电视机，在我国的普及率已很高。网络广告的受众，则需要性能优越的计算机、上网设备等昂贵的硬件，通过上网才能看到网络广告。同时，计算机的使用比较复杂，要求用户具备一定的文化水平、外语水平和基本的网络知识，这在一定程度上决定了较低的上网率。

（3）主动性差。网络媒体强大的互动性，使得广告受众具有其他媒体所不能提供的选择广告信息的主动权，但同时也降低了广告自身的主动性。在传统媒体上进行广告宣传，广告主只要选择最佳的媒体版面或电视黄金时段，不论广告水平如何总会有人收看。而在互联网里，有着成百万上千万的网站，网上的信息只有等待用户上网索取，而不能主动出击，这必然导致网络媒体不具备强制收视的效果，从而影响到网络广告的收视率、到达率。

知识链接

中国网民数量的迅速发展

中国互联网络信息中心于2011年7月19日发布的第28次全国互联网络发展状况统计报告显示：截至2011年6月底，我国网民规模已经达到4.85亿，2011年年底将超过5亿，互联网普及率达到36.2%。中国网民的数量从100万发展到1亿用了7年半时间，从1亿到3亿用了将近4年时间，从3亿到2011年年底的超5亿则不到2年，令中国稳居世界第一网民大国的位置。

分析提示

以上资料说明，中国网民数量的迅速发展给网络媒体发展带来了前所未有的机遇，是现代企业实施现代营销媒体战略的重要部分。

六、户外广告媒体

1. 户外广告媒体的概念及类型

户外广告媒体是指在城市农村的交通要道两边、街道边、主要建筑物的楼顶、商业区的门前、广场等露天或室外的公共场所设置的向消费者发布广告信息的媒体。在科学技术迅速发展的现代社会，户外广告是引进新技术、新材料、新工艺的热点，并成为美化城市的一种艺术品，是一个城市商品经济发达程度及居民的精神面貌和文化素养的重要标志，它从一个侧面代表着一个国家经济发展与社会文明的水平，常见的户外广告大致有如下几种形式：

（1）路牌广告，如图7-7所示；

（2）电动或电子户外广告，如图7-8所示；

图7–7　路牌广告

图7–8　电子户外广告

（3）灯箱广告；

（4）交通广告；

（5）海报与招贴；

（6）运动场地广告，如图7-9所示，；

（7）节日广告，如图7-10所示；

（8）民墙广告。

图 7-9　运动场地广告

图 7-10　节日广告

另外，由于科学技术的飞速发展以及现代人思维方式的宽松解放，户外广告在其表现形式上也有许多重大的突破。如卫星发射现场广告、空中广告（如飞行表演、跳伞表演、热气球球身广告）、活人（模特）活动广告、实物放大（缩小）模型广告、充气放大模型广告、自动翻转（多面）广告、激光投射广告（或利用建筑物反射、空中飞行物、云层反射）等。这些全新的户外广告形式，在视觉外观上富有强烈的表现力与冲击力，因而在传达效果上比其他传统形式的户外广告更胜一筹。

2. 户外广告在广告传播中的特点

（1）容易吸引行人的注意力。户外广告面积大，色彩鲜艳，主题鲜明，设计新颖，广告形象突出，因而容易吸引行人的注意力，并且容易记忆。

（2）具有长期的时效性。户外广告一般发布的期限较长，不具有强迫性，信息容易被认知和接受，对于区域性受众能造成印象的累积效果。

（3）画面简洁，内容简单易懂，容易为各个阶层的消费者接受。

户外媒体也有自身的局限：一是受场地的限制，受众的数量有限；二是户外广告的内容比较简单，传达的信息量有限，多是企业或商品的形象广告，即时的促销作用差。

七、焦点广告媒体

焦点广告媒体在国外称为 POP 广告（Point Of Purchase Advertising），又称为售卖场所广告，是一切购物场所内外所做的现场广告的总称。POP 广告有助于营造现场的购买气氛，刺激消费者的购买欲望。POP 广告的主要功能是利用商品销售点的时空，强烈地吸引消费者，促进消费产生购买动机。

1. POP 媒体广告的概念

POP 广告的概念有广义和狭义两种：广义的 POP 广告是指凡是在商业空间、购买场所、零售商店的周围、内部以及在商品陈设的地方所设置的广告物，都属于 POP 广告。如商店的牌匾、店面的装潢和橱窗，店外悬挂的充气广告、条幅，商店内部的装饰、陈设、招贴广告、服务指示，店内发放的广告刊物，进行的广告表演，以及广播、录像电子广告牌广告等。狭义的 POP 广告仅指在购买场所和零售店内部设置的展销专柜以及在商品周围悬挂、摆放与陈设的可以促进商品销售的广告媒体，如图 7-11 和图 7-12 所示为 POP 媒体广告。

图 7-11 POP 媒体广告 1

图 7-12 POP 媒体广告 2

知识链接

POP 广告的起源

POP 广告起源于美国的超级市场和自助商店里的店头广告。1939 年，美国 POP 广告协会正式成立后，POP 广告获得正式的地位。

20 世纪 30 年代以后，POP 广告在超级市场、连锁店等自助式商店频繁出观，于是逐渐为商界所重视。20 世纪 60 年代以后，超级市场这种自助式销售方式由美国逐渐扩展到世界各地，POP 广告也随之走向世界各地。

POP 广告只是一个称谓，但就其形式来看，在我国古代，酒店外面挂的酒葫芦、酒旗，饭店外面挂的幌子，客栈外面悬挂的幡帜，或者药店门口挂的药葫芦、膏药或画的仁丹等，以及逢年过节和遇有喜庆之事的张灯结彩等，都可谓是 POP 广告的鼻祖。

2. POP 媒体广告的功能

（1）新产品告知。几乎大部分的 POP 广告，都属于新产品的告知广告。当新产品出售之时，配合其他大众宣传媒体，在销售场所使用 POP 广告进行促销活动，可以吸引消费者视线，刺激其购买欲望。

图 7-13 货架 POP 广告

（2）取代售货员。POP 广告有“无声的售货员”和“最忠实的推销员”的美名。POP 广告经常使用的场所是超市，而超市是自选购买方式，在超市中，当消费者面对诸多商品而无从下手时，摆放在商品周围的一则杰出的 POP 广告将忠实地、不断地向消费者提供商品信息，可以起到吸引消费者促成其购买决心的作用，如图 7-13 所示。

（3）提升企业形象。现在国内的一些企业，不仅注意提高产品的知名度，同时也很注重企业形象的宣传。POP 广告同其他广告一样，在销售环境中可以起到树立和提升企业形象，进而保持与消费者的良好关系的作用。

（4）创造销售气氛。利用 POP 广告强烈的色彩、美丽的图案、突出的造型、幽默的动作、准确而生动的广告语言，可以创造强烈的销售气氛，吸引消费者的视线，促成其购买冲动。

（5）唤起消费者潜在购买意识。尽管各厂商已经利用各种大众传播媒体，对本企业或本产品进行了广泛的宣传，但是有时当消费者步入商店时，已经将其他大众传播媒体的广告内容所遗忘，此刻利用 POP 广告在现场展示，可以唤起消费者的潜在意识，重新忆起商品，促成购买行动。

3. POP 媒体广告的表现形式

销售现场媒体是一种综合性的陈列式广告，从内容上大致可以分为室内 POP 媒体和室外 POP 媒体两大系统。室内 POP 媒体主要指货架陈列广告、柜台广告、模特儿广告、四周墙上广告、圆柱广告、空中悬挂广告等。销售现场的室外 POP 媒介主要指销售场所如商店、百货公司、超级市场门前和附近周围的一切广告形式。例如广告牌、灯箱、霓虹灯（见图 7-14）、电子显示广告牌、招贴画、橱窗（见图 7-15）、商店招牌、门联、门面装饰等。总体来说，POP 媒体广告可分为立式、悬挂式、柜台式和墙壁式四种。

图 7–14　霓虹灯广告

图 7–15　橱窗广告

4. POP 媒体在广告传播中的特点

（1）可以美化购物场所，增加零售点对顾客的吸引力，并烘托销售气氛。

（2）广告形式简单易懂，适合不同阶层的消费者，长期重复出现，可以加深消费者对产品的印象，具有广泛性和时效性，能起到无声推销的作用。

（3）广告可以提醒消费者购买已有印象的商品，并进行指牌认购。尤其是在报纸、电视等大众化媒体对产品已进行了广告宣传之后，更能发挥其配合宣传的作用。

（4）广告具有小型化的特点，制作简单、成本低廉，却能在最确切的销售地发挥作用。

八、交通广告媒体

交通广告媒体是一种高频率的流动广告媒体。特别是公共交通车辆往返于市中心的主要街道，在车辆两侧或车头车尾上做广告，覆盖面广，广告效应尤其强烈。典型的交通广告媒体有以下几种。

（1）机场广告：利用机场的候机室及在机场内其他各种场地和设备上制作刊出的广告，也包括在指示牌上制作的广告，如图 7-16 所示为机场广告。

图 7-16 机场广告

（2）路牌广告：张贴或直接描绘在固定路牌上的广告。一般用喷绘或油漆手工绘制在路牌上。

（3）站牌广告：在车辆上落站站牌上的广告。人们在候车时往往要注意站名，一般就能留心到广告。

（4）候车亭广告：设置在公共车辆候车站的广告。一般设计成遮阳篷形式，同时作为车站的识别标志，并美化街道，如图 7-17 所示为候车亭广告。

图 7-17 候车亭广告

（5）路灯柱广告：设置在路灯柱上的广告，有用招贴的，也有用耐久搪瓷牌的。

（6）街车广告：设置在路上行驶的街车前面、侧面和顶面的广告，如电车、出租汽车、公共汽车上的广告。如图 7-18 所示。

图 7-18 街车广告

(7)地铁广告：设置在地铁站口、站内的广告和地铁车厢里的广告。

(8)站台广告：设置在铁路及地铁等的站台、月台上的广告。

九、直邮广告媒体

直邮广告媒体，英文为Direct Mail Advertising，简称DM广告媒体，是指具有个人资讯的主体，通过DM媒体进行寄递，创造顾客的一种广告方式。如图7-19所示的直邮广告，它是企业或广告公司选定广告对象，以邮寄印刷或书写广告的方式直接向目标受众传达广告信息。在我国，邮寄广告的发展较为迅速，已不局限于征订单之类的初级邮寄函件了。邮寄广告分为一次性邮寄和数次性邮寄两类，主要是根据邮寄的目的和产品（或服务）的性质而定。

图7–19　直邮广告

直邮广告分为信函广告、账单广告、印刷品广告、明信片广告和户外招贴等多种。邮寄函件的作用多是为了直接向消费者推销商品，以取得直接销售或邮寄销售的效果。DM媒体包括各种形式的印刷品，如销售函件、邮寄传单、小册子、订购单、商品目录、邮购目录、广告函、产品说明书、名片、明信片、对账单、定期发布的固定形式印刷品广告、奖购券、折扣券、打折信息、新产品介绍、订单、产品样本、纪念品等材料。

知识链接

传单广告

如果要发宣传单，最好不要太大，否则一般的包装不下，会被扔掉，或者折几折塞到包里，等再次拿出的时候，98%是进垃圾桶。而且太大的传单印刷费也比较贵，建议传单用三分之一A4纸大小，或者二分之一A4纸大小。其实发广告的同时，考虑一下大众的感受，如果把广告印在比较实用的物品上，一般人是舍不得扔掉的，借用这一点就可以让广告长期保存下来。对于一个新的小规模的店面开张来说，前期广告至关重要，但是很多店老板都知道，要让他花费上万的广告费确实有着很多苦衷。资金不足、风险太大、广告周期太长等，但是有一种广告却让很多店老板眼前一亮——那就是传单广告。

（资料来源：广告买卖网）

任务三 广告媒体的选择

案例 7-3

大宝广告媒体的选择

大宝是北京三露厂生产的护肤品，在国内化妆品市场竞争激烈的情况下，大宝不仅没有被击垮，而且逐渐发展成国内名牌。在日益增长的国内化妆品市场上，大宝选择了普通工薪阶层作为销售对象。既然是面向工薪阶层，销售的产品就一定要与他们的消费习惯相吻合。一般来说，工薪阶层的收入不高，很少选择价格较高的化妆品，而他们对产品的质量却很看重，并喜欢固定使用一种品牌的产品。因此，大宝在注重质量的同时，坚持按照普通工薪阶层能够接受的价格定价。其主要产品“大宝 SOD 蜜”市场零售价不超过 10 元，日霜和晚霜也不超过 20 元。价格同市场上同类化妆品相比占据了很大的优势，本身质量也不错，再加上人们对国内品牌的信任，大宝很快争取到了顾客，许多顾客不但自己使用，也带动其他亲人朋友使用。大宝还了解到使用大宝的消费者年龄在 35 岁以上者居多，这类消费者性格成熟，接受一种产品后一般很少更换，这种群体向别人推荐时，又具有可信度，而化妆品的口碑好坏对销售起着重要作用，大宝正是靠群众路线获得了市场。

在广告宣传上，大宝强调媒体的选择一定要经济而且恰到好处。因而选择了中央电视台第二套节目播出，理由是第二套广告比第一套便宜得多。大宝赞助了大宝国际影院和大宝剧场两个栏目，这样加起来，每日在电视上可以看到七八次大宝的广告，如此高密度轰炸式的广告，为大宝带来了较高的知名度。

广告的成功还在于广告定位与目标市场相吻合，大宝曾经选用体育明星、影视明星做广告，但效果不是很好，后来大宝一改化妆品广告的美女与明星形象，选用了戏剧演员、教师、工人、摄影师等实实在在的工薪阶层，在日常生活的场景中向人们讲述了生活和工作中的烦恼，以及用大宝后的感受，广告的诉求点是工薪阶层所希望解决的问题，于是“大宝挺好的”，“想要皮肤好，早晚用大宝”，“大宝天天见”等广告词深深植入老百姓的心中。

分析提示

选择广告媒体应考虑的因素很多，例如，广告传播的对象、广告的销售范围、广告媒体的影响力、广告的费用、商品的特性等。

课堂随笔

想一想

1. 大宝为什么会主要选择中央电视台第二套节目投放广告而不选择第一套或其他电视台？

2. 大宝如果选择广播广告效果会好吗？

广告媒体的选择，是指通过具体分析评价各种媒体的特点，选择适合广告目标要求的媒体，从而使广告信息顺利地传达给目标客户。广告媒体纷繁复杂，各种媒体的特点不一样，所起的作用必然有差别，企业只有进行合理的选择，才能以较少的费用取得较好的效果。选择广告媒体取决于促销目标，同时要考虑媒体的特点，并根据科学的方法，遵循一定的原则，使媒体在传达广告信息时，发挥积极有效的作用。

一、选择广告媒体必须遵循的原则

选择广告媒体必须遵循的原则有以下 5 个，如图 7-20 所示。

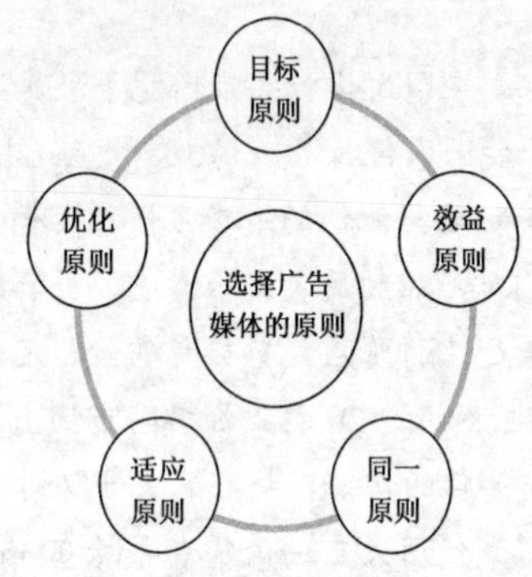

图 7-20　选择广告媒体的原则

1. 目标原则

现代广告媒体策划的根本原则是必须使选择的广告媒体同广告目标、广告战略协调一致，不能背离相违，广告目标和广告战略是影响媒体选择的首要原则。

2. 效益原则

无论选择何种广告媒体都应该将广告效益放在重要的位置上，在广告主费用投入能力的范围内，尽力争取获得理想效益的广告媒体。

3. 同一原则

在广告运动中，媒体的选择要与广告内容的表达相一致。同一原则在媒体选择上提出的要求是：媒体的选择要有利于广告内容的统一表达，同一媒体在不同时期的广告内容要前后一致。

4. 适应原则

事物总是在不断地发展变化，对于广告媒体的选择来说，对其能够产生影响的诸多情况，如市场竞争、广告法规、受众心理、媒体经营方式与广告媒介价格等都是不断发展变化的。对此我们要保持媒介策略的弹性，以适应相应的变化。

5. 优化原则

在众多的广告传播媒体中，广告信息的传播都有不可避免的局限性，因此，传播的效果也会不尽相同。正因为如此，我们就应该认真分析了解各种媒体的性能与特征，做出最优的选择。优化原则对于单一媒体策略来讲，就是要选择传播效果最好的广告媒体，而对于多种媒体策略来讲，就是要选择最佳的媒体组合。

二、选择广告媒体应考虑的因素

一般来讲，广告主选择广告媒体时，要考虑以下多种因素，如图 7-21 所示。

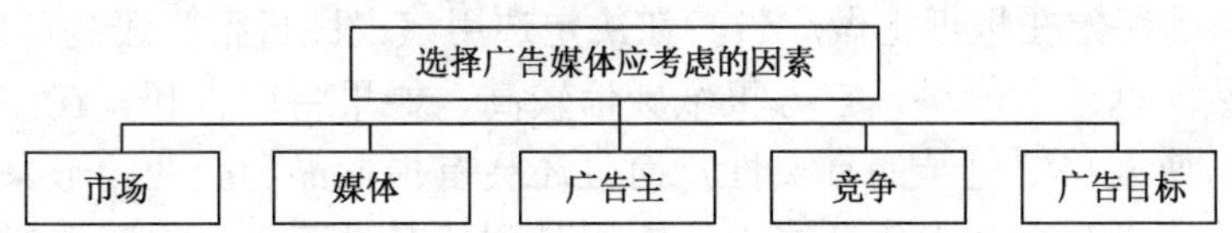

图 7-21　选择广告媒体要考虑的因素

1. 市场方面的因素

（1）消费者的属性。人总是凭其个人品味来选择适合的媒体，不同教育背景或不同职业的消费者对媒体的接触习惯都不相同。一般来说，教育程度较高者偏向于选择印刷媒体，教育程度较低者偏向于选择电波媒体，因此要配合消费者的性别、年龄、教育程度、职业及地域性等因素来决定采用何种媒体。

例如，某健身俱乐部曾经投放了一种“肚皮纸巾”的非凡广告，在普通纸巾上印了彩色肚皮图案，表现的是一个明显肥胖的腹部画面。这一广告被布置在目标人群常去的酒吧和餐馆，当然还有连锁健身房，广告所要传达的就是要通过运动减去“层层”赘肉，这一信息在纸巾的抽取过程中得到了充分体现。

（2）商品的属性。各种商品的特性不一样，应该按商品特性来考虑媒体。

例如，消费者（生活）用品广告和工业用品广告的媒体策略完全不同，前者是全体的消费大众，后者是特定的工厂、老板或董事。很显然，千万元的别墅广告和普通中下公寓广告的媒体使用应当有所不同。又如家电、汽车高投入产品，消费者在使用或购买之前会仔细评估品牌的差异，进行决策所需的时间较长，对于此类产品的广告，应以印刷媒介为主，详细说明优点，并辅以其他媒体，如图 7-22 所示。洗涤用品等低投入的产品，往往通过电视媒体，烘托一种氛围，以激发人们愉快的情绪体验，如 7-23 所示。

图 7-22　汽车杂志广告

图 7-23　洗衣粉电视广告

（3）商品的销售范围。商品究竟是在全国性的市场销售，还是仅限于地方区域性的市场销售，这关系到广告接触者的范围大小，由此才可决定选择何种较经济有效的媒体，以免使用的广告媒体不适当而毫无传播效果。

2. 媒体方面的因素

（1）媒体量的价值。如了解报纸的发行量、杂志的发行量、电视的收视率、电台的收听率后，才能评估出效果。

（2）媒体的价值。即考虑媒体的接触层次，仔细分析其类型，以期与产品消费者的类型符合。同时需考虑媒体的特性、优缺点，节目或编辑内容，是否与广告效果有关等。

例如，某商品决定在报纸上做广告，在决定选用《人民日报》还是《XXX 报》时就要考虑一个权威问题。一般讲，官方报纸威信较高，如果将广告刊登在知名度不高的报刊上，不但难以使人相信包装的真实性，而且还会有损商品和企业的形象。此外，如果与青少年有关的广告刊登在老年杂志上，农用品刊登在《工人日报》上，这都是十分可笑的。

（3）媒体的经济价值。要慎重考虑各媒体的成本费用，不仅要考虑“绝对成本”，即媒体的实际支付费用，同时也要考虑“相对成本”，如印刷媒体的每天读者数，或电波媒体每分钟每千人的视听成本。

3．广告主方面的因素

（1）广告主消费方法的特征。销售方式究竟以推销员为主还是以零售商为主，这要看用什么样的销售策略，销售策略不同选择媒体的标准也不同。

（2）广告主的促销战略。如计划一个赠送样品的广告活动，就要用能配合赠送活动的媒体。

（3）广告主活动的基本目的及广告预算的分配额和广告主的经济能力。

4．竞争方面的因素

竞争对手的广告媒体对自己具有重要的借鉴作用，它可以强化广告媒体的针对性和对抗性，提高广告效果。根据对手选用的媒体进行选择时，可以采用以下两种方法。

（1）求同法。在可能的前提下，竞争对手采用何种媒体，自己也使用该媒体。这样可减少媒体投放风险，搭别人的便车。但产品如没有个性，几种相同产品拥在同一时段、同一段位，效果会大打折扣。

（2）求异法。在其他因素许可的情况下，避开竞争对手使用的媒体，往往可以出奇制胜。

5．广告目标方面的因素

一则广告，总是具有明确的广告目标。根据时间的长短，广告目标可分为长期目标、中期目标、短期目标。如果是确立企业形象或是巩固品牌忠诚度等长期目标的广告，在媒体选择上，可以选用户外广告、报纸广告、兼顾电视广告等其他形式。如果是新产品上市或超市开业，目标就是在短期内提高知名度，扩大影响，这时可以充分利用电子媒体快速直观的优势，在很短的时间内造成轰动效应，达到短期广告目标。

根据地区性不同，广告目标又分为国际性、全国性、区域性、地方性。这就要求结合媒介的覆盖面进行选择。

三、选择广告媒体的方法

广告媒体的选择，仅仅依靠经验或直观感受是不够的。它必须采用科学的方法，用量化的指标，才有可能好中选优，具体选择广告媒体的方法如图 7-24 所示。

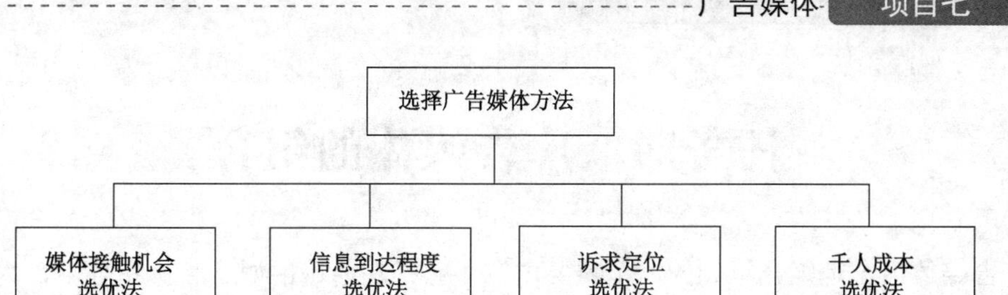

图 7–24 选择广告媒体的方法

1. 媒体接触机会选优法

媒体接触机会选优法是根据媒体覆盖面的大小、收视收听率与发行量的高低作为衡量指标，从而选出理想的媒介。

媒体的覆盖面是指媒体在理想状态下可达到的最大区域里所包含的总人数。收视收听率是指在某一特定时间内，收视收听某一特定电视或广播节目的个人（家庭）数目占某一受众群体总数的百分比。

2. 信息到达程度选优法

信息到达程度选优法是根据到达率、开机率和基本读者量为衡量指标，从而选出理想媒体。

开机率是指在某一特定时间内，打开电视机（收音机）的个人（家庭）数占拥有电视机（收音机）的个人（家庭）总数的百分比。到达率是指在某一区域进行广告传播后，接受信息的人数占特定消费群体总人数的百分比。

3. 诉求定位选优法

诉求定位选优法是以广告诉求定位为衡量指标，选出理想媒体。生活资料、日用消费品等感性诉求为主的广告，可选择视听媒介；而生产资料、耐用消费品等为主的广告应以印刷媒介为主。

4. 千人成本选优法

千人成本选优法，即根据广告信息到达每个人所需费用为衡量指标，选择千人成本较低、传播效果较好的理想媒体，例如电视、杂志媒体选择如表 7-2 所示，可以用千人成本来选择媒体，通过比较，选择电视节目 B 的千人成本较低，选择杂志 B 的千人成本较低。

表 7-2 千人成本选优法

项 目	观众（千人）		千人成本（CPM）	
电视 30 秒/成本	家庭	男士	家庭	男士
节目 A：100500 元	11500	6880	8.74 元	14.61 元
节目 B：96500 元	16700	9660	5.78 元	9.99 元
杂志每页成本（彩色）	读者（千人）		每千人成本（CPM）	
	女性 18～49 岁		女性 18～49 岁	
杂志 A：64600 元	174600	11900	3.70 元	5.43 元
杂志 B：46940 元	12680	9110	3.70 元	5.16 元

任务四　广告媒体的组合

广告媒体组合是媒介策划的一个重要内容，它是在明确的媒介目标指导下，为了尽可能地将广告信息传达给目标受众，实现广告目标，而将具有优缺点互补特性的媒介组合在一起使用，即在同一时期内运用各种媒体发布内容基本相同的广告，使消费者接触广告的机会增多，从而提高产品知名度和市场占有率。

在广告媒介的宣传策略中，媒介的选择与组合是一项极其重要的工作，它直接影响着广告宣传活动的效果。媒介的组合具有较强的科学性、程序性和策略性，只有明确广告媒体组合的目的及其组合的基本原则，才能达到艺术化的境界，最大限度地提高广告宣传的客观效果。

一、广告媒体组合的意义及原则

由于每一个媒介类别、每一种媒介载体都具有各自的传播优势和劣势，将两种或两种以上的媒介组合起来，可以相互取长补短，进一步提高广告信息的到达率，如图 7-25 所示。

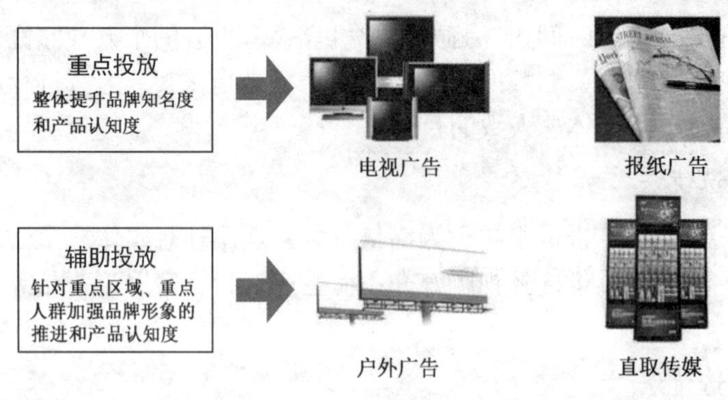

图 7-25　广告媒体组合

1. 广告媒体组合的意义

（1）增加总效果和到达率。单个媒体对目标市场的到达率不够高的。即使是覆盖范围较广的媒体，也不可能将广告信息送达到目标市场的每一个人。所以，运用媒体单一，会导致目标市场内的许多消费者接触不到广告信息。如果运用媒体组合，同时利用两个或两个以上的媒体，就能把不同媒体的受众组合起来，使广告能影响到更多的目标受众。

例如，OTC 产品芦荟排毒胶囊就是一个很好的例子。企业从主流媒体的拉动到主辅媒体的有机结合，从旅游黄金周造势到系列主题促销，从 1+1 模式到 1+X 手册媒体宣传的反复进行，不厌其烦地推广产品，全方位、立体化普及了“深层排毒”的理论。反复灌输、培育“深层排毒引爆美容革命”、“只要青春不要痘”、“科学排毒”等内容的市场攻坚战。同时还与杂志媒体联合推出排毒美容观念，加强促销力度的广告。长期不间断的新闻营销使“深层排毒”理论和芦荟品牌深入人心，消费欲望空前高涨，产品也日渐旺销。

（2）弥补单一媒体传播频度的不足。有些媒体的传播寿命较长，有些媒体的传播寿命较短。这就影响到受众对媒体广告的接触程度。只有增加传播的频度，使目标消费者能够多次接触到广告信息，才能取得更好的传播效果。有些媒体广告的费用太高，难以重复使用。选择多种媒体，进行组合运用，就能使受众在不同媒体上接触到同一广告内容，增加了频度，强化了重复效应。

例如，六味地黄丸较早的广告宣传是“宛西制药仲景牌六味地黄丸”，对消费者形成了先入为主的印象，不但动用山西地区大大小小的媒体，还在央视投巨资做广告。企业集中 30 多家优势媒体专一主推“仲景六味地黄丸”，地方媒体的地域局限性让央视来弥补，央视的整体性辅以地方媒体的精耕细作，相互取长补短，合力大增，将“仲景”牌子无限放大。制作精美的广告片大大提升了产品知名度，让消费者感觉到大企业、大品牌的魄力。这样，企业凭借媒体力量、广告传播稳稳地坐上了六味地黄丸第一品牌的宝座。

(3) 整合不同媒体的传播优势。某些媒体固有一些特性，如电视具有形象性和直观性，报纸具有时效性和说明性，广播具有灵活性和费用低，杂志具有选择性，直邮广告具有直接性和直观性，销售点广告具有现场性等。但同时也有一些不足和缺陷，如费用高、时间慢、选择性差等。通过组合，使媒体所具有的特性有机地结合起来，既使媒体特长得到发挥，又可弥补媒体缺陷。如电视和报纸组合，电视收视率一般比较高，影响较大，能够获得较理想的认知效果，报纸可以详细地介绍有关商品或劳务的信息，帮助目标消费者加深理解。这样，就使认知促进和理解促进有机地结合在一起，增加广告的重复率累积度。

例如，“敖东鹿筋壮骨酒”是敖东集团巨资投入推出的甲类 OTC 产品。在产品宣传推广中运用了媒体组合的广告策略，使其一炮打响，让同行啧啧赞叹，纷纷效仿。

在高频率、极复杂的信息传播环境中，企业应认识到不同媒体有不同的功能，对各种媒体的特性、优缺点都有一个理性的认知，并实现强大的媒介整合支持，使电视与平面媒体高效结合，硬性和软性广告优势互补，网络与声讯媒体得以有效互动。在大众媒体上，针对敖东鹿筋壮骨酒受众人群，企业将新华社、中央电视台、《人民日报》、《中国医药报》、《中华风湿病学杂志》等国内知名的媒体整合起来，作为宣传产品的“武装力量”。同时，极尽新闻舆论造势、活动策划作秀之能事，加强上述媒介整合广告传播的说服力。良好的舆论加上媒介的整合传播延展了产品的广度，让受众更放心地接受产品，增强认知度，并帮助产品获得良好的美誉度。

(4) 减少成本，增加效益。媒体组合不是对媒体的简单排列，而是经过有机整合，发挥各自媒体特长，弥补不足的过程。组合后能够发挥整体效益，许多企业就可利用媒体组合的整体优势，在资金不足的情况下，组合多种费用低、效果一般的媒体，仍可形成一定广告阵势。如电视虽然有较强的传播效果，但广告制作费用大，播出费用昂贵，一般企业难以承受，就可运用多种类型的小广告，配合促销活动，花钱不多，也能做得很好。

2. 广告媒体组合的原则

(1) 互补性原则。先要了解各种媒体的优缺点，进行媒体组合时要注意两种或多种媒体的优势互补。要达到多种媒体的优化组合，需要在实践中不断探索，不能仅仅停留在理论分析上。

(2) 适应性原则。产品的优点和所选择的媒体的优点相适应。媒体的优化组合效应是和产品的特性相辅相成的，没有媒体，产品的特性无人知晓，离开了对具体产品的传播效应，也谈不上媒体的组合效应。因此，必须反复衡量产品和媒体的适应性。

(3)习惯性原则。要了解消费者接触媒体的习惯。消费者接触媒体的种类和频率总是有限的，这就需要进行深入的调查研究，掌握消费者接触媒体的频率和习惯，这样才能使企业选择的媒体组合最接近消费者，最能为消费者接受。

二、广告媒体的组合方式

案例 7-4

野马车轰动上市的媒介组合

20 世纪 60 年代美国福特汽车公司生产了一种名为“野马”的汽车，这种车一经推出，一年内就销售了 41 万辆，创纯利 11 亿美元。当时，购买野马车的人打破了美国的历史最高纪录。不到一年的时间，野马车风行整个美国，连商店里出售的墨镜、帽子、玩具等都贴上了野马的商标。

为什么野马汽车如此受欢迎呢？这得从该公司的总经理亚科卡说起。1962 年，亚科卡担任福特汽车分公司经理后就想策划、生产一种受顾客喜爱的新车型，他从大量调查材料中发现未来的十年是年轻人的世界。于是，他将未来的新车型定位为：款式新、性能好、能载 4 人、车子较轻、价钱便宜，以及车型独树一帜，车身容易辨认，容易操作，既像跑车还要胜过跑车，用以吸引年轻人。

亚科卡非常重视广告策划和宣传，为了推出新产品，他委托沃尔特·汤姆森广告公司为新车型进行了一系列广告策划。其实施步骤大致如下：

第一步，组织汽车大赛。在汽车正式投放市场的前四天，公司邀请各报纸的编辑到场，借给每人一辆野马新型车，组织他们参加野马大赛，并邀请 100 名记者亲临现场采访，以充分证实野马的可靠性能。几百家报刊都以显著位置报道了野马大赛的盛况和照片，借助新闻力量造成轰动效应。

第二步，采用纸媒广告。在新车型上市前一天，根据媒体选择计划，让 2600 家报纸用整版篇幅刊登野马车广告。广告画面：一部白色野马车在奔驰。大标题：“真想不到”，副标题：“售价 2368 美元”。这一步主要用以提升产品知名度，进而为提升市场占有率打基础。

在有影响的《时代周刊》和《新闻周刊》杂志上刊登广告画面，广告标题都是：“真想不到”。

第三步，采用电视广告。从野马汽车上市开始，在各大电视网天天不断地播放野马车的广告，展开电视广告攻势。采用电视媒体广告的主要目的是扩大广告宣传的覆盖面，进一步提升知名度，达到家喻户晓。

第四步，选择最引人注目的停车场，竖立巨型广告牌，上书“野马栏”，既引起停车者的注重又引起社会公众的关注。

第五步，在美国各地客流量最大、最繁忙的 15 个飞机场以及 200 多家度假饭店的门厅里陈列野马汽车，通过这种实物广告形式，进一步激发消费者的购买欲。

第六步，采用直邮形式，向全国各地几百万小汽车用户寄送广告宣传品，直接与消费者建立联系。

上述分六步实施的广告活动，可谓铺天盖地、排山倒海，仅在一周之内，“野马”轰动整个美国，风行一时。据说，野马上市第一天就有 400 万人涌到福特代理店购买。通过这一系列媒介广告活动，原来年销 5000 辆的计划，被远远突破，实际年销 418812

课堂随笔

辆。在野马汽车开始销售之后的前两年，公司就获得纯利 11 亿美元。亚科卡由于这一显赫成绩被视为传奇式人物，被誉为“野马车之父”。而给亚科卡带来奇迹的手段工具正是媒介组合策略。

分析提示

以上案例很好地说明了广告媒体组合的作用和意义，选择适当的广告媒体组合可以有效地提高产品知名度和市场占有率，实现公司的广告及营销目标，给公司带来广阔的发展前景以及丰厚的利润。

想一想 以上案例中的广告媒体组合给了你什么启示？你知道的广告媒体组合方式还有哪些？

1．媒体类别组合

（1）同类媒体组合。把属于同一类型的不同媒体组合起来使用，刊登或播放同一广告，就是同类媒体的组合运用。如把同属于印刷媒体的报纸与杂志组合、把全国性报纸与地方性报纸组合等。

（2）不同类型的媒体组合。这是经常采用的一种方案，如把报纸与电视组合，把报纸与广播、电视组合等。这种组合，不仅能扩大接触的范围，而且可以有效地调动目标对象的感官，如图 7-26 所示的即为不同类型媒体组合。

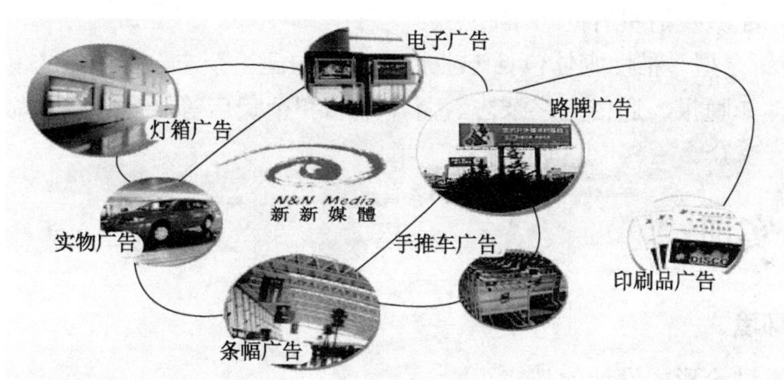

图 7-26　不同类型的媒体组合

（3）自有媒介与付费媒介组合。即广告主企业在花钱购买媒介进行组合运用的同时，也利用自有的媒介进行相同内容的配合性广告宣传。如在做广告的同时，利用产品的包装、企业的销售终端等一起完成广告宣传。

2．媒体特征组合

（1）点线组合型。“点”上的媒体是指一切购物场所内外，包括零售店、商场、百货公司、超级市场的广告。“线”上的媒体指路牌和马路两侧的霓虹灯、旗帜、招贴、标语、幌子等。点线组合不断延伸。

（2）线面组合型。这里“线”上的媒体还包括火车、汽车、轮船和飞机等交通工具媒体。交通工具媒体可以把广告直接带到万里之外。“面”上的媒体指的是报纸、杂志、电视等大众传播媒体。线面组合形成网络。

（3）地空组合型。如为大型运动会作饮料广告，地上的媒体有广告牌、招贴、旗帜、运动衣等，空中媒体可以利用各种飞行器在空中垂挂广告条幅。地空组合具有立体感。

（4）大小组合型。大型媒体包括大型广告牌、大型电子屏幕、大型霓虹灯、空中和高层建筑的垂挂广告，小型媒体如纪念品、儿童玩具、小型日用品等。大小组合可以使消费者从宏观和微观两个层次接受广告信息。

（5）详简组合型。报刊、杂志、书籍、说明书等文字广告应该详细些，以便消费者深入了解商品的各种特性，坚定消费者购买商品的决心。路牌、霓虹灯、灯箱等广告应简洁明了。详简组合使消费者对产品有比较完整的了解，加深对产品的印象。

（6）动静组合型。动态媒体大致有四种：屏幕上的滚动；广告随交通工具运动；广告自身的机械运动，如智能机器人的操作表演；用真人做广告。静态广告媒体指一切不动的文字、图像和形状的广告。动静组合能提高广告的感染力。

（7）长短组合型。报刊、杂志、书籍、挂历、商标等媒体可以作长期保存，这些媒体上做的广告对消费者有长期的信息发布作用。电视、广播、电话等媒体传播转瞬即逝，虽然生动但时间短促。只有长短结合才能使消费者得到既生动形象又持久的广告信息。

（8）视听组合型。可视媒体包括电影、电视、录像、文字、图案等。听觉媒体有广播、录音、电话等，电影、电视等媒体可视听两用。视听组合，能集中人的注意力。

（9）新老组合型。以购物点广告为例，老式广告包括标语、招贴、幌子、旗帜等。新式广告包括大屏幕彩电、光纤广告牌、三维电脑动画广告等。新老媒体组合融传统与现代化设施于一体，能激发消费者的思维联想。

（10）雅俗组合型。雅性媒体包括专业性杂志，如理论杂志、音乐杂志和文化艺术场所等。通俗性媒体如晚报、通俗文字杂志、青年杂志和杂货店等。两者组合做到雅俗共赏，能吸引更多广告受众。

项目实训

一、实训环境

（1）以小组讨论形式设计的教室；

（2）每组 3 台计算机设备。

二、实训内容

【任务 1】 广告媒体的认知。

每个团队自行分工，并按要求填写下列的表格。

广告媒体的认知

媒体名称	优势	劣势	受众的特点	媒体费用	其他
报纸					
杂志					
广播					
电视					
网络					
户外					

续表

媒体名称	优　势	劣　势	受众的特点	媒体费用	其　他
焦点					
交通					
直邮					
其他					

【任务 2】 选择广告媒体。

每个团队按照上一阶段所制作的广告选择适当的广告媒体，填写下表后上台展示并进行简单的评析。

项目名称	品牌/产品
广告目标：（这个广告要做什么？达到什么样的目标？）	
品牌个性：（这个品牌长期以来带给消费者什么样的感受？）	
市场状况：（目前市场情况，竞争对手是谁？他们卖什么？）	
消费者分析：（他们是一群什么样的人？有什么样的消费特征？有哪些接受媒体的习惯?）	
消费者现在的态度：（看到广告之前的常态）	
消费者将来的态度：（你希望消费者看到广告之后有什么样的变化？）	
单一诉求：（期望消费者对广告的反应点是什么？）	
选择媒体的要求：（消费者接受媒体的习惯、市场状况、限制条件……）	
选择媒体的方法：（用什么方法来选择媒体？）	

续表

项 目 名 称	品牌/产品
最终选择的媒体名称及媒体组合方式：（选择的媒体名称是什么？是单一媒体还是媒体组合？）	
其他强调事宜：（其他需要说明的事由及不可遗漏的信息）	

【任务3】 填写下列广告媒体计划表。

按照【任务2】，各团队把最终选择的媒体以计划表的形式简要地记录下来，并进行简单的评析。

项 目 名 称	品牌/产品
选择的媒体名称：	
媒体的投放方式：（投放地点，广告类型等）	
媒体的投放主题：	
媒体投放的时间及频次：	
媒体的投放预算：	
媒体投放的版面说明：	
其他强调事宜：（其他需要说明的事由及不可遗漏的信息）	

三、实训要求

（1）以团队为单位完成，共同提交收集结果。

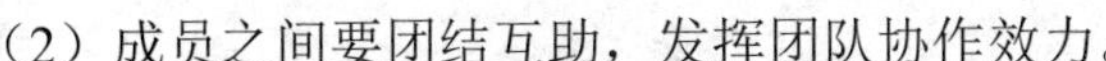

（2）成员之间要团结互助，发挥团队协作效力。

（3）由队长组织和监控过程，老师提供咨询服务，但不参与工作。

（4）团队展示除了媒体选择的报告外，还包括团队合作过程描述：

① 产品目标市场的特点、广告目标、媒体目标及媒体选择的方法等；

② 团队成员之间的分工；

③ 完成过程中的其他相关记录等。

四、实训步骤

【任务 1】分组→确定各团队拟调查的媒体名称→小组讨论→小组分工→总结讨论意见→上台介绍团队的任务成果。

【任务 2】及【任务 3】：

（1）进行团队讨论，制定工作计划，可参考以下工作计划表。

任务内容	负责人	完成时间	完成情况	存在问题及解决方案

（2）把所完成的广告媒体选择制作成文档或视频等手段留存。

（3）上台进行展示及简评。

五、实训评估

（1）评价应考虑到学生在各个阶段的表现，而不仅仅由最后的成绩决定。

（2）在评估时，可以分组对不同的部分进行演示，以节约时间。

（3）可通过询问学生在出现问题时是如何解决的，来评价学生。

（4）在实施过程中，教师帮助越少，得分越高。

（5）填写如下评价表。

《广告基础与实训》评价表　项目七

1. 学生自评表					
班　　级		学生姓名		标准分值	得　　分
资讯、计划与决策					
是否查询了相关资料				10	
是否了解或掌握了与任务相关的知识点				10	
实施					
积极参与团队任务				10	
能够提出有用意见				10	
能够完成所承担的任务				10	

续表

正确完成实施过程中的分工和配合	10	
检查与评估		
是否能认真描述困难、错误和修改内容	10	
对自己的工作评价	10	
是否检验了实施结果并进行总结改进	10	
能否在规定的时间内完成任务	10	
合计	100	
2. 团队评价表（由队长完成）		
小组名称		
项　　目	标准分值	得　　分
分工是否合理（最大限度了调动成员积极性）	25	
小组是否团结	25	
方案是否有效	25	
知识运用是否合理	25	
合计	100	
3. 教师评价表		
项　　目	标准分值	得　　分
团队合作精神	30	
实训过程表现	30	
成果展示	40	
合计	100	
总分	总分=学生自评得分×20%+团队评价得分×30%+教师评价得分×50%	

项目小结

小河团队通过本项目的学习，对广告媒体有了一定的了解。明确了广告传播要借助媒体，媒体是人们用来传递信息与获取信息的工具、渠道、载体、中介或技术手段。

了解了按不同的分类方法可以将广告媒体分成不同的类型。

掌握了广告媒体的基本功能是商务传播功能，广告媒体的另一个功能是文化吸引功能。

同时也了解了报纸、杂志、广播、电视、网络、户外、交通、直邮、焦点等主要广告媒体有不同的特点，详见下表。熟悉主要的广告媒体的特点是进行广告策划活动的基础。

主要广告媒体的不同特点

媒体种类	宣传范围	选择性	传播速度	寿命	保存性	灵活性	宣传内容	制作费用	印象效果
报纸	广泛	差	快	短	较好	好	全面	较低	一般
杂志	较窄	强	慢	长	好	差	全面	彩色高黑白贵	较好
广播	广泛	差	快	很短	差	很好	较全	低廉	较好
电视	广泛	差	快	很短	差	很好	较全	很高	深刻
网络	广泛	强	快	长	好	好	全面	较低	较好
邮政	很窄	很强	较快	长	好	一般	详尽	很高	完整
橱窗	很窄	差	较快	长	好	好	全面	不定	一般

掌握了选择广告媒体必须遵循目标原则、效益原则、同一原则、适应性原则、优化原则。

掌握了选择广告媒体应该考虑市场方面的因素（包括消费者的属性、商品的属性、商品的销售范围）、媒体方面因素（包括媒体量的价值、媒体的价值、媒体的经济价值）、广告主方面的因素（包括广告主消费方法的特征、广告主的促销战略、广告主活动的基本目的及广告预算的分配额和广告主的经济能力）、竞争方面的因素（包括求同法、求异法）、广告目标方面的因素。

了解了选择广告媒体的方法有媒体接触机会选优法、信息到达程度选优法、诉求定位选优法、千人成本选优法。

了解了广告媒体组合的意义主要有增加总效果和到达率、弥补单一媒体传播频度的不足、整合不同媒体的传播优势、减少成本，增加效益。广告媒体组合原则主要有互补性原则、适应性原则、习惯性原则。广告媒体的组合方式主要有媒体类别组合（包括同类媒体组合、不同类型的媒体组合、自有媒介与付费媒介组合）和媒体特征组合（包括点线组合型、线面组合型、地空组合型、大小组合型、详简组合型、动静组合型、长短组合型、视听组合型、新老组合型、雅俗组合型）两种方式。

练习与自测

一、不定项选择题

1．广告媒介在广告活动中作用是（　　）。

A．收取广告费用　　B．传播广告信息

C．进行广告活动的策划　　D．参与广告活动的管理

2．最接近消费者，具有直接促进购买作用的现场广告是（　　）。

A．售点广告　　B．直邮广告　　C．交通广告　　D．广播广告

3．（　　）是指设置在室外，借以使公众了解有关广告信息的一切传播手段。其形式多种多样，主要包括路牌、招贴、条幅、霓虹灯、电子显示屏、灯箱、广告模型等。

A．路牌广告　　B．马路广告　　C．户外广告　　D．户外模型

4．（　　）是利用各种交通工具和交通设施来传播广告信息的媒介。

A．车身广告　　B．交通工具广告　　C．喷绘广告　　D．流动广告

5. 广告媒介策划的核心是（　　）。

A. 媒介策略　　B. 媒介规划　　C. 媒介组合　　D. 媒介目标

6. 交通广告的特点为（　　）。

A. 人员阶层分布广告　　B. 流动性大

C. 费用偏高　　D. 接触人员多

7. 网络广告的优点有（　　）。

A. 受众庞大　　B. 多媒体平台沟通

C. 一对一营销　　D. 无时间限定

8. 所谓的印刷媒介包括（　　）。

A. 报纸　　B. 杂志　　C. DM 单页　　D. 网络邮件

二、简答题

1. 列表说明报纸、杂志、广播、电视、网络媒体的优势与局限性。

2. 列表说明户外、交通、直邮、售点广告媒体的表现形式及特点。

三、案例分析

“媒介金牛市场”为何“牛”不起来

为抵御严寒，度过酷冬，全身是“尖刀”的刺猬也学会了收缩各自的身体，相互靠拢，彼此取暖。握指成拳才有力量。

其实在市场经济中，竞争越激烈，就越需要资源整合，越需要有效的合作。彼此在合作中互为依靠，各自发挥互补性的优势。从某种意义上讲，媒体的“战国时代”，同时也是媒体间的“合作时代”。目前，媒体之间自发的合纵与连横越来越常见，大家都在想方设法试图通过合作来迅速提高自身的竞争实力。

1. 从分散发力到合纵连横

电视业作为一个高投入、高产出，并且需要高度合作的行业，规模效应和强者为王、“工业流水线”生产是其经营的铁律。电视产业发展的基本逻辑就是通过“强者越强，弱者越弱”的方式来不断递交整合市场资源的主导权。

随着国内媒介市场竞争日益激烈，尤其是中央电视台一支独秀的局面难以改变的情况下，地方电视台纷纷开始了跨区域合纵连横的步伐。

2003 年 7 月 29 日至 8 月 2 日，重庆电视台、湖北电视台、安徽电视台、江苏电视台联手主办“新三峡，新视界”2003 全国广告客户联谊会。2003 年 9 月 26 日至 27 日，“省级电视台广告协作理事会全体会议”在河南郑州举行，会议提出“省级卫视整合传播”的概念，并整合出 28 家卫视频道的黄金广告时段进行整体宣传。

省会电视台也开始联合起来进行突围。2003 年 12 月 20 日，多家省会电视台联合在沈阳召开广告招商会，以联展的方式向广告客户推介黄金节目。

那么夹在省级卫视电视台和市级电视台之间的省级地面电视台呢？2004 年 3 月，安徽影视频道、山东齐鲁频道、浙江教育科技频道和湖南经济电视台四家电视媒体在黄山召开“媒介金牛市场新闻发布会”。在这次新闻发布会上四家省级地面电视台第一次联手推出了“媒介金牛市场”的概念，这也是省级地面电视台首次联合起来共同出击媒介市场。

在 2005 年，江苏、浙江两省 24 家地级以上城市电视台联合成立了“江浙城市电视台经营协作组织”，初衷是从广告经营入手，在适当的时机逐步扩展到节目联合生产和节目联合购销、全国联合招商以及其他经营性领域。但值得反思的是，这一系列的联盟行动“雷声大，雨点小”，联盟组织实质性的动作不多，参与其中的电视台实际收效也不大。

2. 生态环境制约跨区域联盟

为什么这“看起来很美”的事做起来却不尽如人意呢？笔者认为，问题不在于运作模式本身，而是出在电视媒体的生态环境和组织机构的操作层面上。下面以四省城市电视台联手推出“媒介金牛市场”为例来加以分析。

所谓“金牛市场”，是指在有限的资源制约之下，选择适当的区域市场，选择合适的媒介武器，达到理想的营销效果。安徽影视频道、山东齐鲁频道、浙江教育科技频道和湖南经济电视台四家电视媒体之所以联合起来推出“媒介金牛市场”这样的概念在于他们认为安徽、山东、浙江和湖南这四个地区本身就是金牛市场，人口普遍在6000万以上，购买力中等偏上；这些地区缺乏发行量在40万份以上的强势平面媒体，媒体相对比较集中，而这四家电视频道在当地都是收视率最高的电视媒体，收视份额比较高，抓住媒介机会就等于抓住市场机会，于是四家电视媒体联合起来向企业提供了一种全新的市场运作思路。

然而，目前我国的电视台还处在以行政权利为中心的、区域之间相对封闭、小型分散的产业格局。中国传媒大学副校长丁俊杰在分析地方台之间的合作对促进广告收益不明显的原因时提到:“关键在体制上很难突破,地方政府主导的地方台要实现全面的跨区域合作,实际上是不允许的。”

全国各地电视台播出内容低水平重复克隆成风，频道千人一面，节目生产也尚处在自给自足的“小农经济”阶段，以上诸多原因造成电视台运作效率极为低下。贵州省广播电视局局长李新民甚至认为：“国内电视媒体的整体经营管理水平，大致相当于国有企业20世纪90年代中期的水平。”大气候有问题，小气候就很难发挥作用。很多时候台内的事情还理不清，自然就会疏于台外的联络了。

再加上电视台台长是行政任命制，产业运作的业绩不是决定职位升迁的主要指标。大家的眼睛都是盯着上面的，很少倾听来自市场的声音。有一个城市，宣传部长说电视节目还是要像湖南卫视那样娱乐点好，于是这个城市台一批娱乐节目匆忙上马。一年后，新上任的宣传部长说电视节目还是要文化点好，于是平台里节目进行大换血，原来下掉的益智类节目经过简单的改头换面又忽然展现在观众眼前了。而且电视台一任领导也有一任领导的理念和做法，在人为因素的影响下，也许联盟电视台中的一方或几方领导换了，合作就有可能会局部或完全停止了。合作缺乏黏性，联盟也就很难具备可持续发展的机理了。

3. 松散型组织产生松散性结果

四家不同区域的电视媒体联合起来推出“媒介金牛市场”，目的是想把各自的地域优势放大，以此吸引大的广告代理公司和客户来进行跨区域组合投放。从组织形式来看，四家城市台似乎组成了一个利益共进退的联合体，而从个体来说它们又是分割的，从而保证了各自利益上不会出现根本性冲突，同时他们还希望在很多地方彼此能够实现互补。

稍加分析就会发现这种愿景很难成立。运作一个组织实体，拥有共同的目标是基本的要求，执行力是关键，细节决定成败。而强有力的执行力来自于组织团队和制度建设与实施。

首先从执行团队来说。四个电视媒体各自派人组成临时的协调机构，机构中的成员是平等的对接人角色，而不是有权限区别的上下级关系，大家“和平共处”，这种“和气”是不能生财的。原因很简单，找不出责任人的组织是低效或无效的组织。谁都负责，也就等于谁都可以不负责，对联盟机构来说也就是最大的不负责任。有好处每个人都想要，出了问题大家都会推脱。

古人歃血为盟，是以生命作为约束条件的，因为他们彼此心里都明白为自己准备退路的人往往最后会选择退路，只有大家都把退路堵死了，原本分散的力量才能拧成一股绳，最后才能杀出一条活路，这就是通常所说的有压力才会有动力。回到“媒介金牛市场”的联盟来说，虽然有组织章程，但是其核心内容基本上只有利益诉求上的趋同，而没有彼此强有力的制约。组织实体与人一样是有惰性的，没有硬性规定的事能不做也就不轻易做了，没有惩罚约定的责任能推脱也就推脱了。而且人们大多会百般爱惜自己身上的每根羽毛，而不会切身体会到对方的心痛，所以一有问题出现基本上都倾向于把责任推给对方。因为没有现成的经验可以借鉴，大家都是以试探的心态来做这件事。最后的结果是，大家都希望自己花最小的力气从联盟机构中得到最大的利益回报。如果在运行过程中稍微遇到一些障碍或困难，联盟就很容易退缩或解体。

松散型组织还有一大缺陷就是沟通机制不畅通。市场瞬息万变，这就需要联盟机构及时调整策略。与此相应的，与广告客户的前期沟通、后期服务，以及合作方式的调整与缺陷修补是经常性的，合作各方的利益分配也是个动态平衡的过程。而目前电视台联盟机构的协调方式基本上是一年碰一次头，平时由各自对接的人保持联络。但是很多细节是需要各自的领导来沟通的，而且中国人习惯于一点小事也见面谈。由于地理时空的原因，大家要经常性的面对面交流成本太高，而彼此又缺乏电视电话会议沟通的机制。一旦客户有急切的需求，联盟机构的成员面对集体的事谁也拍不了板，而机会稍纵即逝。建立联盟本意是想为客户实现一站式服务，为企业提高价廉物美的媒介时段集团采购，到头来反而增加了彼此沟通的难度，大大提高了各自的沟通成本。

结合上例，请分析：

1. 你认为通过什么方法可以使“媒介金牛市场”真正“牛”起来？
2. 结合有关材料，谈谈“媒介金牛”这一机制对其他广告媒体有何借鉴意义？

项目八

广告预算与测评

知识目标

1．掌握广告预算的概念、内容、依据、作用
2．掌握广告预算分配的项目、范围及其影响
3．了解广告预算方法
4．掌握广告效果测评的意义与内容

能力目标

1．培养学生制作合理的广告预算
2．培养学生能对广告效果进行简单测评
3．培养学生团队合作精神

广告的预算与测评是广告行为的最后一个环节，小河团队完成了广告媒体选择的任务后，很有成就感。现在到了要估算广告费用和检验自己工作成果的时候了，到底这个广告做得怎么样，校外的企业会不会采用，还是要看费用和效果。因此，小河团队格外看重。那么究竟该如何进行广告费用的预算及广告效果的测评呢？

要为广告制作费用预算以及对广告效果的测评，小河团队首先必须了解广告预算的概念、内容及影响因素，明确广告费用的确定和分配方法，明确广告效果测评的内容。

导入案例

糖果预算

国外一家企业对其所生产的新型维生素糖果进行了广告预算的编制，步骤如下。

(1) 确定市场占有率。假定企业要获得 80%的市场占有率，而全国经常食用糖果的人数共有 5000 万人，则企业必须吸引 4000 万人经常食用本企业所生产的糖果。

(2) 确定本企业广告所要接触到的市场的百分比。假如企业希望其广告能接触 80%的市场，即 4000 万食用糖果的人。

(3) 确定在知道该品牌的人群中可能被说服试用本企业糖果者应占的百分比。假如企业希望在知道该品牌的顾客中有 25%试用本企业产品即 1000 万人。这是因为，企业估计所有试用者的 40%（即 400 万人）可能成为忠诚的顾客，而这正是企业的目标市场。

(4) 确定每 1%目标人口（40 万人）所需要的广告次数。该企业估计大约对每 1%的人口做 40 次广告展露，就会带来 25%（即 1000 万人）的试用率。

(5) 确定必须购买的总评分数。1 分是对每 1%目标人口的一次广告展露。既然该企业期望对目标市场人口的 80%进行 40 次展露，那么它就必须购买 3200 总评分（80×40）。

(6) 根据购买每一总评分的平均成本，确定所需的广告预算：假设每一总评分的平均成本定为 3277 美元，在产品上市的第一年总共需 3200 总评分，共需花费 10 486 400（3277×3200）美元。

（资料来源：《广告基础与实务》张洪军 庄敏 主编）

案例分析

广告目标决定广告预算，广告预算是对广告活动所需要费用的匡算，而匡算的过程又必须是相对具体准确的。它是广告活动得以进行的物质保证，也是测定和评估广告效果的依据。企业在制定广告投放方案时首先需确定广告预算，不同的行业、企业的不同发展阶段，对广告投入的需求是不同的。任何企业要想花最少的钱做出好广告，都必须制定出科学又合理的广告预算。

想一想

1. 你所认知的广告预算主要包括哪些计算项目？
2. 谈谈广告预算与广告效果的关系。

任务一 认识广告预算

一、广告预算的概念及其作用

1. 广告预算的概念

广告预算是企业广告计划对广告活动费用的匡算，是企业投入广告活动的资金费用使

用计划。它规定在广告计划期内从事广告活动所需的经费总额、使用范围和使用方法，是企业广告活动得以顺利进行的保证。

知识链接

朗曼广告投资模式

美国广告学肯尼斯·朗曼（Kenneth Longman）经过长期的潜心研究，分析得出：当广告投入达到一定规模时，其边际收益呈递减趋势。他在利润分析的基础上，创立了一个广告投资模式，他认为任何品牌产品的广告效果都只能在临限（Threshold，即不进行广告宣传时的销售额）和最大销售额之间取值，如图 8-1 所示。图中广告投入在 A 点以前几乎不能产生什么影响，这是广告力度太小的原因。当广告投入到达 B 点以后，销售量也不会增加。在 AB 两点之间，广告会产生正比例的效果。

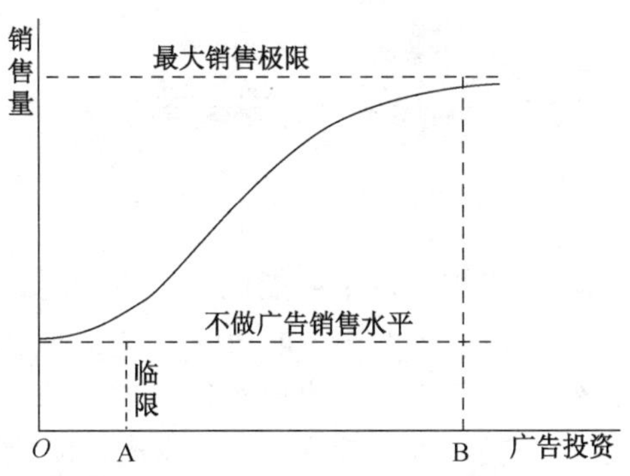

图 8-1　朗曼广告投资模式

肯尼斯·朗曼认为，任何品牌的产品即使不做广告也有一个最低销售额，即临限。广告的效果不会超过产品的最大销售额，产品的最大销售额由广告主的经营规模、生产能力、销售网络以及其他因素综合决定。朗曼认为，理想的广告宣传活动应该是以最小的广告投入取得最大的广告效果。当广告效果达到一定规模时，广告投入就是一种资源浪费。

编制广告预算，可以合理地解决广告费与企业利益的关系。对一个企业而言，广告费既不是越少越好，也不是多多益善。广告活动的规模和广告费用的大小，应与企业的生产和流通规模相适应，在发展中求节约。在正常的情况下，商品的销售量与广告的相对费用是成反比的。由于广告促进了商品销售，也就促使生产成本和销售成本降低，其中也包括单位广告成本的降低，因此，广告宣传费用的投入是由其利益产生的。但是从经济学的角度来考察，任何现实投入都存在边际产出的问题。也就是说，广告的费用投入同样应该适度，过度的投入不但不会使投入产出比增加，相反会引起投入产出的降低，使产品的生产和流通成本增加。因此，广告宣传也必须掌握适度原则。

把广告费用的支出当做一种浪费，这是一种浅见；而只管做广告，却不问其经济效益，盲目投入广告费，也是一种愚蠢的行为。因此，科学地制定广告预算，是实施有效的广告宣传所要求的。

2. 广告预算的作用

广告预算作为对广告活动所需要费用的匡算，对广告活动具有计划和控制的作用。作为计划手段，广告预算是以经费形式说明广告计划；作为控制手段，广告预算在财务上决定广告计划执行的规模和进程。因此，广告预算在企业广告策划中具有以下重要意义和作用，如图 8-2 所示。

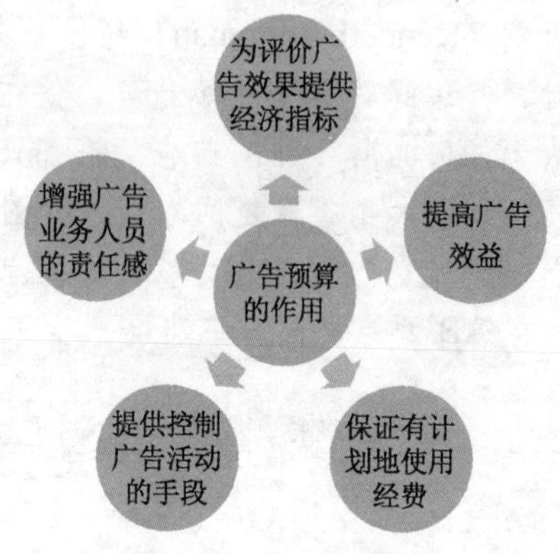

图 8-2 广告预算的作用

（1）提高广告效益。通过广告预算，尽可能地对广告费用的使用方向和投入重点做出合理、科学、精密的安排，少花钱，多做事，取得较为理想的效果。

（2）保证有计划地使用经费。广告预算可以对每一项活动、每一段时间、每一种媒体应该投入多少经费做出规定，保证广告经费有计划地支出，防止随意性。

（3）提供控制广告活动的手段。广告活动是由广告主出资，委托广告公司开展业务的。所以，广告主希望能够有效地管理和控制广告活动，使其按照自己的意愿进行。通过广告预算，广告主就可以对广告费用的多少、分配流向、将要起到哪些效果等做出具体系统的规定。这样，通过预算和效果评价的方法，就能有效地对广告活动进行管理和控制，确保广告活动按计划进行。

（4）增强广告业务人员的责任感。由于广告费用的使用预先做出了规定，而且还要进行事后的效果评价，这就加强了广告业务人员的责任心，减少不负责任的现象。

（5）为评价广告效果提供经济指标。评价广告效果，主要是看广告活动在多大程度上实现了既定的广告目标。由于广告预算对广告费用的每一项支出都有明确具体的规定，因而能评估出广告活动的经济效益。

二、广告预算的依据

1. 根据企业的承受能力

制定广告预算，首先要根据企业的实力和财力，研究提出一个企业可能承受的广告费用投入总额或限度。广告预算要与企业承受相适应，这是必须坚持的一条基本原则。超越企业承受能力的广告预算，要么不能被管理部门和财务部门所接受，要么虽被接受但不能完全执行。

2．根据企业营销目标和广告目标

广告预算应当与企业营销目标和广告目标相适应。广告费投入多少，不能离开营销目标和广告目标而盲目决定。这是广告预算应当坚持的又一条重要原则。

3．根据企业外部环境因素影响程度

企业对外部环境只能积极适应，不可能根本改变。因此，制定广告预算必须充分考虑外部环境因素的影响程度。当外部环境因素的影响力达到一定强度并足以迫使企业调整计划时，广告费用开支也必然会受到影响，在广告预算策划时必须对这种可能性进行充分估计，使预算保持一定的弹性，使其具有应变能力。

4．根据产品本身的特点

企业生产的产品或销售的商品，有的用户面比较广，有的价格比较高，有的比较耐用。对用户面广的产品来说，广告预算要大一些，因为广告传播的范围也要大，否则不能有效地覆盖用户面。而广告传播范围大，则要求广告的媒体多样化，发布频次增加等，就要多花广告费。价格较高的商品，购买的人数不多，而且顾客购买时都要经过慎重的考虑和选择，因此，要多花广告费，促使其产生购买行动。耐用品的使用寿命较长，顾客重复购买的可能性较小，因而也应加大广告预算，加强宣传，以促使顾客重复购买，并让潜在消费者发生购买行动。反过来，用户面比较窄、价格低廉、容易损耗的商品，其广告预算则可少一些。

三、广告预算的内容

广告费主要包括广告活动中所需的各种费用：市场调研费、广告设计费、广告制作费、广告媒介使用租金、公关促销费、广告机构办公费与人员工资等项目。

广告预算的内容包含两大类：一是直接广告费用；二是间接广告费用。

1．直接广告费用

直接广告费是指直接用于广告活动的调查研究费用、设计制作费用以及广告媒介费用。

（1）广告调查研究费。主要包括广告调研、咨询费用、购买统计部门和调研机构的资料所支付的费用、广告效果检测费用等，约占广告费用总额的 5%。

（2）广告设计制作费。主要包括广告设计人员的报酬、广告设计制作的材料费用、工艺费用、运输费用等，约占广告费用总额的 5%～15%。

（3）广告媒体费。主要指购买媒体的时间和空间的费用，约占广告费用总额的 80%～85%。

2．间接广告费用

间接广告费是指企业广告部门的行政费用，包括广告人员的工资、办公费、广告业务费、公关促销费、与其他营销活动的协调费用等，约占广告费用总额的 2%～7%。在管理上，应当尽量压缩间接广告费，增加直接广告费的比例。

美国的《印刷品》杂志费用对此进行了有说服力的分类，并对此做了详细的说明，对支出也进行了一定的约束，对广告业具有一定的参考价值，广告费用预算的分类如表 8-1 所示。

表 8-1 广告费用预算表

<table>
<tr><th>分 类</th><th colspan="3">主要费用项目</th></tr>
<tr><td rowspan="4">白表</td><td rowspan="4">必须作为广告费用结算的项目</td><td>媒体费</td><td>报纸、杂志、电视、广播、电影、户外、POP、宣传品、DM、幻灯、招贴、展示等</td></tr>
<tr><td>管理费</td><td>广告部门薪金、广告部门事务费、顾问费、推销员费、房租费，以及广告部门人员的工作差旅费</td></tr>
<tr><td>制作费</td><td>美术、印刷、制版、照相、广播与电视设计、与广告有关的制作费</td></tr>
<tr><td>杂费</td><td>广告材料运费、邮费、橱窗展示安装费，及其他</td></tr>
<tr><td>灰表</td><td>可作为也可不作为广告费结算的项目</td><td colspan="2">样本费、示范费、客户访问费、宣传卡用纸费、赠品、办公室报刊费、研究调查费等</td></tr>
<tr><td>黑表</td><td>绝对不能作为广告费结算的项目</td><td colspan="2">社会慈善费、旅游费、赠品费、包装费、广告部门以外消耗品费、潜在顾客招待费、从业人员福利费等</td></tr>
</table>

四、广告预算的影响因素

编制广告预算时，除了确定广告费用的范围，明确广告预算的内容外，还必须了解有哪些因素影响广告预算，如图 8-3 所示。

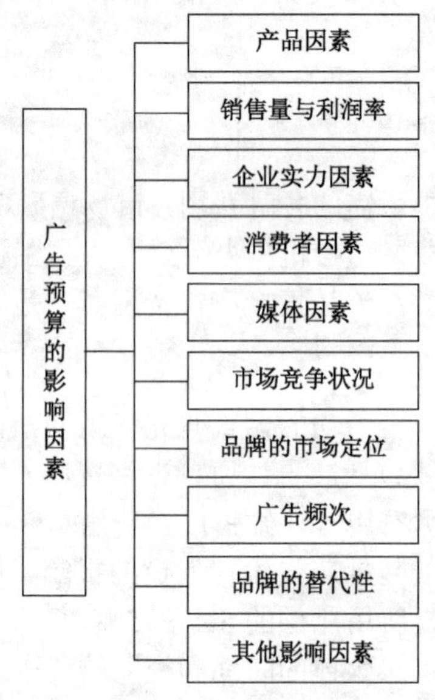

图 8–3 广告预算的影响因素

1．产品因素

大多数产品在市场上都要经过引入期、成长期、成熟期和衰退期四个阶段，处于不同阶段的同一产品，其广告预算有很大的差别。企业要在市场上推出一种新的产品，广告预算无疑要大一些，以使产品被大众所接受。当产品进入成熟期，广告预算的费用则应稳定在一定的水平上，以保持产品的畅销状态。而一旦产品进入衰退期，广告费用将大幅削减。

2．销售量与利润率因素

企业为了增加销售量，往往会采取增加广告投入的方式。一般情况下，广告费增加了，企业的销售量和利润也会相应地增加和提高。反之，如果增加了广告投入，销售量和利润却上不去，那么肯定要挫伤企业的积极性而减少广告投入，削减广告预算。因此，广告产品的销售量与利润因素也是影响广告预算的一个方面。

3．企业实力因素

广告预算的高低，受企业的财力状况、技术水平、生产能力和人员素质的影响。企业规模大、实力强、产量高、资金雄厚，当然可以把广告预算制定的规模扩大。反之，如果企业的资金、产品规模都比较小，则在编制广告预算时，应量力而行，不可盲目求大。

例如，2004 年中国广告投放最高的宝洁公司旗下的玉兰油、飘柔、海飞丝广告的投放量分别排在第一、第三和第八名。

如果企业的财务状况不好，广告费用也会受到削减。当然，如果广告运作有效果，能够给企业带来更多的收益，也能获得更多的广告预算资金。

4．消费者因素

消费者是市场的主体，也是广告宣传的受众，消费者的行为不仅影响市场的走向，也影响广告预算的制定。当消费者对某种商品反应较为冷淡时，企业应该加大广告宣传的力度，刺激消费，使消费者逐渐认识商品；当广告商品已被消费者认同，在消费者心目中有较高的地位时，企业可以适当地控制或减少广告预算的规模。

5．媒体因素

不同的传播媒体有不同的广告受众、不同的广告效果和不同的媒体价格。一般来说，电视广告的费用最高，其次是报纸、广播和杂志，因特网上的广告费用相对较低；而电视和广播节目覆盖范围的大小，收视率的高低，报纸杂志发行量的大小，以及这些媒体的权威性，最佳播出时间和最佳版面等不同，其广告的价格费用也有明显的差别。因此，在制定广告预算时，必然要考虑媒体因素的影响。

6．市场竞争状况

市场竞争状况也是影响广告费用开支的一个主要因素。同类产品竞争者的数量与实力也会影响企业的广告预算。企业要在竞争中取得优势，就必须根据竞争对手的广告预算变化来调整自己的广告预算。如果竞争对手进行大规模的广告宣传，本企业必然要扩大广告宣传的规模，广告预算也随之增加。否则本企业的广告活动就收效甚微，达不到预期的目标。

目标市场上的“广告拥挤度”的大小也影响企业的广告预算规模。广告拥挤度是指单位时间内，某一特定媒体刊播的广告数量。如果广告拥挤度非常大，较小的广告预算已无法与竞争企业抗衡，只有企业的广告成为众多广告中最响亮的一支时，才有可能引起媒体受众的注意，诱使他们产生购买欲望。

7．品牌的市场定位

产品品牌的市场地位也影响企业的广告预算。一般而言，保持现有的市场占有率的广告费用远远低于扩大市场占有率的广告费用。如果品牌属于领导型品牌，由于它有成熟的销售网络，有较高的品牌知名度和美誉度，老顾客对产品品牌的忠诚是领导型产品独具的一个经营优势，其广告宣传活动的目的只是维持老顾客的重复购买，这就决定企业没有必要进行大规模的广告推广。

如果品牌处于挑战型的市场地位，知名度不太高与销售网络不太成熟都迫使企业要进行大规模的广告宣传，以提高目标市场上媒体受众对产品品牌的认同意识。据研究，如果维持一名老顾客需要花费 1 元钱，那么吸引一名新顾客则需要花费 6 元钱。对挑战型品牌的经营者来说，进行广告宣传是企业将挑战型品牌发展成为领导型品牌的主要手段之一，在这一发展过程中，较大规模的广告预算是不可避免的。

8. 广告频次

广告频次是指在某段时间内，某一广告在特定媒体上出现的次数。次数越多，其广告支出也就越大。因为广告需要购买广告时间，广告频次与广告预算额成正比关系，较大的广告频次需要较多的广告费用。广告重复出现的次数越多，广告占用的时间也就越多，所需要的花费也就越大。

9. 品牌的替代性

产品的替代品牌越多，就需要进行较多的广告宣传来突出产品的个性，树立品牌形象。有些产品，如香烟、化妆品等，产品之间的同质性使消费者很难将它们区分开来，广告策划者就必须通过艺术化的广告促销，将品牌中的文化附加值展示出来，使该品牌显得与其他品牌不同，为媒体受众识别产品创造条件。这一形象塑造过程，需要大量的广告投入，否则，产品品牌的个性不足以成为媒体受众辨别不同品牌产品的标志。

10. 其他影响因素

影响广告预算的因素还有很多，诸如广告的制作水平、企业的声誉和形象、企业领导者的决策水平以及社会经济发展水平等，它们对广告预算的影响程度不一，在此不再列出。

任务二　广告费用的确定及分配方法

广告预算是建立在对未来预期收益和回报基础上的投资，具有一定程度的风险。因此，为避免企业广告投入的盲目性，企业在广告预算的管理问题上必须坚持科学的决策过程。

一、确定广告费用的程序和步骤

广告预算是建立在对未来预期收益和回报基础上的投资，具有一定程度的风险。因此，为避免企业广告投入的盲目性，企业在广告预算的管理问题上必须坚持科学的决策程序和步骤，如图 8-4 所示。

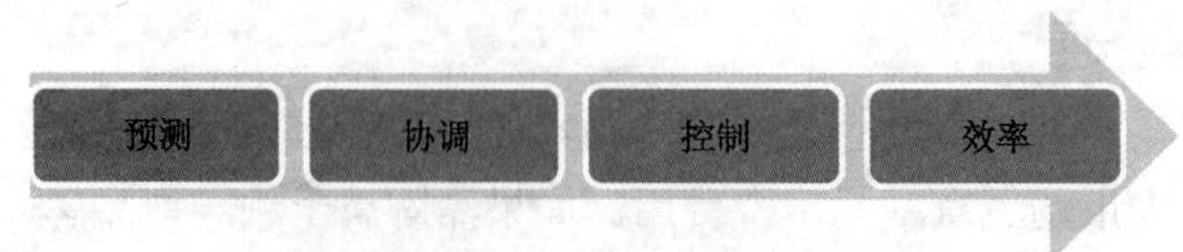

图 8-4　确定广告费用的程序和步骤

（1）预测。通过对市场变化均势的预测、消费者需求的预测、市场竞争性发展的预测和市场环境变化的预测，对广告任务和目标提出具体的要求，制定相应的策略，从而较合理地确定广告预算的总额。

（2）协调。把广告活动和市场营销活动结合起来，以取得更好的广告效果。同时，完善广告计划，实施媒介搭配组合，使各种广告活动紧密配合，有主有次，合理地分配广告费用。

（3）控制。根据广告计划的要求，合理、有效地控制使用广告费用，及时检查广告活动的进度，发现问题及时调整广告计划。

（4）效率。广告直接为商品销售服务。因此，要研究广告效率，及时研究广告费用使用是否得当，有无浪费，以便及时调整广告预算计划。

二、广告费用确定的方法

编制广告预算不仅要分析影响因素，按照一定的步骤操作，还必须采取正确的方法，以保证广告预算编制的科学性。目前，常用的编制广告预算的方法主要有以下几种。

1. 武断法

武断法是指企业决策者根据经验或其他方面的知识来确定广告费用总额的一种方法。运用这种方法编制广告预算时，不需考虑广告活动所要达到的目标，而是完全根据决策者的判断能力来确定企业的广告规模。这种方法是一种非科学的决策方法。

“法无定法”，在进行广告预算策划时，企业必须坚持实事求是，根据本企业的实际条件和所处的环境，采用合适的方法，才能保证预算的科学性和有效性。

2. 量力而行法

量力而行法又被称为“支出可能法”，是企业依据自己的财力确定广告预算，即在其他市场营销活动都优先分配经费之后，根据剩余资金的情况确定广告预算的规模。

对于一个企业来说，广告并不是可有可无的，广告不仅是竞争手段，而且是促销手段，广告活动的根本目的在于促进销售。因此，广告预算的依据是企业的营销目标和广告目标，而不是企业可自由支配的财力。

尽管这种方法在某种程度上存在一定的片面性，但是在企业对拟上市的产品缺乏准确的把握，或在某些媒体上进行尝试性广告活动时，为降低广告投入风险，采用此法仍是可行的。

3. 销售单位法

销售单位法是指以每件产品的广告费乘以预计销售量确定广告预算规模。这种方法是销售比例法的变形，比较适合大件耐用消费品的广告预算编制，但它缺乏适应市场环境变化的灵活性，不适用于动态的广告活动。

广告预算=上年广告费/上年产品销售件数×本年产品计划销售件数

例如，某企业上年销售产品 10 万件，广告投入 10 万元。今年计划销售 20 万件，则广告预算为：

广告费用=（10/10）×20=20（万元）

4．目标任务法

目标任务法是指经营人员要确定自己的特定目标，并确定达到这一目标必须完成的任务，以及估计完成这些任务所需的费用，从而确定广告预算。这种方法比较适合产品上市的初期，广告目标为“知名”的阶段。因为在这种预算方法下，广告目标和广告发布的时间、数量关系比较明确，容易计算出广告预算的总额；同时，明确的目标也有利于检查广告效果和预算执行情况。这种预算方法理论上比较科学，但实施起来问题很多。

广告预算＝目标人数×平均每人每次广告到达费用×广告次数

例如，为了增加某商品的知名度，要扩大广告的视听率。广告目标设定要增加 1000 名妇女收看到广告，平均要花 1 元钱，1 个月预计重复 10 次，则每月广告预算为：

广告费用＝1000×1×10＝10000（元）

5．竞争对抗法

竞争对抗法又称为“竞争对等法”，是指企业比照竞争者的广告开支来决定本企业广告预算，以保持竞争上的优势。这种方法是企业把广告宣传作为市场竞争的武器，实行针锋相对的宣传策略，一般适用于实力雄厚的企业。但是，在实践中采用竞争对抗法编制广告预算非常困难。首先，竞争对手所采用的广告预算确定方法并不一定就比本企业的所采用的方法更科学。其次，各企业的广告信誉、资源、机会与目标并不一定相同，甚至可能相差很远，竞争对手的广告预算并不一定值得仿效。再次，即使本企业的广告预算与竞争对手的势均力敌，也不一定能够稳定全行业的广告支出。最后，盲目地仿效其他企业而忽视本企业的实际情况，就会大大降低广告预算的可执行性。目前，常用的竞争对抗法主要有以下的几种：

（1）市场占有率法。这种方法是指先计算竞争对手的市场占有率和广告费用，计算出单位市场占有率的广告费后，再乘以预计的本企业市场占有率，得出本企业广告预算。

广告预算＝竞争对手的广告费用／竞争对手的市场占有率×本企业预期市场占有率

例如，某企业的竞争对手在某地区市场占有率为 10%，广告投入为 200 万元，该企业希望在该地区保持 20%的市场占有率，则该企业的广告预算为：

广告费用=（200/10%）×20%=400（万元）

（2）增减百分比法。这种方法是指将竞争企业广告费比上年广告费增减的百分比，作为本企业广告费增减百分比参考数。

广告预算＝本企业上年广告费×（1±竞争对手广告费增减率）

例如，某企业竞争对手上一年度广告费用为 200 万元，今年计划投入 300 万元，较上一年度增加了 50%。该企业上一年的广告投入为 300 万元，那么该企业今年的广告预算为：

广告费用=（1＋50%）×300=450（万元）

采用竞争对抗法的前提条件：首先，企业必须能够获悉并确定竞争对手广告预算的可靠信息，只有这样才能随着竞争对手广告预算的变化而变化；其次，竞争对手的广告预算能代表企业所在行业的集体智慧；最后，维护竞争均势，避免各企业之间的广告战。

6．销售额百分比法

销售额百分比法是最常用的编制方法，它是指以每件产品的广告费乘以预计销售量确定广告预算规模。它是广告主以一定时期内产品销售额的一定比例匡算出广告费用总额的一种方法。这种预算方法以销售额为预算基础，广告预算随着销售额的变化而变化，鼓励管理层以促销成本、销售价格和单位利润的关系为先决条件进行思考。采用这种方法根据历史资料编制预算，方法简单易行，预算也较容易被高层管理者审核通过。它适用在市场环境稳定或是产品具有稳定市场时的有效方法，但不适用于市场环境剧烈变化或是对市场环境变化敏感的产品。这种方法根据形式、内容的不同，又可以分为以下两种：

（1）计划销售额百分比法。它是以预算年度要实现的销售额乘以广告费用占销售额的比例，计算出预算年度的费用预算规模。

广告预算＝下年度销售额×广告费占销售额的比例

（2）上年度销售额百分比法。它是指根据企业上年度销售额，再确定一定比例来计算本年度的广告预算规模。

广告预算＝上年度销售额×广告费占销售额的比例

例如，如果某企业上一年度的销售额为 800 万元，决定今年要投入的广告费用占销售总额的 4%，那么今年的广告预算为：

广告费用=800×4%=32（万元）

三、广告费用的分配

企业在确定了广告费用总额之后，就要按照广告计划的具体安排将广告费用分摊到各广告活动项目上，使广告策划工作有序地展开，以实现扩大产品品牌的知名度、提高品牌资产、树立企业形象、增加商品销售的目的。

1．广告预算分配的项目

广告预算分配的项目包括市场调研费、广告设计费、广告制作费、广告媒介租金、广告机构的办公费、人员的工资、促销与公关活动费以及其他广告活动过程中的杂费等。

2．广告预算分配的标准

广告预算分配，即把广告费按一定的标准分解切块，以保证各部分工作的开展。广告策划者在分配企业的广告费用时，可以按时间、地理区域、产品和按媒体等标准分配。

（1）时间分配法。它是指广告策划人员根据广告刊播的时间安排，有所侧重地分配广告费用。因为在不同时间里，媒体受众的人数以及生活习惯是不同的，根据时间来分配广告费用是为了取得理想的广告效果。

（2）地理区域分配法。它是指广告策划者根据消费者的某一特征将目标市场划分为若干个地理区域小市场，然后根据各市场的销售预期和状况将广告预算分配到各个子市场。广告策划者可以根据不同区域市场上的销售额指标，来制定有效的视听众暴露度，最终确定所要投入的广告费用额。

例如，N 企业在全国销售 M 品牌产品，根据产品销售情况可以将全国市场划分为 A、

B、C 三个区域市场，N 企业计划投入的电视广告费用为 3500 万元，N 企业根据区域市场分配的广告预算如表 8-2 所示。

表 8-2　N 企业电视广告费用的区域分配情况

市场名称	占销售总额的比例（%）	视听众暴露度（千次）	每千人成本（元）	广告费用（万元）	费用比例（%）
A 区域	50	32000	500	1600	45.70
B 区域	30	28000	500	1400	40.00
C 区域	20	10000	500	500	14.30
总计	100	70000	500	3500	100

表 8-2 就是 N 企业根据产品在不同区域市场上的销售比例，制定了有效的视听众暴露次数标准，并据以分配了不同数额的广告费用。

按地理区域分配看起来简便易行，但编制和执行难度较大。在实际操作中，大企业通常根据经济发展水平和产品销售情况，将全国分为若干个大的销售区域，根据各销售区域市场状况差异分配广告预算，然后由各区域经理将广告预算具体的分配到每一个地理市场，以确保广告投资的效果。

（3）产品分配法。产品分配法与区域分配法在本质上是相同的，它是指广告策划者根据不同产品在企业经营中的地位，有所侧重地分配广告费用。这种分配策略使产品的广告和销售额密切联系在一起，贯彻了重点产品投入的经营方针。分配广告费用可以依据产品的销售比例、产品处在不同生命周期的阶段、产品的潜在购买力等。

（4）媒体分配法。媒体分配法是指根据目标市场的媒体习惯，将广告费用有所侧重地分配在不同的媒体上的一种分配方法。在运用这种方法时，首先要考虑产品品牌的特性，其次要考虑目标市场的媒体习惯，使所选用的媒体能够充分展现广告产品的个性，针对这种媒体广告策划者要进行较多的广告投入。

四、广告预算书的编写格式和内容

广告预算是对广告活动经费的匡算和分配计划，也是广告策划整体方案的重要组成部分。广告预算提出了广告费用开支的数目和具体的分配方案，它一般以广告预算书为载体。

广告预算书一般以图表的形式将广告预算的列支、计划和分配详尽地表示出来。广告预算书的格式及内容视不同业务需要所涉及的项目具体拟定。一般直栏分为项目、开支内容、费用和执行时间，横栏为项目的明细分类，如市场调研费、广告设计费、广告制作费、广告媒体租金、服务费、促销与公关费等。广告预算书后一般还附加一段说明文字，对预算书的内容进行解释。

广告预算书的格式和内容不可能千篇一律，要视具体的业务项目而定。有的项目也可具体化，如其他杂费开支一栏可具体分为：邮电、运输、差旅、劳务等费用。也可增加项目，如广告机构办公费或管理费、人员工资或者服务费等。

广告预算书的基本格式如图 8-5 所示。

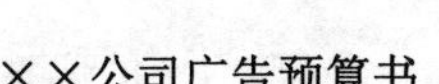

××公司广告预算书

预算委托单位：　　　　　　　　　负责人：

预算单位：　　　　　　　　　　　负责人：

广告预算项目：　　　　　　　　　期限：

广告预算总额：　　　　　　　　　预算员：

广告预算书时间：　　　　　　　　预算书编号：

日期：________年_____月_____日

项　　目	开 支 内 容	费用（元）	执 行 时 间	说　　明
市场调研费	1. 文献调查： 2. 实地调查： 3. 研究分析： 4. 其他：			
广告设计费	1. 报纸： 2. 杂志： 3. 电视： 4. 广播： 5. 网络： 6. 其他：			
广告制作费	1. 印刷： 2. 摄制： 3. 工程： 4. 其他：			
广告媒体租金	1. 报纸： 2. 杂志： 3. 电视： 4. 广播： 5. 其他：			
演员酬金	1. 明星： 2. 群众演员：			
公关促销费	1. 公关： 2. 促销： 3. A 市场 B 市场 C 市场 D 市场			
服务费				
管理费				
其他杂费				
机动费用				
总计				

图 8–5　广告预算书格式

编制广告预算书，一是要注意预留机动费用；二是注意销售的淡季和旺季，销售旺季就要加大费用投入；三是广告效果的弛豫性问题。不同产品在不同媒体上做广告，使用强度不同，都会影响广告的弛豫时间的长短。可以从广告推出的时间和产品销售变动的情况，看出广告弛豫的时间，从而为确定媒体计划、广告的推出日期和广告费用的具体分配提供参数。如 1 月份推出广告，3 月有明显的销售变化，说明弛豫时间是两个月。春节期间推出的商品，就要提前两个月做广告。

任务三　广告效果测评

中国移动的广告效果

中国移动通信公司为了建立企业的品牌形象，改善产品的宣传效果，于 2010 年在北京等地利用多种媒介来进行系列宣传广告，其中包括户外广告，如灯箱广告、户外大牌、交通车身广告等类型。此外，中国移动还委托电视台、广播电台等推出每日的报时广告。广告传播注重了针对不同目标消费者采用适当的媒介进行宣传。那么，广告投放后，消费者反应如何？广告的传达是否有效？广告计划是否需要进行调整呢？

针对这些问题，中国移动制定了相应的广告效果测定方案，对户外大牌广告采取了现场位置、投放环境目测以及对人流量、车流量检测的方法，对户外大牌所摆放的位置从灯光、可见度、醒目程度、吸引力程度等多个指标进行了检测，对不同地段的户外广告的地势优势、人流量多少进行了排序。最终根据研究人员的调查结果，该公司撤销了某大道路口的户外广告牌，并加大了在某购物中心处的户外广告大牌宣传，从而在最大限度上节省了开支，同时又达到了较好的宣传效果。

（资料来源：《广告策划实务》 高丙雪 主编）

分析提示

一般的广告在投放前后都会经过对其效果的测评，通过测评：一来可以检验广告策划、广告定位是否准确，纠正不良的策划与定位；二来可以检验广告媒体运用是否得当，纠正不当的广告媒体；还可以检验广告目标和企业目标、市场目标、营销目标是否吻合，总结营销组合、促销配合是否合适，发现和弥补广告策略中的不足等。

课堂随笔

想一想　试分析，中国移动撤销户外广告牌的原因。

广告作品被广告受众接触，会产生各种各样的直接或间接的影响，带来相应的变化。这种影响和变化，就是广告效果。从总体上来看，广告效果是广告活动或广告作品对消费者所产生的影响。广告效果有狭义和广义之分。狭义的广告效果是指广告所获得的经济效益，即广告传播促进产品销售的增加程度，也就是广告带来的销售效果。广义的广告效果则是指广告活动的目的的实现程度，广告信息在传播过程中所引起的直接的或间接的变化的总和，包括广告的经济效益、心理效益和社会效益等。

广告效果测评是指运用科学的方法，对广告活动全过程中每个工作环节进行鉴定，评价其质量和效果。广告效果测评主要包括三个方面的内容：首先是对广告传播测评；其次是对广告销售效果的测评；再次是对广告社会效果的测评，如图 8-6 所示。

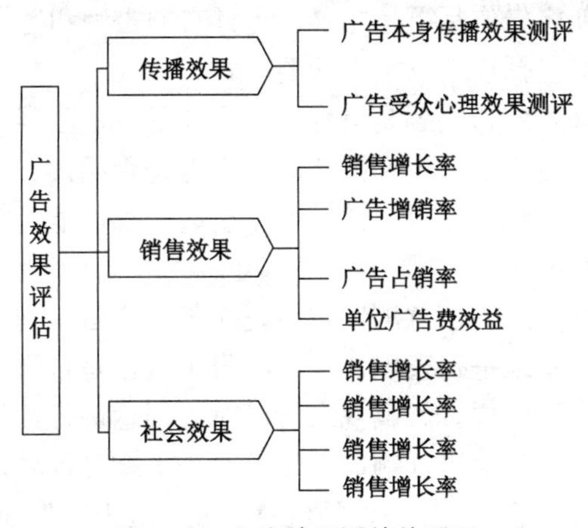

图 8-6 广告效果评估体系图

一、广告传播效果的测评

广告传播效果是衡量广告有效性的重要指标，对它的测评显得极为重要。广告传播效果的测评，主要由广告本身传播效果测评和广告受众心理效果测评两大部分构成。

什么是最好的广告？

广告人阿夫来德·波立兹（Alfred Poliz）做过以下描述：假设有这样一个房间，里面有一扇大窗户，可以看到一片美丽的乡间景色，正对着窗户有三面镜子：

第一面镜子表面不平、有污点，看起来很脏。

第二面镜子清洁精巧并装饰有美丽雕刻的镜框。

第三面既没有镜框又没有装饰，是一面清楚的、洁净无瑕的镜子。

显而易见，第三面镜子完成了最有效的工作。一面有效率的镜子，就是能够把要照的物体真实、清晰地显现出来而使自己不被人看见！

分析提示

这个故事很好地说明了一则好的广告所具备的素质。和上面的第三面镜子一样，完美无缺的广告，其功能应是尽自己的全力去推动产品，尽全力把商品置于最受人注意的地位，而其本身反而不会惹人注意。

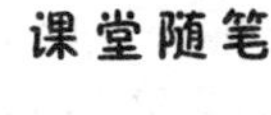

想一想　什么是最好的广告？你能否列出几个关键的要素来？

1. 广告本身传播效果测评

（1）广告作品测评。广告作品测评就是对构成广告作品的各要素进行检验和测定。例如，广告定位是否准确，广告主题是否鲜明，广告创意是否引人入胜，广告完成稿是否体现创意等。通过测评，使广告作品更趋完善，更具有冲击力和艺术感染力。

广告作品测评具体又包括以下三个方面的内容。

第一，广告主题测评。广告主题是贯穿于广告作品中的红线，要求鲜明、突出，诉求有力、针对性强。测评广告主题，主要围绕广告主题是否明确、能否被认可，诉求重点是否突出，与目标消费者的关注点是否一致，能否引起注意，能否满足消费者的需求等问题来展开。

第二，广告创意测评。广告创意测评主要是对表现广告主题的构思进行检测。看创意有无新意，能否准确、生动地进行表现、突出广告主题，是否引人入胜，感染力如何。不同类型的广告测评要求也不一样。如电视广告可对其创意进行评价，平面广告则通过对其设计草图进行测试。对广告创意进行测评，便于充分了解目标受众的有关意见和建议，以能随时调整、修正已有的创意，选择最佳的创意方案，减少广告创作过程中的风险和成本。

第三，广告完成稿测评。广告完成稿是指已经设计制作完成，但还未进入媒体投放阶段的广告样品，如电视广告样片、报纸杂志广告样稿等。测试广告完成稿，是对广告主题、创意、制作、表现手法等的进一步检测，有利于最后的修补和完善，以保证广告作品能够完美地与目标消费者接触。

（2）广告媒体组合测评。在广告活动中，广告媒体是一个非常特殊的角色，它既是连接商品和消费者的桥梁，又是广告主和广告公司之间的纽带。一般来说，80%的广告费用都用在购买播放时间和刊登版面上，如果媒体选择不当，或组合不合理，不仅会影响广告效果的实现，而且还会造成广告费用的极大浪费。所以，对广告媒体组合的测评就显得极为重要。

广告媒体组合测评主要是根据广告媒体的运作程序和一般规律来评价广告媒体组合是否针对目标市场进行有效的劝说。评价内容主要包括以下几方面。

① 广告媒体选择是否正确。

② 重点媒体和辅助媒体的确定是否合理。

③ 媒体组合是否合理有效，成本费是否较低。

④ 所选媒体的阅读率、视听率怎样，近期是否有所变化。

⑤ 是否考虑到竞争对手的媒体组合情况，该媒体组合是否有竞争力。

⑥ 所选媒体是否适合消费者的使用习惯，在其心目中的地位如何。

⑦ 广告发布的时间、频率是否得当。

⑧ 广告节目的空间位置是否适宜。

2. 广告受众心理效果测评

在广告效果测评的三大内容中，从对消费者的影响来看，广告传播效果是对消费者浅层次的影响，广告心理效果是对消费者深层次的影响，广告销售效果是这种影响的具

体反应。

广告心理效果测评主要是测评广告对消费者的影响程度，这种影响程度除了体现在销售额上，更主要地体现在消费者的认识、情感、意志等心理因素的影响程度上。因此，广告心理效果测评主要就是对消费者因广告作用而引起的一系列心理反应的测定和评价，具体内容如下。

（1）感知程度的测定。感知程度测定主要是测定广告到达效果，即对广告受众的媒体接触情况的调查。调查的内容包括对电子媒体的收视率调查和对印刷媒体的读者调查，具体内容包括：第一，广告到达地区的消费者家庭电视机普及率是多少；第二，每天收看电视节目的时间是多少；第三，哪一个电视节目最受欢迎；第四，广告到达地区的报刊、杂志的地区发行量有多大；第五，报刊、杂志的阅读状况如何；第六，读者的构成情况如何。

这些问题是测定消费者对广告内容感知程度的重要内容，是衡量广告活动是否有效的重要标准之一。

（2）认知程度的测评。认知程度测评主要是测评广告的知名度、受关注程度，即消费者对企业、商品、商标等的认知程度。企业或广告公司选择平面媒体的依据主要有两条：一是发行量数据，二是阅读率数据。由于中国缺乏像国外 ABC 行业协会那样的监督管理，各媒体宣称的发行量数据一直被广告界认为是失真的，阅读率便显得更为重要。测定阅读情况，主要通过三个指标进行。

① 注目率。接触过广告的人数与读者人数的比率。其测评公式为：

$$注目率=\frac{接触过广告的人数}{阅读报刊的读者人数}\times 100\%$$

② 阅读率。通过向接触过广告的人提问广告的主要内容，如主题、商标、插图等元素，测定能记得这些元素的人数所占的比率。阅读程度不同，记住的广告信息也不同。当被调查者能够记住广告中的一半以上的内容时，可称为达到精读率。阅读率的计算方法与注目率大致相同。其测评公式为：

$$阅读率=\frac{记住广告元素的人数}{阅读广告的人数}\times 100\%$$

③ 阅读效率。阅读效率的计算是指不同程度的广告阅读者的人数与支出的广告费用之间的比率。这个方法可以测定出广告投入与取得广告效果之间的成本效益。其测评公式为：

$$广告阅读效率=\frac{报刊阅读人数\times 每一种程度读者的百分比}{支出的广告费用}\times 100\%$$

另外，广告千人成本是指 1000 个读者看到广告所需要花费的广告费用。它用来衡量每份报纸的成本高低，是选择最优的广告投放方案的指标。

例如，某家用小轿车厂商决定在某地开拓市场，目标消费群是月收入在 1500 元以上的男性高收入人群。某地的两份地方报纸中，A 报的平均阅读率较高，为 48%；而 B 报只有 30%，两份报纸平均广告价格相差不多，那么投放在 A 报的广告的千人成本低于 B 报。进一步分析数据得出，高收入男性对 B 报的阅读率是 35%，对 A 报的阅读率是 20%，计算目标消费者的广告千人成本，B 报就低于 A 报。对于此种家用轿车，选择 B 报投放广告，可以用较少的费用更多地到达目标消费群。

（3）态度变化测评。接触广告、注意广告的结果是引起消费者态度的变化，而态度变化效果又直接影响着购买行为的发生，因此态度变化测评是广告心理测评的一项重要内容。

广告信息对消费者的心理影响一般要经历认知——理解——确信——行动 4 个发展阶段，态度变化测评主要是在认知度测评的基础上，进一步测评消费者对广告观念的理解及喜好程度，即是对理解度和喜好度的测评。

理解度测评主要是了解消费者是否全面准确地认识商品的特征。在广告的不同诉求点中，哪些诉求点理解度高，哪些理解度低，比如，可对消费者进行层层提问：意思是什么——为什么会这样——结果会怎么样，由此掌握消费者对广告的理解程度。

喜好度测评主要是了解有多少人建立了对广告商品的信赖度和偏好度，这是消费者购买商品的重要原因。

一个人的态度变化很难直接观察到，一般只能从其表现出的言辞和行动去推测。因此，态度变化测评一般是通过深入交谈和投射法来进行的。

（4）行动购买测评。行动购买测评主要是对购买人数、销售额、零售额的测评。

二、广告销售效果的测评

广告销售效果测评，主要是在广告发布一段时间后，通过广告活动实施前后销售额的比较，检验和测定商品销售的变化情况。由于广告效果具有滞后性的特点，在测评销售效果时，应把握好时机，太早或太迟都会影响测评的准确性。其衡量指标有：销售增长率、广告增销率、广告占销率等。各衡量指标的计算公式如下：

$$\text{销售增长率}=\frac{\text{广告实施后销售额}-\text{广告实施前销售额}}{\text{广告实施前销售额}}\times 100\%$$

销售增长率反映广告对促进商品销售所发挥的作用。

$$\text{广告增销率}=\frac{\text{销售增长率}}{\text{广告费增长率}}\times 100\%$$

广告增销率可反映广告费增长对销售带来的影响。

$$\text{广告占销率}=\frac{\text{广告费用支出}}{\text{同期销售额}}\times 100\%$$

广告占销率反映一定时间内企业广告费支出占同期销售额的比例。广告占销率越小，广告效果越大。

$$\text{单位广告费效益}=\frac{\text{本期销售额}-\text{上期销售额}}{\text{本期广告费支出}}\times 100\%$$

单位广告费效益可以反映平均每元广告费带来的促销效益。

三、广告社会效果测评

广告主要是通过大众传播媒体将有关信息传达给广大公众的，由于大众传媒的特性，广告信息的传播具有社会性。广告在为广告主企业带来效益的同时，会对社会产生影响，与社会公众利益密切相连。广告活动应该是社会制度、政策法规、经济、思想文化、艺术风格、民族特征及社会风尚等的统一。

测定广告所产生的社会效果，应进行综合考察评估。其基本依据是一定社会意识条件下的政治观点、法律规范、伦理道德和文化艺术标准。不同的社会意识形态，调整、制约的标准也是不一样的。同时，测定广告社会效果，往往不能量化。因为社会效果不可能以

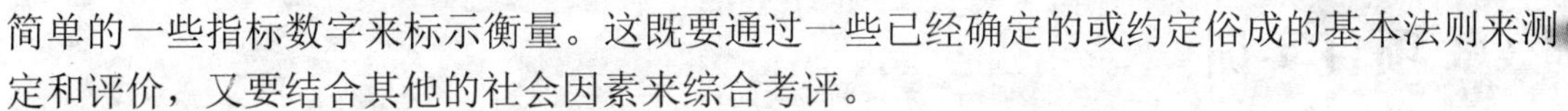

简单的一些指标数字来标示衡量。这既要通过一些已经确定的或约定俗成的基本法则来测定和评价，又要结合其他的社会因素来综合考评。

广告社会效果测评的依据主要有以下几个方面。

1．真实性

广告所传达的信息内容必须真实，这是测定广告社会效果的首要方面。广告发挥影响和作用，应该建立在真实的基础上，向目标消费者实事求是地诉求企业和产品（劳务）的有关信息，企业的经营状况、产品（劳务）的功效性能等，都要符合事实的原貌，不能虚假、误导。如果广告诉求的内容造假，那么形成的社会影响将是非常恶劣的。这不仅是对消费者利益的侵害，而且还反映了社会伦理道德和精神文明的水平。而真实的广告，既是经济发展、社会进步的再现，也体现了高尚的社会风尚和道德情操。所以，检测广告的真实性，是考察广告社会效果的最重要内容。

2．法规政策

广告必须符合国家和政府的各种法规政策的规定和要求。以广告法规来加强对广告活动的管理，确保广告活动在正常有序的轨道上运行，是世界各国通行的做法。法规管理和制约，具有权威性、规范性、概括性和强制性的特点。一般来说，各个国家的广告法规只适用于特定的国家范畴，如我国于 1995 年 2 月 1 日开始实施的《中华人民共和国广告法》，就是适用于中国大陆的一切广告活动的最具权威的专门法律。而有一些属于国际公约性质的规则条令等，则可国际通行，如《国际商业广告从业准则》就是世界各个国家和地区都要遵从的。

3．伦理道德

在一定时期、一定社会意识形态和经济基础之下，人们要受到相应的伦理道德规范方面的约束。广告传递的内容以及所采用的形式，也要符合伦理道德标准。符合社会规范的广告也应是符合道德规范的广告。一则广告即使合法属实，但也可能给社会带来负面的影响，给消费者造成包括心理和生理上的各种损害，这样的广告就不符合道德规范的要求。例如，暗示消费者盲目追求物质享受、误导儿童撒娇摆阔等。要能从建设社会精神文明的高度来认识，从有利于净化社会环境、有益于人们身心健康的标准来衡量。

4．文化艺术

广告活动也是一种创作活动，广告作品实际上是文化和艺术的结晶。从这方面对广告进行测评，由于各种因素的影响，如不同的地区、民族所体现的文化特征、风俗习惯、风土人情、价值观念等会有差异，因而也有着不同的评判标准。总的来看，广告应该对社会文化产生积极的促进作用，推动艺术创新。一方面要根据人类共同遵从的一些艺术标准，另一方面要从本地区、本民族的实际出发，考虑其特殊性，进行衡量评估。在我国，要看广告诉求内容和表现形式能否有机统一；要看能否继承和弘扬民族文化、体现民族特色、尊重民族习惯等；要看所运用的艺术手段和方法是否有助于文化建设，如语言、画面、图像、文字等表现要素是否健康、高雅，应摈弃一切低俗的东西。同时也要看能否科学、合理地吸收、借鉴国外先进的创作方法和表现形式。

项目实训

一、实训环境

（1）以小组讨论的形式设计的课室；

（2）每组3台计算机设备。

二、实训内容

【任务1】广告预算及分配。

每个团队根据自身制作的广告自行分工，按要求制定一份广告预算及分配，并进行简单的评析。

××广告预算书

预算委托单位：　　　　负责人：

预算单位：　　　　负责人：

广告预算项目：　　　　期限：

广告预算总额：　　　　预算员：

广告预算书时间：　　　　预算书编号：

日期：________年_____月_____日

广告预算及分配

项　目	具体内容	分配费用	费用确定方法	费用分配标准	说　明
市场调研费	1. 文献调查： 2. 实地调查： 3. 研究分析： 4. 其他：				
广告设计费	1. 报纸： 2. 杂志： 3. 电视： 4. 广播： 5. 网络： 6. 其他：				
广告制作费	1. 印刷： 2. 摄制： 3. 工程： 4. 其他：				
广告媒体租金	1. 报纸： 2. 杂志： 3. 电视： 4. 广播： 5. 其他：				
演员酬金	1. 明星： 2. 群众演员：				

续表

项　　目	具 体 内 容	分 配 费 用	费用确定方法	费用分配标准	说　　明
公关促销费	1. 公关： 2. 促销： 3. A 市场 B 市场 C 市场 D 市场				
服务费					
管理费					
其他杂费					
机动费用					
总计					

【任务 2】广告效果的测评。

每个团队继续为所制作的广告进行广告效果的评估并进行简单的评析。

广 告 名 称			广告总投入	
预计效果				
广告投放前	传播效果	广告本身传播效果测评	广告作品	
			广告媒体组合	
		广告受众心理效果测评	感知程度	
			认知程度	
			态度变化	
			行动购买	
	销售效果	销售增长率		
		广告增销率		
		广告占销率		
		单位广告费效益		
	社会效果	真实性		
		法规政策		
		伦理道德		
		文化艺术		
广告投放后	传播效果	广告本身传播效果测评	广告作品	
			广告媒体组合	
		广告受众心理效果测评	感知程度	
			认知程度	
			态度变化	
			行动购买	
	销售效果	销售增长率		
		广告增销率		
		广告占销率		
		单位广告费效益		

续表

广 告 名 称			广告总投入	
广告投放后	社会效果	真实性		
		法规政策		
		伦理道德		
		文化艺术		
综合评价				
备注				

三、实训要求

（1）以团队为单位完成，共同提交收集结果。

（2）成员之间要团结互助，发挥团队协作效力。

（3）由队长组织和监控过程，老师提供咨询服务，但不参与工作。

（4）团队展示除了广告费用的分配、广告效果的测评报告外，还包括团队合作过程描述：

① 广告费用的总额、广告费用的分配、广告效果测评的项目、测评的主要内容及测评资料的来源、测评方法等；

② 团队成员之间的分工；

③ 完成过程中的其他相关记录等。

四、实训步骤

1.【任务 1】分组→确定各团队拟调查的广告预算的项目→小组讨论→小组分工→总结讨论意见→上台介绍团队的任务成果。

2.【任务 2】

（1）进行团队讨论，制定工作计划，可参考以下工作计划表。

任 务 内 容	负 责 人	完 成 时 间	完 成 情 况	存在问题及解决方案

（2）把所完成的广告媒体选择制作成文档或视频等手段留存。

（3）上台进行展示及简评。

五、实训评估

（1）评价应考虑到学生在各个阶段的表现，而不仅由最后的成绩决定。

（2）在评估时，可以分组对不同的部分进行演示，以节约时间。

（3）可通过询问学生在出现问题时是如何解决的，来评价学生。

（4）在实施过程中，教师帮助越少，得分越高。

（5）评价表如下：

《广告基础与实训》评价表　项目八

1. 学生自评表					
班级		学生姓名		标准分值	得分
资讯、计划与决策					
是否查询了相关资料				10	
是否了解或掌握与任务相关的知识点				10	
实施					
积极参与团队任务				10	
能够提出有用意见				10	
能够完成所承担的任务				10	
正确完成实施过程中的分工和配合				10	
检查与评估					
是否能认真描述困难、错误和修改内容				10	
对自己的工作评价				10	
是否检验了实施结果并进行总结改进				10	
能否在规定的时间内完成任务				10	
合计				100	
2. 团队评价表（由队长完成）					
小组名称					
项目				标准分值	得分
分工是否合理（最大限度地调动成员积极性）				25	
小组是否团结				25	
方案是否有效				25	
知识运用是否合理				25	
合计				100	
3. 教师评价表					
项目				标准分值	得分
团队合作精神				30	
实训过程表现				30	
成果展示				40	
合计				100	
总分	总分=学生自评得分×20%+团队评价得分×30%+教师评价得分×50%				

项目小结

小河团队通过本项目的学习，对广告的预算及广告效果的测评有了一定程度的了解。明确了广告预算是广告主和广告部门根据广告计划对开展广告活动费用的匡算，是广告主进行广告宣传活动投入资金的使用计划。

了解了广告预算的内容包含两大类：一是直接的广告费用；二是间接的广告费用。

了解了常用的编制广告预算的方法主要有武断法、量力而行法、销售单位法、目标任务法、竞争对抗法、销售额百分比法。

同时也了解了广告策划者在分配企业的广告费用时，可以按时间、按地理区域、按产品和按媒体等标准进行分配。

掌握了广告预算的基本程序和步骤是预测、协调、控制、效率。

了解了广告预算书一般以图表的形式将广告预算的开支、计划和分配详尽地表示出来。

了解了广告效果是广告活动或广告作品对消费者所产生的影响。

了解了广告效果测评是指运用科学的方法，对广告活动全过程中的每个工作环节进行鉴定，评价其质量和效果。

掌握了广告效果测定划分为三大方向：一是广告传播效果测评；二是广告销售效果测评；三是广告社会效果测评。

练习与自测

一、不定项选择题

1．下列选项中不属于广告效果测评主要内容的是（　　）。

A．经济效果　B．社会效果　C．预期效果　D．心理效果

2．广告效果测评的最后一个环节是（　　）。

A．明确测评目标问题　B．组织预测人员

C．撰写测评报告　D．分析整理资料

3．广告效果是指广告活动或广告作品对（　　）所产生的影响。

A．消费者　B．企业　C．广告主　D．社会

4．广告效果测评主要是对（　　）的工作总结和评估。

A．广告代理公司　B．广告业主　C．传媒机构　D．广告本身

5．广告预算的内容主要包括（　　）两大类。

A．直接的广告费用　B．广告调查费用

C．间接的广告费用　D．媒体租赁费用

二、简答题

1．广告预算的内容包含哪几类？

2．影响广告费用分配的因素有哪些方面？

3．广告媒体组合测评的内容包括哪些？

4．广告心理效果测评的具体内容有哪些？

5．广告预算分配的标准有哪些？

项目九

广告策划

知识目标

1．了解广告策划的概念及特征，理解广告策划的原则及内容

2．掌握广告策划书的撰写内容，学会撰写广告策划书

3．学会撰写广告提案

能力目标

1．培养学生的策划能力和策划书撰写能力，培养学生的创新思维能力

2．培养学生认真细致及协调能力

河马创意广告公司（模拟）在校外企业的委托下，完成了任务产品的广告调查、制定广告战略与策略，进行了广告创意的创作与制作，选择了发布广告的合适媒体，也对广告进行了预算及效果的测评。通过测评，校外企业对河马公司成员的表现非常满意，决定把最后的任务交给河马公司：完成一份完整的广告策划书，并用 PPT 制作成广告提案向委托企业进行展示。

河马创意广告公司（模拟）各位成员都很激动，因为校外企业承诺，如果广告提案完成出色，考虑对他们毕业后的创业进行投资。那么广告策划书和广告提案到底如何撰写呢？

导入案例

央视广告策划成功案例

广告策划是现代商品经济发展的必然产物，美国是最早实行广告策划制度的国家，1986 年，中国大陆广告界首次提出广告策划的概念，促使人们重新认识广告工作的性质及作用。广告工作开始走上向客户提供全面服务的新阶段。一系列央视广告策划的作品呈现于广大观众的视角。

2010 年，国际纽约广告节颁奖典礼隆重举行。纽约广告节上的各项殊荣主要授予了在传播、广播、营销及媒体等领域深深打动并征服全球观众的优秀广告设计作品。央视广告策划的成功案例《水墨篇》荣获金奖。

该广告设计片由中央电视台委托广而告之广告公司制作完成，这是中国首次在此类别奖项中斩获金奖，也是该广告片在获得新加坡 Promaxbda asia 最佳形象宣传片金奖、最佳动画金奖后再次获得世界性大奖。

《水墨篇》秉承“民族的就是世界的”这一理念，以水墨作为核心载体，采用墨在水中晕染开来的方式，使墨的形态不断变幻，由山峦而至大海，由仙鹤成游龙，乃至变幻出长城、太极等具有中国特色的元素，创造了一个新颖的表现形式，融合了中国传统文化和绘画的表现力，使中国传统的水墨画与现代的动画技术结合，突破传统，赋予了中国文化以新的生命力，有力地诠释出品牌打造过程中“从无形到有形，从有界到无疆”的广告设计内涵。广告截图如图 9-1 所示。

图 9-1 央视《水墨篇》广告

案例分析

广告策划、产品营销策划等策划服务越来越多地走进了人们的工作领域。而央视广告策划成功之处在于其创意及理念。众所周知，创意是广告策划的灵魂，抓住了灵魂怎么可能不成功呢?

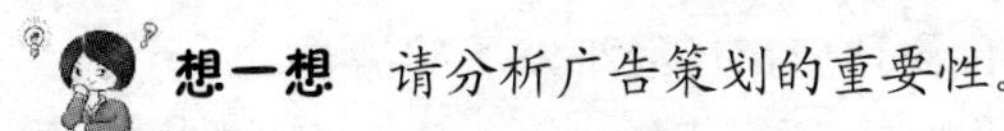

请分析广告策划的重要性。

任务一 认识广告策划

一、广告策划的含义

策划，一般是指对某一活动的运筹和规划，是动态的计划。汉语“策划”一词，有策略、主意的意思，也具有动态的筹划、谋略含义。如“深谋远虑”、“多算胜，少算不胜”、“运筹帷幄之中，决胜千里之外”等。

20 世纪 80 年代中期后，我国广告界提出“以创意为中心，以策划为主导，为客户提供全面服务”的经营理念，广告策划在广告活动中的地位和作用越来越受到重视。

广告策划就是在市场调查的基础上，根据广告主的营销计划和目标，对一定时期和一定范围内的广告活动的战略和策略进行系统的整体筹划。

广告策划有广义和狭义之分。广义的广告策划，也称为广告计划，是指为规模较大的、持续时间较长的、系列的、为实现同一目标而进行的广告活动组合的整体策划。它勾勒和规定着广告活动的基本方向，是系统的具有战略决策性质的策划。狭义的广告策划，是为一个或几个单一性的广告进行策划，也称为单项广告活动策划。

人们在讨论广告策划时，一般是指广义的广告策划。

二、广告策划的作用

1．保证广告活动的计划性

现代意义上的广告活动必须具有高度的计划性，必须预先设计好广告资金的数额及分配、广告推出时机、广告媒体的选择与搭配、广告口号的设计与使用、广告推出形式的选定等。而这一切都必须通过策划来保证和实现。科学的广告策划，可以选择和确定广告目标和追求对象，使整个活动目的明确，对象具体，防止盲目；可以有比较地选择广告媒体和最有效的推出方式；可以有计划地安排广告活动的进程和次序，合理分配和使用广告经费，争取最好的广告效益。总之，通过策划，可以保证广告活动自始至终都有条不紊地进行。

2．保证广告工作的连续性

促进产品的销售，塑造名牌产业和名牌产品形象，这是广告的根本目的。而要完全实现这一目的，绝非一朝一夕之事，仅仅通过一两次广告活动是不可能解决问题的，必须得经过长期坚持不懈的努力和持之以恒的追求，通过逐步积累广告效果，才能实现广告的最终目的。

过去，广告主们的广告活动往往是“临时抱佛脚”。只有当产品滞销、市场疲软或竞争激烈时才向市场投出“广告”这颗炸弹。而一旦打开销路，占有一定的市场份额之后，便将广告的刀枪收拾入库，不考虑明天将会怎样，这样的广告活动，由于只是临时应急之用，缺乏精心的策划，很难保证广告活动的连续性、系统性，也很难积累广告效果，因而“明天将怎样”可想而知。这种急功近利的短期行为已不适应市场经济发展的需要。

而广告策划既可以总结和评价以前的广告活动，保证广告活动不间断、有计划、有步骤地推出，又可以在此基础上设计出形式新颖、内容与主题同以前的广告活动保证有机联系的广告方案，从而在各方面确保前后广告活动的连续性，以实现广告效果的有效积累，从而实现广告目标。例如，美的“星”系列广告如图 9-2 所示。

图 9-2　美的“星”系列广告

3．保证广告活动的创造性

广告策划是策划人员创造性的活动。通过策划，可以把各层次、各领域的创意高手聚集在一起，集思广益，群策群力，取长补短，激发想象力和创新能力，从而保证广告活动各环节都充满创意。

4．确保广告活动的最佳效果

在市场经济的环境中，有一句很时髦也很实际的话——“时间就是金钱，效益就是生命”。这句话告诉我们，干任何事情，都要讲求效益，在最经济的时间内，以最节省的投入追求最高额的回报。广告策划更不例外，因为市场竞争最重要的原则就是效益第一，广告主们投资广告最直接的目的就是追求广告效果。要实现这一目的，必须经过系统周密的广告策划。

三、广告策划的特性

（1）目的性。任何广告活动都是通过有意义的合作来完成广告目标而生存的，广告策划是为了有效地达到广告目标。所以广告策划必须有明确的广告目标，然后再决定用什么策划方案，这样才能测定出哪些行动方案是有利的，哪些行动方案是不利的。没有目标的广告策划是不可行的。

（2）创造性。创造性思维是广告策划生命力的源泉，其核心是积极的求异性，表现为突出广告的差异性，即广告中的特殊性与个性。创造性的广告策略是创造性广告作品的前提。

（3）前瞻性。广告策划要有预见性，能比较准确地把握广告投放后，可能发生的情况和可能产生的效果。

（4）效果性。广告策划的实质是在探索或寻找新环境条件下实现社会效应和经济效益的途径，一个比较好的广告策划方案可以节约时间，可以优化结构，可以节省人力、物力和财力。可见，建立在科学基础上的广告策划方案，可以给社会以及广告主带来无法估量的效益。

四、广告策划的原则

1．法律道德原则

广告作为一种大众传播行为，是一种有责任的信息传递，是一项严肃的社会活动。它不仅影响着广告主们的生产经营活动，而且也影响着人们的人生观、价值观、审美情趣、生活方式、消费观念。理应受法律和道德约束，需要通过法律和社会伦理对广告加以规范。1995 年颁发实施的《中华人民共和国广告法》是我国目前的一部现行法律，是广告从业人员的行为准则。此外，广告活动也受道德制约。首先，广告策划必须在合乎法律规范的前提下进行，即广告策划不能只顾及广告主的利益而置法律于不顾，广告策划必须维护社会公共利益和民族尊严、国体、国格，不能用不正当手段贬低竞争对手，抬高自己以诱导消费者；不能做虚假广告欺骗消费者等。其次，广告策划还必须遵循道德原则，不能违背公序良俗，包括不能违反价值观念、宗教信仰，图腾禁忌、风俗习惯等。

案例 9-1

涉嫌种族歧视　索尼停止荷兰 PSP 路牌广告

2006 年 6 月，索尼公司发布的 PSP 路牌广告专门针对荷兰市场，图片上一位白人妇女凶狠地抓挠一位黑人妇女的脸，广告词是“白色版 PSP 来了！”（见图 9-3）美国加利福尼亚州议员 Leland Yee 谴责了索尼的这则广告，美国全国有色人种协进会（NAACP）也对索尼的这则广告予以批评。2006 年 7 月，索尼公司撤下在荷兰为其新的白色版 PSP 视频游戏机所做的路牌广告，并向所有被该广告冒犯的人表示道歉。该公司在一份声明中说，此次在荷兰的产品推广活动意在突出现有黑色 PSP 与新的陶瓷白 PSP。

图 9-3　索尼白色版 PSP 路牌广告

课堂随笔

2．实事求是原则

实事求是是广告策划的基本原则。广告策划的真实性是指广告策划的内容必须以事实为基础，是对客观实际的准确把握和真实反映。真实是广告的第一生命，也是广告策划的首要原则。

广告宣传允许做艺术上的合理夸张和渲染，但不能违背真实性。《广告法》明确规定，广告宣传不得含有虚假的内容，不得欺骗和误导消费者。这就是广告真实性原则的法律依据。因此，作为广告策划人员，必须依法、依据事实进行策划，严格遵循真实性原则。

知识拓展

1. 某化妆品的精纯美白祛斑组合。在电视上宣称“遗传的斑我都能去除”，“祛斑有效率达 95%”，涉及虚假夸大，被处罚款 2.6 万元。

2. 某马铃薯膨化食品。在外包装宣称“口感松脆、不油腻，且 100%不含反式脂肪”，涉及虚假宣传，被工商部门处以 5 万元罚款。

3. 某教育机构。自制印刷品宣称“已经培育高考学子近 12 万人，其中重点大学录取率高达 95%”等内容，涉及虚假宣传，被处以 1 万元罚款。

4. 某洗发水品牌。在电视广告上宣称“杀灭真菌，对家族遗传性的脱发白发有预防作用”等内容，涉及虚假宣传，被处以 31 万元罚款。

3．锐意创新原则

锐意创新、新颖独特是广告策划的生命，也是实现广告目标的保证。广告策划中产生的形象，应当给人以新的感受，能使人耳目一新。如果广告策划不具备创新意识，广告策划没有创意，那么就不可能为企业产品或服务带来市场份额或效益。这样的广告策划就是失败的。因而广告策划要“古为今用，洋为中用”，力求以新取胜，给人不落俗套、耳目一新的全新感受。如图 9-4 所示。

图 9–4　男士护肤品创意广告

4．遵循心理原则

在广告学界有句名言：“科学的广告术是依照心理学法则的。”这里所说的广告术，应该包括广告策划。

广告策划为什么要依照心理法则进行呢？这是因为，广告活动的目的，说白了就是要刺激消费者。如果广告策划者不懂得消费者的消费心理，不知道消费者想买什么，要买多少，那么，你的广告就无的放矢，不可能起到广告所应有的促销作用，所以，广告策划要想实现促销目的，策划者就必须采用心理因素抓准目标公众对广告的注意、记忆、联想、态度、情感和行为等各个心理活动的环节，依照心理学法则去策划广告活动。

案例 9-2

美国的一家食品公司在底特律城郊竖立了一块高 24.8 米、长 30.48 米的巨型面包广告牌，不仅能播放介绍面包的音乐，还释放出一种“神奇的混合面包”香味，引起路人的食欲，使其面包销路大开。实际上，这是消费者的先验心理的作用。所谓先验心理，是由于人的直接感觉而产生的连锁心理反映。

分析提示

广告的策划设计，必须注意广告给受众造成的第一印象，追求一见钟情的效果。

课堂随笔

5. 谋求效益原则

仅就广告本身而言，策划、发布广告是一种投入，但就广告之于企业而言，投入广告费则是为了因此而带来的产品效益。如果在策划之前，广告主就明知其所支出的广告费完全是支出，不可能带来超过支出的效益，那么谁也不会去做广告。因而，广告策划也是要遵循效益原则的。策划者应严格核算，在不同的方案中选择成本低、效果好、效益大的方案，以最少的投入，带来最大的效益。通过广告，消除消费者对广告产品的顾虑，并能形成消费者的品牌信念，成为稳定用户，使广告主所占有的市场份额和消费者数量得以提高。同时，要引导社会消费观念更新，引导新的生活方式，影响社会文化思潮。

五、广告策划的程序

对广告活动进行整体策划，是现代广告发展的必然趋势，是一项复杂的系统工程，需要分阶段、有步骤、有条不紊地进行。

1. 成立策划小组

策划小组应该由业务主管、文案撰写员、美术设计人员组成。在策划小组中，这三类人是必须的，而且是重要的。另外，还可再配置策划书撰写人员、市场调查人员、媒体联络人员和公共关系人员。

2. 分工协作调研

根据广告客户提出的要求，策划小组初步规划出策划活动的大致工作任务，进行分工。

首先应考虑如何充分掌握有关资料，例如了解市场状况、目标消费者的基本情况、企业产品的生产与开发等。这就要向市场调研部门提出明确的要求，下达任务。对创意、媒体、制作设计等部门，也要提出明确的任务和要求。

3. 构思战略策略

在对信息资料进行分析的基础上，着手拟定市场营销战略，确定广告目标。对品牌策略、广告主题、广告媒体战略和广告表现战略，以及其他营销策略进行筹划。

确定广告目标是很重要的，它是市场营销战略的核心部分。围绕这个核心，进行的其他策略构想，都是为了实现广告目标的战术措施。

4．编制广告策划书

各部门完成工作任务后，就要编制广告策划书。

5．准备参加提案会

广告策划书制作出来之后，还要召开一个提案会，向广告客户介绍广告策划的决策构想。大型企业、较大规模的广告活动，一般都会采取竞标的方式来决定采用哪个广告决策方案，以更符合企业的需要。

六、广告策划的内容

广告策划是一项综合工程，内容丰富，运作步骤多，涉及多方面的工作，具体概括为 4 个方面：广告市场分析、广告战略与策略、广告实施计划、广告效果预测与监控，如表 9-1 所示。

表 9-1　广告策划书的内容

内　容	细　项
广告市场分析	1．营销环境分析 2．消费者分析 3．产品分析 4．企业和竞争对手的竞争状况分析 5．企业和竞争对手的广告分析
广告战略与策略	1．广告的目标 2．目标市场策略 3．产品定位策略 4．广告诉求策略 5．广告表现策略 6．广告媒介策略
广告实施计划	1．广告活动的目标 2．广告活动的时间 3．广告的目标市场 4．广告的诉求对象 5．广告的诉求重点 6．广告活动的表现 7．广告媒介计划 8．其他活动计划 9．广告费用预算
广告效果预测与监控	1．广告效果的预测 2．广告媒介的监控

任务二　广告策划书的撰写

广告策划书是广告策划工作的结晶，是广告策划结果的系统总结，是广告战略、战术、方法步骤的书面表达式。广告策划书既是整个广告活动的运作大纲，同时也是提供给广告主用以监督广告实施过程的文字依据。一般来说，广告策划工作结束时都应该形成一个广告策划书，广告策划的原则要通过广告策划书体现出来。

广告策划书的编制没有统一的模式，是广告策划运作结果的总结，其各个环节的内容和决策的结果都要在策划书中体现出来。因此，由于广告策划内容的不同，写作手法也灵活多样。下面介绍一下广告策划书的一般模式。

一般来说，根据广告策划书的内容要点，参照营销计划书的一般模式和许多广告策划者在实践中总结出来的广告策划书的格式，广告策划书内容与结构的一般模式如下。

（1）封面。一份完整的广告策划书应该包括一个版面精美、要素齐备的封面，以给阅读者以良好的第一印象。

（2）广告策划小组名单。在策划文本中提供广告策划小组名单，可以向广告主显示广告策划运作的正规化程度，也可以表示一种对策划结果负责任的态度。

（3）目录。在广告策划书目录中，应该列举广告策划书各个部分的标题，必要时还应该将各个部分的联系以简明的图表体现出来。一方面可以使策划文本显得正式、规范，另一方面也可以使阅读者能够根据目录方便地找到想要阅读的内容。

（4）前言。在前言中，应该概述广告策划的目的、进行过程、使用的主要方法、策划书的主要内容，以使广告客户可以对广告策划有个大致的了解。

（5）正文。正文主要包括以下四部分内容。

第一部分：市场分析

这部分应该包括广告策划的过程中所进行的市场分析的全部结果，为后续的广告策略部分提供有说服力的依据。

- 营销环境分析：市场营销环境中宏观的制约因素；市场营销环境中的微观制约因素；市场概况；营销环境分析总结。
- 消费者分析：消费者的总体消费态势；现有消费者分析；潜在消费者分析；消费者分析的总结。
- 产品分析：产品特征分析；产品生命周期分析；产品的品牌形象分析；产品定位分析；产品分析的总结。
- 企业和竞争对手的竞争状况分析：企业在竞争中的地位；企业的竞争对手；企业与竞争对手的比较。
- 企业和竞争对手的广告分析：企业和竞争对手以往的广告活动的概况；企业和竞争对手以往广告的目标市场策略；企业和竞争对手的产品定位策略；企业和竞争对手以往的广告诉求策略；企业和竞争对手以往的广告表现策略；企业和竞争对手以往的广告媒介策略；广告效果；总结。

第二部分：广告策略

- 广告的目标：企业提出的目标；根据市场情况可以达到的目标；对广告目标的表述。

● 目标市场策略：企业原来市场观点的分析与评价；市场细分；企业的目标市场策略。

● 产品定位策略：对企业以往的定位策略的分析与评价；新的产品定位策略；对新的产品定位的表述；新的定位的依据与优势。

● 广告诉求策略：广告的诉求对象；广告的诉求重点；诉求方法策略。

● 广告表现策略：广告主题策略；广告创意策略；广告表现的其他内容。

● 广告媒介策略：对媒介策略的总体表述；媒介的地域；媒介的类型；媒介的选择；媒介组合策略；广告发布时机策略；广告发布频率策略。

第三部分：广告实施计划

● 广告活动的目标。

● 广告活动的时间：在各目标市场的开始时间；广告活动的结束时间；广告活动的持续时间；广告的目标市场。

● 广告的诉求对象。

● 广告的诉求重点。

● 广告活动的表现：广告的主题；广告的创意。

● 各媒介的广告表现：平面设计、文案、电视广告分镜头脚本；各媒介广告的规格；各媒介广告的制作要求。

● 广告媒介计划：广告发布的媒介；各媒介的广告规格；广告媒介发布排期表。

● 其他活动计划：促销活动计划；公共关系活动计划；其他活动计划。

● 广告费用预算：广告的策划创意费用；广告设计费用；广告制作费用；广告媒介费用；其他活动所需要的费用；机动费用；费用总额。

第四部分：广告活动的效果预测和监控

● 广告效果的预测：广告主题测试；广告创意测试；广告文案测试；广告作品测试。

● 广告媒介的监控：广告媒介发布的监控；广告效果的测定。

（6）附录。包括为广告策划而进行的市场调查的应用性文本和其他需要提供给广告主的资料：市场调查问卷；市场调查访谈提纲；市场调查报告。

任务三　广告提案

广告提案是用口头说明的方式，以相关的视听媒体为辅助手段，把广告策划的重点内容与广告主进行交流的一种形式。

在实际广告经营中，广告策划书有时还不能够完全被广告主理解和接受，广告主还要通过召开广告专门会议，更直观地听（视）广告活动的策划，这就是广告提案。

广告提案是从广告策划书中派生出来的。广告提案的内容，是广告策划书的重点、精华。主要有广告目标、市场状况分析、广告策略、广告创意、广告活动的具体执行方案、广告效果等，要尽量简明扼要，若有其他相关资料相配合则更好。

提案的形式主要有多媒体、PPT 投影、文稿、多画稿展示、立体展示。

提案撰写注意事项如下：

（1）注意提案环境。宾客座位安排、环境灯光、文稿准备与发放等。

（2）文稿编排主题突出。语言简练，高度概括、字体统一，全案不要超过三种字体，大小不宜变化太多，避免过于花哨，色彩应用要谨慎。

（3）提案展示与讲解的互补。以 PPT 为例，展示部分只是核心或形成的结果，讲解应是对核心概念的全面解释，两者可以在感觉上分离，但结论只能是一个点。

（4）多用图表和图片。图表易于解释复杂问题，方便理解，而图片能增加可看性，同时展示我们的创作与创造力，幽默的小插图可以使提案更轻松。要时刻记住创作与表现是广告的灵魂。

（5）分清问题主次，非主要问题要保留余地。主要任务是提供广告服务，对产品、市场、销售等问题的看法与建议只是为了最终目的，对于这些问题，在共同研究、探讨的基础上提出观点，充分保留商讨余地。

（6）旁证的重要。对于一些必须要说服对方接受的观点，在提出时可以考虑运用旁证的方法，一个生动的例子比诸多理论更有力。

（7）背景故事和不经意的透露。一些小故事和插曲对介绍自己的公司十分有效，轻松而且真实可信；一些看似不经意透露的信息，传达上可能比正式介绍更有效。

（8）尊重对方。

在提案全过程，要清醒地意识到对方是本行业的专家，在产品、销售和各种管理问题上要尊重对方，要让对方明白合作之后许多事还要依赖他，他的专长大有用武之地。

广告策划结果能否顺利被理解和接受，往往依赖广告提案成功与否。因此，每次组织和参加提案会，都应该仔细分析会议的主要目的，确定提案的方向，做好会场安排布置。主讲人应思路清晰，表达流畅。在提案的过程中，既要充分了解策划的精华和要点，又要明确自身目的，显示出自信。可以运用适当的辅助传播手段，形成对视觉和听觉的多种刺激，增加重点部分的复合传播效果，加强印象和记忆，增进理解。另外，还要能够创造双向甚至多向的沟通机会，注意反馈，有效地与广告主产生互动。

项目实训

一、实训环境

（1）以小组讨论形式设计的课室；

（2）每组 3 台计算机设备。

二、实训内容

【任务 1】 根据本课程的实训项目，把已经完成的实训内容进行整理，撰写一份完整的广告策划书。模板请参看本项目《广告策划书的一般模式》。

【任务 2】 根据广告策划书，以 PPT 的形式制作广告提案，并上台进行展示，时间为 15 分钟。

三、实训要求

（1）以团队为单位完成，共同提交讨论结果。

（2）成员之间要团结互助，发挥团队协作效力。

（3）由队长组织和监控过程，老师提供咨询服务，但不参与工作。

（4）团队展示除了完成指定任务外，还包括团队合作过程描述。

① 选择了什么样的工作方式。

② 团队成员之间的分工情况。

③ 完成过程中的其他相关记录等。

三、实训步骤

（1）根据【任务 1】撰写广告策划书，制定工作计划，可参考以下工作计划表。

（2）根据【任务 2】完成广告提案，制定工作计划，可参考以下工作计划表。

任　务	负 责 人	完 成 时 间	完 成 情 况	存在问题及解决方案

（3）上台进行展示并接受教师提问。

四、实训评估

（1）评价应考虑到学生在各个阶段的表现，而不仅仅由最后的成绩决定。

（2）在评估时，可以分组对不同的部分进行演示，以节约时间。

（3）可通过询问学生在出现问题时是如何解决的，来评价学生。

（4）在实施过程中，教师帮助越少，得分越高。

（5）填写如下评价表。

《广告基础与实训》　项目九

1. 学生自评表					
班级		学生姓名		标准分值	得　分
资讯、计划与决策					
是否查询了相关资料				10	
是否了解或掌握了与任务相关的知识点				10	
实　施					
积极参与团队任务				10	
能够提出有用意见				10	
能够完成所承担的任务				10	
正确完成实施过程中的分工和配合				10	
检查与评估					
是否能认真描述困难、错误和修改内容				10	
对自己的工作评价				10	
是否检验了实施结果并进行总结改进				10	
能否在规定的时间内完成任务				10	
合计				100	

续表

2. 团队评价表（由队长完成）		
小组名称		
项　目	标准分值	得　分
分工是否合理（最大限度地调动成员积极性）	25	
小组是否团结	25	
方案是否有效	25	
知识运用是否合理	25	
合计	100	
3. 教师评价表		
项　目	标准分值	得　分
团队合作精神	30	
实训过程表现	30	
成果展示	40	
合计	100	
总分	总分=学生自评得分×20%+团队评价得分×30%+教师评价得分×50%	

项目小结

小河团队通过本项目的学习，了解了广告策划是对广告活动整体战略与策划的谋划；广告策划具有目的性、创造性、前瞻性、效果性等四个基本特征；广告策划的原则包括法律道德原则、实事求是原则、锐意创新原则、遵循心理原则和谋求效益原则。掌握了广告策划的内容包括广告市场分析、广告战略与策略、广告实施计划、广告效果预测与监控。学会了广告策划书与广告提案的撰写。

练习与自测

一、不定项选择题

1．广告策划的基本特征包括（　　）。

A．目的性　　B．创新性　　C．前瞻性　　D．效果性

2．广告策划的内容包括（　　）。

A．广告市场分析　　B．广告战略与策略

C．广告实施计划　　D．广告效果预测与监控

二、简答题

1．请简述广告策划的作用。

2．请简述广告策划的程序。

三、案例分析

“优乐美奶茶”品牌提升案

广 告 主：广东喜之郎集团有限公司

实施时间：2007 年 11 月至今

实施范围：全国

核心策略：以情感作为策略推广核心，塑造温馨的品牌形象

创 新 点：混媒传播

优乐美奶茶以情感作为策略推广核心，塑造温馨的品牌形象。这不仅使得优乐美在品牌形象内涵上满足了消费者的内在心理需求，而且在品牌定位和调性上与其他的奶茶品牌有鲜明的区别。

让奶茶温暖人心——“优乐美奶茶”品牌提升案

（广东平成广告有限公司）

1. 市场情况

行业概况——杯装奶茶行业处于新兴阶段，市场发展潜力巨大

固体奶茶作为饮料的一个分支，在2004年以前的中国内地饮料市场几乎处于空白状态。但在 2004 年，香飘飘率先引进台湾珍珠奶茶的概念，填补了中国内地市场在此领域的空白。

由于奶茶类产品市场存在着产品线结构性缺陷，奶茶领域在中国内地的发展正处于新兴起步阶段，而且杯装奶茶属于快速消费品，便于携带，对年轻消费者具有强有力的吸引，这造就了其巨大的市场发展潜力和发展前景。所以，喜之郎采取跟进策略，于 2006 年夏天推出杯装奶茶产品。

竞争状况——杯装奶茶市场竞争激烈

喜之郎虽然以其品牌知名度在快速消费品行业占有优势地位，但在杯装奶茶领域却处于尝试性的阶段，面临着来自国内先进品牌的竞争压力。而其竞争主要来自率先进入中国奶茶领域的“香飘飘”强势宣传攻势和国外品牌（如立顿等）的品牌心理优势。

其中，香飘飘在上市之初，选择先走乡镇通路和特殊通路的策略，迅速抢占了杯装奶茶市场。从 2005 年下半年起，香飘飘不断在电视媒体进行品牌宣传，使“香飘飘”的知名度迅速提高，拉动产品市场份额的不断攀升，成为喜之郎的强势竞争对手。

品牌定位——打造现代通路奶茶产品第一品牌

喜之郎作为快速消费品行业的优势品牌，在现代通路方面发展已比较成熟。与强势竞争对手香飘飘以乡镇和特殊通路切入不同，喜之郎优乐美奶茶选择了走现代通路去占领市场。因为走现代通路才是培养品牌，持续发展的必由之路，而且也是喜之郎的优势所在。

面临的问题——新品奶茶如何抢占市场

香飘飘作为国内率先进入杯装奶茶领域的品牌，经过强势的广告宣传攻势后，在广大消费者心目中已经建立了稳定的品牌形象。而作为跟进品牌的喜之郎奶茶在这一形势下销售量增长缓慢。如何在短时间内，实现品牌知名度提升，抢占市场份额成为亟待解决的首要问题。

2. 广告目标

目标之一：向消费者传达优乐美的品牌内涵和价值观，提升品牌的知名度，打造现代通路奶茶产品第一品牌。

目标之二：促进优乐美奶茶的销售业绩增长，扩大其市场占有率。

3. 目标受众

此次广告活动的目标受众是15～25岁的年轻消费群体。他们对爱情拥有无限的期待，其目光焦点永远是爱情。他们敢于尝试新事物，习惯喜新厌旧，对品牌忠诚度不高。同时，他们主要接触的媒体是互联网，喜欢通过互联网平台娱乐、交朋友和购物等。

4. 创意策略

消费者情感诉求与产品推广诉求相结合

纵观目前快速消费品类的广告，大多直指产品功能特点，同质化显示严重，很难打动消费者，提升品牌认知。

通过对目标消费者的洞察，发现他们深层的心理需求是对情感的价值认同。结合消费者的情感诉求和产品特性，得出两者之间的共同点在于爱情本身和奶茶暖暖的温度、甜中带涩的滋味和手捧奶茶等待的感觉等意象息息相关。所以，优乐美奶茶以情感作为策略推广核心，塑造温馨的品牌形象。这不仅使得优乐美在品牌形象内涵上满足了消费者的内在心理需求，而且在品牌定位和情调上与其他的奶茶品牌有鲜明的区别。

不一样的代言人：周杰伦

本次广告运动选择了周杰伦作为代言人。通过消费者研究发现，周杰伦在目标消费者中认知度和偏好度很高，能有效帮助优乐美提高知名度。同时，周杰伦时尚帅气的外表、出众的音乐才华，能迅速将优乐美奶茶的优雅、快乐、美丽的独特内涵发挥到淋漓尽致。

混媒传播

优乐美作为一款全新上市的产品，如何让更多目标消费者对其关注呢？首先，以病毒营销预热。在未播出电视广告前，把周杰伦在拍优乐美广告时的花絮放在互联网上进行传播，以互联网的低成本投入吸引年轻的目标消费者的关注。随后，以电视广告强化目标消费者对品牌的记忆度。然而，优乐美电视广告虽能迅速扩大品牌的知名度，但其覆盖人群却是不分男女老少的。所以，第三轮推广是在互联网建立以周杰伦为优乐美学院校长的品牌社区，建立品牌忠诚度，让消费者在社区中积极参与，在交流中分享品牌内涵。同时，在产品包装上放入随机码，消费者可凭随机码到社区兑换产品，从而有效促进销售。

5. 创意表现

电视广告——温暖的感动，温馨的爱情

电视广告主要通过营造温馨浪漫的情景体现优乐美奶茶用奶茶温暖人心的情感内涵。在创意方面，此次颠覆了周杰伦在众多广告中个性才华和青春叛逆的形象，结合当时热播的电影《不能说的秘密》细心挖掘出周杰伦羞涩、温柔、深情的另一面，与优乐美的温馨情调相结合。

在秋季落叶或冬季飘雪的场景中，男女主角坐在公共汽车站牌前或在校园的雕塑前，手捧一杯热乎乎的奶茶，莞尔细语，略带羞涩而甜蜜地表达心中的爱意。而优乐美奶茶的杯子贯穿整个电视广告中，成为牵引整个故事发展导线和情感表达载体。通过这些平淡而温馨的画面勾起消费者心中掩埋已久的情愫，使优乐美奶茶成为温暖感动、温馨爱情的代名词。

同时，广告运用似曾相识的对白唤起年轻人内心的共鸣——“我是你的什么？”“你是我的优乐美。”“原来我是奶茶啊？”“这样我就可以天天把你捧在手心啦！”。广告用最简单的对白，呼出最出人意料的答案："你是我的优乐美。"巧妙地将情感与产品连线，形成深刻的情感记忆点，更成为时尚男女相互表达爱意的新方式。

网络社区——优乐美学院

优乐美学院是为目标消费者打造的一个网络互动平台。"优乐美学院"设计以学院、校园建筑风格为基调，以周杰伦作为学院的校长，利用他的号召和影响力吸引更多的人来到这个平台上展示才艺、参与游戏、换取礼品等，通过互动加深目标消费群对品牌的认同。

学院设置了与周杰伦、优乐美奶茶相关的"导演系"、"音乐系"、"表演系"三大主题活动，以聚集网站人气。其中，导演系活动是翻拍、重新创意优乐美电视广告，音乐系活动用游戏与演奏相结合的方式来累计成绩，表演系活动是以广告片男女主角为相片模板上传照片参与评选。三大主题活动都将优乐美奶茶的信息贯穿其中，让消费者参与活动的过程中也强化了品牌信息。

同时，凭优乐美奶茶上的产品序列号可以在学院中兑换优乐美学分，累计足够的学分即可兑换各种丰富的奖品。学院还设置了丰富的小游戏和小调查等，让网站充满轻松快乐的气息。

优乐美学院充分利用了 Web 2.0 的优势，实现与消费者之间的有效互动。学院每天都给用户带来新的惊喜与体验，并通过网站内各大版块的设置，充分调动用户的参与热情，使用户对网站产生黏着度。

优乐美品牌博客

依托 Qqzone 建立的优乐美品牌博客是除"优乐美学院"之外，活跃用户沟通交流的场所，也是优乐美此次推广活动线上线下的结合部。通过整合各个媒体最具特色的产品把优乐美学院推向与消费者精准有效沟通的平台中。

6. 媒介策略

此次广告运动主要针对的是 15～25 岁的年轻消费者，目的是在短时间内提升品牌知名度，迅速占领年轻消费者市场。目前，虽然电视仍然是家庭获取信息的主要媒体，但其他多种媒介传播方式已经渐渐为消费者所接受，而根据这次广告运动针对的目标消费者特点，媒介策略以辅助性的病毒营销方式进行预热，采取电视广告强化记忆和网络媒体深度沟通相结合的方式，进行由广到深的品牌沟通。

在电视广告和互联网广告方面，采取的是"全面整合网络工具、进行优化流量，更精准有效沟通"的投放策略。

优乐美奶茶广告寒假期间开始热播。在春节期间，更是在中央一台、湖南卫视、星空卫视、华娱卫视等各大电视台的黄金时段，都能看到周杰伦和江语晨在漫天雪花下，喝着优乐美奶茶的这段温情对白。

同时，选择腾讯网、校内网、优酷网、56 视频网、PPLive 视频、杰迷中文网为优乐美奶茶官方网站的推广平台，整合各个优势媒体的网络资源，全面覆盖关注优乐美奶茶的年轻人群，并通过各个媒体最具特色的产品把优乐美学院推向与消费者精准有效沟通的平台中。其中，校内网更是把优乐美奶茶制作成虚拟礼品，免费供用户相互赠送使用。据统计，上线仅一天，校内网就有 652315 人赠送礼物给好友，也就是说有 652315 人收到了校内礼物"优乐美奶茶"。

优乐美网络传播方案

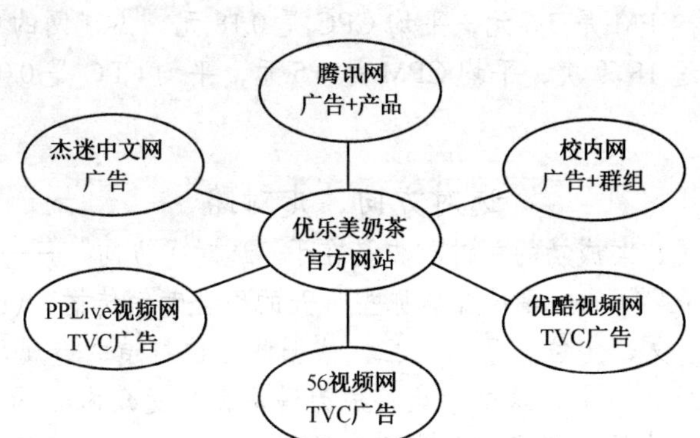

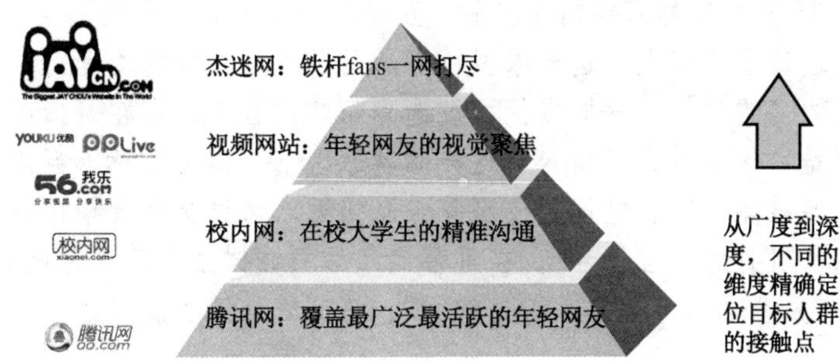

其他传播及营销手段

产品包装的更新。为了配合此次的推广活动，优乐美的奶茶包装都进行了更新，每个奶茶包装上都印有兑换的号码，消费者买到产品后，可以凭此号码到优乐美社区中兑换学分和礼品。

7. 效果

实现优乐美在短时内的高效品牌影响力

在短短3个月的推广期间，优乐美学院网站总曝光次数达到3708万次，日浏览总量达到65万次，页面总流量达到3700万次，总独立用户达到1005万人次，同时还拥有49万注册会员。在主题活动参与方面，导演系活动参与人数2415人次，音乐系活动参与人数405289人次，表演系活动参与人数9825人次。通过购买产品获得产品序号进行网站注册的用户已增加到80多万，在没有任何推广投入预算的前提下，每天增加近3000会员，优乐美已经成为中国本土最大的与消费者之间互动的平台。

实现优乐美在短时内井喷式销售增长

通过优乐美学院活动的创意设置、优乐美学分以及奖品兑换机制和优乐美奶茶杯内的随机密码的用途相结合，使优乐美奶茶在广告运动期间，销售量实现了井喷式的增长。通过优乐美学院这个平台就造就了401031杯奶茶的销售量。

利用网络传播的方式实现低成本大回报

通过四大平台的推广，使优乐美的品牌信息实现以较低的成本获得较高的曝光度。其中，腾讯网的广告总曝光度达140.28亿次，广告总点击超过630万次，平均CPM是0.11元，平均CPC是0.25元。校内网的广告总曝光度达3.9亿次，广告总点击超过64万次，平均 CPM 是 0.88 元，平均 CPC 是 0.53 元。视频网站的广告总曝光度达 3.15 亿次，广告总点击超过 59 万次，平均 CPM 是 7.6 元，平均 CPC 是 0.18 元。杰迷网的广告总曝光度达 2200 万次，广告总点击超过 18 万次，平均 CPM 是 0.5 元，平均 CPC 是 0.06 元。

【专家点评】

选对方向，走对路

优乐美奶茶品牌提升案成功的关键首先是在于“选对了方向”——找到了品牌原型——情人；其次是“走对了路”——围绕品牌原型展开的整合营销传播。（品牌原型是通过掌握产品所属类别的基本意义、定位自己的产品、依循此定位打造的专属形象。一旦将该信息以巧妙、精致的方式传达出去，这个形象将成为满足目标受众内心渴望的解药。）

饮料行业的本质是在快速滋润身体和享受愉悦的同时，满足目标人群对情感和健康等精神层面的需求。

优乐美 15～25 岁的目标人群对于接触、互动与归属有着强烈的渴望——爱与被爱。优乐美品牌无意中选择了“情人”这一原型恰好满足了目标人群的心理需求。随之而来象征着“大众情人”的“明星”——周杰伦，被选为品牌代言人，实在是情理之中的事。

值得赞赏的是，优乐美在“情人”这一品牌原型下，借助目标人群最熟悉、接触最频繁的网络作为主要媒体，结合电视、校园等媒介接触点通过整合营销传播，使得“奶茶优乐美”成为“感情呵护的代言符号”，在可替代产品领域树立了不可替代的品牌形象。

“情人”品牌原型下的“捧在手心里的爱”，恰到好处地成就了优乐美的成功。

——朱玉童

（资料来源： http://www.adcase.org/html/case/quananlei/2010/0106/3478. html）

参考文献

[1] 李新剑，唐苑．广告理论与实务[M]．合肥：中国科学技术大学出版社，2012.

[2] 张洪军，庄敏．广告基础与实务[M]．北京：电子工业出版社，2010.

[3] 刘大纶，张伟博．广告理论与实务[M]．北京：高等教育出版社，2007.

[4] 吴柏林．广告学原理案例精选[M]．北京：清华大学出版社，2009.

[5] 白云华，才新．广告策划[M]．北京：清华大学出版社，2009.

[6] 刘林清．优秀广告作品评析[M]．北京：中央广播电视大学出版社，2002.

[7] 陈乙．广告原理与策划[M]．成都：西南财经大学出版社，2007.

[8] 李新剑，孙小亚．广告理论与实务实训[M]．合肥：合肥工业大学出版社，2012.

反侵权盗版声明